儒釋道文選一百篇

鍾茂森 選編

中國華僑出版社

圖書在版編目(CIP)數據

儒釋道文選一百篇/鍾茂森選編. —北京:中國華僑出版社,2014.6
ISBN 978-7-5113-4678-0

Ⅰ.①儒… Ⅱ.①鍾… Ⅲ.①哲學思想-中國-文集 Ⅳ.①B2-53

中國版本圖書館CIP數據核字(2014)第112228號

●儒釋道文選一百篇

編　　者/鍾茂森
責任編輯/文　卿
責任校對/志　剛
經　　銷/新華書店
開　　本/787毫米×1092毫米　16開　印張/25.75　字數/250千字
印　　刷/北京天宇萬達印刷有限公司
版　　次/2015年6月第1版　2015年6月第1次印刷
書　　號/ISBN 978-7-5113-4678-0
定　　價/49.80圓

中國華僑出版社 北京市朝陽區静安里26號通成達大厦3層 郵 編:100028
法律顧問:陳鷹律師事務所
發行部:(010) 64443051
傳　真:(010) 64439708
網　址:www.oveaschin.com
E-mail:oveaschin@sina.com

出版説明

古文選本，自《昭明文選》以來，歷朝歷代，選家衆多，選家眼光不同，選文各有千秋。近世流通最廣者，當屬清代吴楚材、吴調侯編選之《古文觀止》，次則姚鼐所編《古文辭類纂》、曾文正公所編《經史百家雜鈔》等。然覽諸選本，皆以儒家道德文章爲主，鮮及道、釋二家之文，此亦憾事也。蓋儒、釋、道三家，皆我中華聖賢文化之道統所寄。三家之學，誠如清朝雍正皇帝所言：「理同出於一原，道并行而不悖。」旨歸皆一也，然千百年來，竟鮮見博采三家之文選，實爲遺憾。

此《儒釋道文選一百篇》，乃鍾茂森博士博采三家之文，自儒家童蒙養正之扎根經典，至釋氏入佛知見之大乘佛典，皆録其中。所選之文，非爲一般文選之重文辭章法，而重在於修身養德，以成道器。

是書選儒家之文五十一篇，道家之文七篇，佛家之文四十二篇。唯佛家之文中，博士選文中有《阿難問事佛吉凶經》《佛説觀無量壽佛經》《諸經佛説地獄集要（選段）》三篇因文過長，未予録入，而增補蕅益大師《占察行法願文》《化持地藏菩薩名號緣起》《謙光説》三文。

我輩學人，果能將此所選之文，日常誦讀，深解力行，非僅令日常作文大爲增色，且可扎穩道德、學問之根基，更能令我等自凡夫地而直入聖域，離衆苦而徑登蓮邦也。

是書即將付梓，略述因緣，懇請讀者諸君指正。

慧劍居士乙未年春月 謹識

目録

儒家

目録

道家

佛家

目録

儒家卷

弟子規

〔清〕李毓秀 撰　賈存仁 修訂

總叙

弟子規，聖人訓。首孝弟，次謹信，泛愛衆，而親仁，有餘力，則學文。

入則孝

父母呼，應勿緩；父母命，行勿懶。父母教，須敬聽；父母責，須順承。冬則温，夏則清；晨則省，昏則定。出必告，反必面；居有常，業無變。事雖小，勿擅爲；苟擅爲，子道虧。物雖小，勿私藏；苟私藏，親心傷。親所好，力爲具；親所惡，謹爲去。身有傷，貽親憂；德有傷，貽親羞。親愛我，孝何難；親憎我，孝方賢。親有過，諫使更；怡吾色，柔吾聲。諫不入，悦復諫；號泣隨，撻無怨。親有疾，藥先嘗；晝夜侍，不離床。喪三年，常悲咽；居處變，酒肉絶。喪盡禮，祭盡誠；事死者，如事生。

出則弟

兄道友，弟道恭；兄弟睦，孝在中。財物輕，怨何生。言語忍，忿自泯。或飲食，或坐走，長者先，幼者後。長呼人，即代叫；人不在，己即到。稱尊長，勿呼名；對尊長，勿見能。路遇長，疾趨揖；長無言，退恭立；騎下馬，乘下車；過猶待，百步餘。長者立，幼勿坐；長者坐，命乃坐。尊長前，聲要低；低不聞，却非宜；進必趨，退必遲；問起對，視勿移。事諸父，如事父；事諸兄，如事兄。

謹

朝起早，夜眠遲；老易至，惜此時。晨必盥，兼漱口；便溺回，輒净手。冠必正，紐必結；襪與履，俱緊切。置冠服，有定位，勿亂頓，致污穢。衣貴潔，不貴華；上循分，下稱家。對飲食，勿揀擇；食適可，勿過則。年方少，勿飲酒；飲酒醉，最爲醜。步從容，立端正；揖深圓，拜恭敬。勿踐閾，勿跛倚；勿箕踞，勿摇髀。緩揭簾，勿有聲；寬轉彎，勿觸棱。執虚器，如執盈；入虚室，如有人。事勿忙，忙多錯；勿畏難，勿輕略。鬥鬧場，絶勿近；邪僻事，絶勿問。將入門，問孰存；將上堂，聲必揚。人問誰，對以名；吾與我，不分明。用人物，須明求；倘不問，即爲偷。借人物，及時還；後有急，借不難。

信

凡出言，信爲先；詐與妄，奚可焉？話説多，不如少；惟其是，勿佞巧。奸巧語，穢污詞，市井氣，切戒之。見未真，勿輕言；知未的，勿輕傳。事非宜，勿輕諾；苟輕諾，進退錯。凡道字，重且舒；勿急疾，勿模糊。彼説長，此説短；不關己，莫閑管。見人善，即思齊；縱去遠，以漸躋。見人惡，即内省；有則改，無加警。唯德學，唯才藝，不如人，當自礪。若衣服，若飲食，不如人，勿生戚。聞過怒，聞譽樂；損友來，益友却。聞譽恐，聞過欣；直諒士，漸相親。無心非，名爲錯；有心非，名爲惡。過能改，歸於無；倘掩飾，增一辜。

泛愛衆

凡是人，皆須愛；天同覆，地同載。行高者，名自高；人所重，非貌高。才大者，望自大；人所服，非言大。己有能，勿自私；人所能，勿輕訾。勿諂富，勿驕貧；勿厭故，勿喜新。人不閑，勿事攪；人不安，勿話擾。人有短，切莫揭；人有私，切莫説。道人善，即是善；人知之，愈思勉。揚人惡，即是惡；疾之甚，禍且作。善相勸，德皆建；過不規，道兩虧。凡取與，貴分曉；與宜多，取宜少。將加人，先問己；己不欲，即速已。恩欲報，怨欲忘；報怨短，報恩長。待婢僕，身貴端；

雖貴端，慈而寬；勢服人，心不然；理服人，方無言。

親仁

同是人，類不齊；流俗衆，仁者希。果仁者，人多畏；言不諱，色不媚。能親仁，無限好；德日進，過日少。不親仁，無限害；小人進，百事壞。

餘力學文

不力行，但學文，長浮華，成何人；但力行，不學文，任己見，昧理真。讀書法，有三到，心眼口，信皆要；方讀此，勿慕彼；此未終，彼勿起；寬爲限，緊用功；工夫到，滯塞通；心有疑，隨札記；就人問，求確義；房室清，墻壁净；几案潔，筆硯正；墨磨偏，心不端；字不敬，心先病。列典籍，有定處；讀看畢，還原處；雖有急，卷束齊；有缺壞，就補之；非聖書，屏勿視；蔽聰明，壞心志。勿自暴，勿自弃；聖與賢，可馴致。

《弟子規》終

朱柏廬治家格言

〔清〕朱柏盧 撰

黎明即起，灑掃庭除，要内外整潔；既昏便息，關鎖門户，必親自檢點。一粥一飯，當思來處不易；半絲半縷，恒念物力維艱。

宜未雨而綢繆，毋臨渴而掘井。自奉必須儉約，燕客切勿留連。器具質而潔，瓦缶勝金玉；飲食約而精，園蔬愈珍饈。勿營華屋，勿謀良田。

三姑六婆，實淫盜之媒；婢美妾嬌，非閨房之福。奴僕勿用俊美，妻妾切忌豔妝。

祖宗雖遠，祭祀不可不誠；子孫雖愚，經書不可不讀。居身務其質樸，訓子要有義方。勿貪意外之財，莫飲過量之酒。與肩挑貿易，毋占便宜；見貧苦親鄰，須加温恤。刻薄成家，理無久享；倫常乖舛，立見消亡。兄弟叔侄，須分多潤寡；長幼内外，宜辭嚴法肅。聽婦言，乖骨肉，豈是丈夫；重貲財，薄父母，不成人子。嫁女擇佳婿，毋索重聘；娶媳求淑女，勿計厚奩。

見富貴而生諂容者，最可耻；見貧窮而作驕態者，賤莫甚。居家戒争訟，訟則終凶；處世戒多言，言多必失。毋恃勢力而凌逼孤寡，毋貪口腹而恣殺牲禽。乖僻自是，悔誤必多；頹惰自甘，家道難成。狎昵惡少，久必受其累；屈志老成，急則可相依。

想。輕聽發言，安知非人之譖愬，當忍耐三思；因事相争，安知非我之不是，須平心暗想。施惠無念，受恩莫忘。凡事當留餘地，得意不宜再往。人有喜慶，不可生妒忌心；人有禍患，不可生喜幸心。善欲人見，不是真善；惡恐人知，便是大惡。見色而起淫心，報在妻女；匿怨而用暗箭，禍延子孫。家門和順，雖饔飧不繼，亦有餘歡；國課早完，即囊橐無餘，自得至樂。讀書志在聖賢，非徒科第；爲官心存君國，豈計身家。守分安命，順時聽天。爲人若此，庶乎近焉。

《朱柏廬治家格言》終（據《五種遺規》本）

朱子童蒙須知

〔宋〕朱熹 撰

夫童蒙之學，始於衣服冠履，次及言語步趨，次及灑掃涓潔，次及讀書寫文字，及有雜細事宜，皆所當知。今逐目條列，名曰《童蒙須知》。若其修身、治心、事親、接物、與夫窮理盡性之要，自有聖賢典訓，昭然可考。當次第曉達，兹不復詳著云。

衣服冠履第一

大抵爲人，先要身體端整。自冠巾、衣服、鞋襪，皆須收拾愛護，常令潔浄整齊。我先人常訓子弟云：「男子有三緊，謂頭緊腰緊腳緊。頭，謂頭巾，未冠者總髻。腰，謂以條或帶束腰。腳，謂鞋襪。此三者，要緊束，不可寬慢，寬慢則身體放肆不端嚴，爲人所輕賤矣。

凡著衣服，必先提整衿領，結兩衽紐帶，不可令有闕落。飲食照管，勿令污壞。行路看顧，勿令泥漬。

凡脱衣服，必齊整折疊箱篋中，勿散亂頓放，則不爲塵埃雜穢所污。仍易於尋取，不致散失。著衣既久，則不免垢膩。須要勤勤洗浣。破綻則補綴之。盡補綴無害，只要完潔。

凡盥面，必以巾帨遮護衣領，捲束兩袖，勿令有所濕。凡就勞役，必去上籠衣服，只著短便，愛護勿使損污。凡日中所著衣服，夜卧必更則不藏蚤虱，不即敝壞。苟能如此，則不但威儀可法，又可不費衣服。晏子一狐裘三十年，雖意在以儉化俗，亦其愛惜有道也。此最飭身之要。毋忽。

語言步趨第二

凡爲人子弟，須是常低聲下氣，語言詳緩，不可高言喧哄，浮言戲笑。父兄長上，有所教督，但當低首聽受，不可妄大議論。長上檢責，或有過誤，不可便自分解，姑且隱默。久却徐徐細意條陳云：「此事恐是如此，向者當是偶爾遺忘。」或曰：「當是偶爾思省未至。」若爾，則無傷忤，事理自明。至於朋友分上，亦當如此。

凡聞人所爲不善，下至婢僕違過，宜且包藏，不應便爾聲言。當相告語。使其知改。

凡行步趨蹌，須是端正，不可疾走跳躑。若父母長上，有所唤召，却當疾走而前，不可舒緩。

灑掃涓潔第三

凡爲人子弟，當灑掃居處之地，拂拭几案，當令潔浄。文字筆硯，凡百器用，皆當嚴肅整齊，頓放有常處。取用既畢，復置原所。父兄長上坐起處，文字紙札之屬，或有散亂，當加意整齊，不可輒自取用。凡借人文字，皆置簿鈔録主名，及時取還。牕壁、几案、文字間，不可書字。前輩云：「壞筆污墨，瘝子弟職。書几書硯，自黥其面。」此爲最不雅潔，切宜深戒。

讀書寫文字第四

凡讀書，須整頓几案，令潔浄端正。將書册整齊頓放，正身體，對書册，詳緩看字，仔細分明讀之。須要讀得字字響亮，不可誤一字，不可少一字，不可多一字，不可倒一字，不可牽强暗記。只是要多誦遍數，自然上口，久遠不忘。古人云：「讀書千遍，其義自見。」謂熟讀則不待解説，自曉其義也。余嘗謂讀書有「三到」，謂心到。眼到、口到，心不在此，則眼不看仔細。心眼既不專一，却只漫浪誦讀，决不能記。記亦不能久也。三到之法，心到最急。心既到矣，眼口豈不到乎。

凡書册，須要愛護，不可損污縐折。濟陽江禄，書讀未完，雖有急速，必待掩束整齊，然後起。此最爲可法。

凡寫文字，須高執墨錠，端正研磨，勿使墨汁污手。高執筆，雙鈎端楷書字，不得令手揩著毫。

凡寫字，未問寫得工拙如何，且要一筆一畫，嚴正分明，不可潦草。

凡寫文字，須要仔細看本，不可差訛。

雜細事宜第五

凡子弟，須要早起晏眠。

凡喧閙爭鬥之處，不可近。無益之事，不可爲。

凡飲食，有則食之，無則不可思索。但粥飯充飢，不可闕。

凡向火，勿迫近火旁。不惟舉止不佳，且防焚爇衣服。

凡相揖，必折腰。

凡對父母長上朋友，必稱名。

凡稱呼長上，不可以字，必云某丈。如弟行者，則云某姓某丈。

凡出外，及歸，必於長上前作揖。雖暫出，亦然。

凡飲食於長上之前，必輕嚼緩咽，不可聞飲食之聲。

凡飲食之物，勿爭較多少美惡。

凡侍長者之側，必正立拱手。有所問，則必誠實對，言不可妄。

凡開門揭簾，須徐徐輕手，不可令震驚聲響。

凡衆坐，必斂身，勿廣占坐席。

凡侍長上出行，必居路之右，住必居左。

凡飲酒，不可令至醉。

凡如厠，必去外衣，下必盥手。

凡夜行，必以燈燭，無燭則止。

凡待婢僕，必端嚴，勿得與之嬉笑。執器皿，必端嚴，惟恐有失。

凡危險，不可近。

凡道路遇長者，必正立拱手，疾趨而揖。

凡夜卧，必用枕，勿以寢衣覆首。

凡飲食，舉匙必置箸，舉箸必置匙。食已，則置匙箸於案。

雜細事宜，品目甚多，姑舉其略，然大概具矣。凡此五篇，若能遵守不違，自不失爲謹願之士。必又能讀聖賢之書，恢大此心，進德修業，入於大賢君子之域，無不可者。汝曹宜勉之。

《朱子童蒙須知》終

朱子滄州精舍諭學者

〔宋〕朱熹 撰

書不記，熟讀可記。義不精，細思可精，惟有志不立，直是無著力處。祇如而今，貪利禄而不貪道義；要作貴人而不要作好人，皆是志不立之病。直須反復思量，究見病痛起處，勇猛奮躍，不伏作此等人。一躍躍出，見得聖賢所説千言萬語，都無一事不是實語，方始立得此志。就此積纍工夫，迤邐向上去，大有事在，諸君勉旃，不是小事。

《朱子滄州精舍諭學者》終

朱子白鹿洞書院揭示

〔宋〕朱 熹 撰

父子有親，君臣有義，夫婦有別，長幼有序，朋友有信。

右五教之目。堯舜使契爲司徒，敬敷五教，即此是也。學者學此而已。而其所以學之之序，亦有五焉，其別如左：

博學之，審問之，慎思之，明辨之，篤行之。

右爲學之序。學問思辨四者，所以窮理也。若夫篤行之事，則自修身以至於處事接物，亦各有要，其別如左。

言忠信，行篤敬。懲忿，窒欲。遷善，改過。

右修身之要。

正其誼，不謀其利。明其道，不計其功。

右處事之要。

己所不欲，勿施於人。行有不得，反求諸己。

右接物之要。

熹竊觀古昔聖賢，所以教人爲學之意，莫非使之講明義理，以修其身，然後推以及人。非徒欲其務記覽，爲詞章，以釣聲名取利禄而已也。今人之爲學者，則既反是矣。然聖賢所以教人之法，具存於經，有志之士，固當熟讀深思而問辨之。苟知其理之當然，而責其身以必然，則夫規矩禁防之具，豈待他人設之，而後有所持循哉。近世於學有規，其待學者爲已淺矣，而其爲法，又未必古人之意也。故今不復以施於此堂，而特取凡聖賢所以教人爲學之大端，條列於右，而揭之楣間。諸君其相與講明遵守，而責之於身焉。則夫思慮云爲之際，其所以戒謹而恐懼者，必有嚴於彼者矣。其有不然，而或出於此言之所弃，則彼所爲規者，必將取之，固不得而略也。諸君其亦念之哉。

《朱子白鹿洞書院揭示》終

常禮舉要

李炳南 編述

（一）居家

一 爲人子不晏起，衣被自己整理，晨昏必定省。

二 爲人子坐不中席，行不中道。

三 爲人子出必告，反必面。

四 長者與物，須兩手奉接。

五 徐行後長，不疾行先長。

六 長者立不可坐，長者來必起立。

七 不在長者座前蹀來蹀去。

八 立不中門，過門不踐門限。

九 立不一足跛，坐勿展腳如箕，睡眠不仰不伏，右卧如弓。

十 同桌吃飯不另備美食獨啖。

十一 不挑剔食之美惡。

十二、食時不嘆，不訓斥子弟。

（二）在校

一　升降國旗及唱國歌、校歌時，肅立示敬。
二　師長上下課時，起立致敬。
三　向師長質疑問難，必起立。
四　路遇師長，肅立道旁致敬。
五　聽講時，應端坐或直立；不支頤交股，彎腰，翹足。
六　考試時，不交頭接耳，或左顧右盼。
七　安其學而親其師，樂其友而信其道。

（三）處世

一　無道人之短，無説己之長。
二　家庭之事，不可向外人言。
三　口爲禍福之門，話要經一番考慮再説。

四　見失意人，不說得意語；見老年人，不說衰喪話。
五　交淺不可言深，絕交不出惡聲。
六　不侮辱人，不向人開玩笑。
七　與殘疾人會面，須格外恭敬。
八　於肩挑小販苦力，莫討便宜。
九　施恩求忘，受恩必報；開罪於人須求解，開罪於我應加恕。
十　善人自當親近，須要久敬；惡人自當敬而遠之。
十一　遇事要鎮静，做不到的事，莫妄逞能。
十二　瓜田不納履，李下不整冠。
十三　凡事要合理智，不可偏重感情。
十四　己所不欲，勿施於人。
十五　凡求教他人的事，必須造門請問。

（四）聚餐

一　座有次序，上座必讓長者。

二　入座後不横肱，不伸足。

三　主先舉杯敬客，客致謝辭。

四　主人親自烹調，須向主人禮謝後食。

五　主人敬酒畢，正客須回敬主人。

六　舉箸匙，必請大家同舉。

七　用箸夾菜，只取向己之一方者，不立起向他角器中取菜。

八　箸匙不向碗盤頂心取菜取湯。

九　公食之器，不用己箸翻攪。

十　匙有餘瀝必傾盡，方再入公食器中。

十一　自己碗中之餚菜，不可反回公器中。

十二　箸匙所取餚菜，不倍於他人。

十三　食勿響舌，咽勿鳴喉。

十四　公食以不言爲原則，須言亦應避免唾沫入公器中。

十五　咳嗽必轉身向後。

十六　勿叱狗，不投骨於狗。

十七　碗中不留飯粒。

十八　不對人剔牙齒。
十九　客食未畢，主人不先起。
二十　起席，主遜言慢待，客稱謝。
二一　宴畢，主人進巾進茶。

（五）出門

一　衣冠不求華美，惟須整潔。
二　見長者，必趨致敬。
三　登高不呼，不指，不招呼。
四　路上不吸煙，不嚼食物，不歌唱。
五　乘車見長者必下，見幼者亦須與之頷首爲禮。
六　夜必歸家，因事不能歸時，必先告家人。
七　車馬繁雜衝區，不招呼敬禮。
八　不立在路上久談。
九　不走馬路中間，越路須先向左右看清，不可與汽車争路。

十　行走時，步履宜穩重，并宜張胸閉口，目向前視。
十一　遇婦女老弱，應儘先讓路讓座。
十二　途次有人問路，須詳爲指示；問路於人，須隨即稱謝。
十三　一人不入古廟，兩人不看深井。
十四　逢橋先下馬，過渡莫争船。
十五　在舟車上或飛機上，不探首或伸手出窗，并不得隨便涕痰。

（六）訪人

一　先立外輕輕扣門，主人讓入方入。
二　入内有他客，主人爲介紹，須一一爲禮，辭出時亦如之。
三　入内見有他客，不可久坐；有事，須請主人另至他所述説。
四　坐談時見有他客來，即辭出。
五　坐立必正，不傾聽，不嘩笑。
六　不携一切動物上堂。
七　主人室内之信件文書，概不取看。

八　談話應答必顧望。

九　將上堂，聲必揚。

十　户開亦開，户闔亦闔；有後入者，闔而勿遂。

十一　主人欠伸，或看鐘錶，即須辭出。

十二　飯及眠時不訪客。

十三　晋謁長官尊長，應先鞠躬敬禮，然後就座；及退，亦然。

十四　與長官尊長，及婦女行握手禮時，應俟其先行伸手，然後敬謹與握。

十五　訪公教人員，必先問明其上班鐘點，不可久坐閑談。

十六　訪客不遇，或留片，或寫字登留言牌。

（七）會客

一　見先致敬，熟客道寒暄，生客請姓字住址。

二　及門先趨，爲客啓闔。

三　每門必讓客先行。

四　入門必爲客安座。

五 室内有他客，應與介紹，先介幼於長，介卑於尊，介近於遠，同倫則介前於後。
六 敬茶果先長後幼，先生後熟。
七 主人必下座，舉杯讓茶。
八 客去必送致敬，遠方客必送至村外或路口。
九 遠方客專來，須備飲食寢室，導厠所，導沐浴。
十 遠方客去，必送至驛站，望車開遠，始返。

（八）旅行

一 將遠行，必辭親友，祭祖辭親。
二 遠到目的地，必先拜訪有關人士。
三 歸來必謁親友，或略送土物。
四 遠行之親友辭行，必往送行，事前或贈物，或宴餞。
五 遠方客來拜訪，須往答拜，或設宴接風。
六 旅人歸來拜，須詣回拜，或設宴洗塵。
七 受人之送行及餞别，達到所在地，須一一函謝。

八 人之接風或洗塵畢，須還席。

九 入境問禁，入國問俗，入門問諱。

十 入國不馳，入村裹必下車馬。

（九）對衆

一 他人正談話，不在中間插言。

二 兩人對談，不向中間穿走。

三 不高聲喧嘩擾亂他人視聽。

四 不横坐，不横腿，不捫脚。

五 不隔席談話。

六 坐不掀起椅凳之後方。

七 衣帽不加於他人之衣帽上。

八 不向人噴水吐痰。

九 不向人呵欠，舒伸，嚔噴。

（十）饋贈

一　禮尚往來，來而不往，往而不來，皆非禮也。
二　賜人不曰來取，與人不問所欲。
三　贈人物品，必謙必敬。
四　贈人物品，外必用包裹，婚喪慶壽例外。
五　平素贈物，座有他客，須避觀聽，遠來及初晤，可不避。
六　受贈先略謙辭後受，稱謝，逾日須往拜。
七　長者賜，不敢辭。

（十一）慶吊

一　參加吉禮，不談衰喪話，不戚容，不啼泣。
二　居喪不參加吉禮，只送儀物。
三　喪服不入公門，不觀吉禮。
四　賀婚在衆賓前，辭不諧謔。

五　臨喪不笑。
六　里有殯，不巷歌。
七　飯於喪家，酒不赭顔。
八　佩會葬徽章者，禮終即卸去，不佩帶他往。

（十二）稱呼

一　初見面之人問姓，曰貴姓，問名，曰台甫。自説姓曰敝姓某，説名曰草字某某。
二　有親戚世交者，應各以其名分彼此相稱。普通稱人曰先生或某兄，自稱曰弟。老者長者，稱曰老先生，自稱曰後學，或稱自名。
三　稱人之父曰令尊，母曰令堂。向人稱自父母，曰家嚴，曰家慈。見朋友之父，稱老伯，母稱伯母，自稱晚或侄。
四　稱人之祖，曰令祖公，祖母曰令祖太夫人。向人稱自祖曰家祖。祖母曰家祖母。見人之祖父祖母，稱太老伯，太伯母。自稱己名即可。
五　稱人之兄弟，曰令兄，曰令弟。向人稱自兄弟，曰家兄舍弟。稱人之姊妹，曰令姊令妹。向人稱自姊妹，曰家姊舍妹。見人之兄弟，稱幾先生，或幾兄，自稱小弟。見人之姊妹，統稱幾姐，稱自曰小弟。（書款則稱侍。）

六　稱人之妻，曰令正或尊夫人，向人稱自妻，曰拙荊或賤內。見人之妻稱嫂，自稱己名。（女子可自稱妹。）

七　女子稱人之夫，曰尊府某先生，向人稱自夫，曰外子。見人之夫稱某先生，自以避免稱呼爲佳，如必要時，只稱本人即可。

八　稱人之子，曰令郎或公子，稱人女曰令愛，或女公子。向人稱自子，曰小兒，女曰小女。見人子稱世兄，自稱弟，稱女曰世姐，自不稱。

九　稱人之孫及孫女，曰令孫曰令女孫。向人稱自孫，及女孫，曰小孫，曰小女孫。見人之孫及女孫，稱幾公子幾小姐。

十　稱人或稱自之已故上輩，統加一先字。如稱人之故父母，曰令先尊令先太夫人；稱自之故父母，曰先嚴先慈之類。稱人已故下輩不必另加字，只云「以前某兄」即可，稱自故下輩，但加一亡字，或云「以前某某」亦可。

十一　稱人之姑丈姑母，曰令姑丈令姑母。向人稱自姑丈姑母，曰家姑丈姑母。見人之姑丈姑母，稱老先生老太太；交厚者，可稱老伯及老伯母。

十二　稱人之舅父舅母，曰令母舅令舅母。向人稱自舅父舅母，曰家母舅家舅母。見人之舅父舅母，稱謂仿前。

十三　稱人之岳父岳母，曰令岳令岳母。向人稱岳父母，曰家岳家岳母。見人之岳父母，稱謂仿前。

十四　稱人之内侄，曰令内侄。稱人之甥，曰令甥。稱人之婿，曰令婿。向人稱自内侄，甥，婿，曰敝内侄，曰舍甥，曰小婿。

十五　稱人之親友，曰令親曰貴友。向人稱自親友，曰舍親敝友。

十六　稱人之師，曰令師，生曰令高足。向人稱自師，曰敝業師。稱自生曰敝徒。自稱師，曰夫子或吾師。稱自曰受業，或曰門生。

十七　稱人之長官，曰貴某長（院部廳局等）。稱人之屬員，曰貴部下或貴屬。向人稱自長官，曰敝某長，稱自屬員，曰敝同事或敝屬，稱其某姓某職亦可。

十八　稱人之主人，曰貴上，稱人之僕，曰尊紀。向人稱自主人，曰敝上；稱自僕，曰小价。

（附説）

一　稱呼一事，本甚繁雜，各地習慣，直接見面之稱，尤多不同，故難備載。本編僅録其對外交際通常用者。

二　親戚之間，稱呼甚爲微細，每有錯一字而貽笑者。茲編本爲舉要，專爲常用，故不詳載。

《常禮舉要》終

孝經

〔春秋〕孔子及其弟子

開宗明義章 第一

仲尼居，曾子侍。子曰：「先王有至德要道，以順天下，民用和睦，上下無怨。汝知之乎？」曾子避席，曰：「參不敏，何足以知之？」子曰：「夫孝，德之本也，教之所由生也。復坐，吾語汝。身體髮膚，受之父母，不敢毀傷，孝之始也。立身行道，揚名於後世，以顯父母，孝之終也。夫孝，始於事親，中於事君，終於立身。《大雅》云：『無念爾祖，聿修厥德。』」

天子章 第二

子曰：「愛親者，不敢惡於人；敬親者，不敢慢於人。愛敬盡於事親，而德教加於百姓，刑於四海。蓋天子之孝也。《甫刑》云：『一人有慶，兆民賴之。』」

諸侯章 第三

在上不驕，高而不危；制節謹度，滿而不溢。高而不危，所以長守貴也。滿而不溢，所以長守富也。富貴不離其身，然後能保其社稷，而和其民人。蓋諸侯之孝也。《詩》云：「戰戰兢兢，如臨深淵，如履薄冰，」

卿大夫章 第四

非先王之法服，不敢服，非先王之法言，不敢道，非先王之德行，不敢行。是故，非法不言，非道不行；口無擇言，身無擇行。言滿天下無口過，行滿天下無怨惡。三者備矣，然後能守其宗廟。蓋卿大夫之孝也。《詩》云：「夙夜匪懈，以事一人。」

士章 第五

資於事父以事母，而愛同；資於事父以事君，而敬同。故母取其愛，而君取其敬，兼之者父也。故以孝事君，則忠，以敬事長，則順。忠順不失，以事其上，然後能保其祿位，而守其祭祀。蓋士之孝也。《詩》云：「夙興夜寐，無忝爾所生。」

庶人章第六

用天之道，分地之利，謹身節用，以養父母，此庶人之孝也。故自天子至於庶人，孝無終始，而患不及者，未之有也。

三才章第七

曾子曰：「甚哉，孝之大也！」子曰：「夫孝，天之經也，地之義也，民之行也。天地之經，而民是則之。則天之明，因地之利，以順天下。是以其教不肅而成，其政不嚴而治。先王見教之可以化民也，是故先之以博愛，而民莫遺其親，陳之於德義，而民興行。先之以敬讓，而民不争；導之以禮樂，而民和睦；示之以好惡，而民知禁。《詩》云：『赫赫師尹，民具爾瞻。』」

孝治章第八

子曰：「昔者明王之以孝治天下也，不敢遺小國之臣，而况於公、侯、伯、子、男乎？故得萬國之歡心，以事其先王。治國者不敢侮於鰥寡，而況於士民乎？故得百姓之歡心，以事其先君。治家者不敢失於臣妾，而況於妻子乎？故得人之歡心，以事其親。夫然，故生則親安之。祭則鬼享之，是以天下和平，災害不生，禍亂不作。故明王之以孝治天下也如此。《詩》云：『有覺德行，四國順之。』」

聖治章第九

曾子曰：「敢問聖人之德，無以加於孝乎？」子曰：「天地之性，人爲貴。人之行，莫大於孝。孝莫大於嚴父。嚴父莫大於配天，則周公其人也。昔者，周公郊祀后稷以配天，宗祀文王於明堂以配上帝。是以四海之内，各以其職來祭。夫聖人之德，又何以加於孝乎？故親生之膝下，以養父母日嚴。聖人因嚴以教敬，因親以教愛。聖人之教，不肅而成，其政不嚴而治，其所因者本也。父子之道，天性也。君臣之義也，父母生之，續莫大焉。君親臨之，厚莫重焉。故不愛其親而愛他人者，謂之悖德；不敬其親而敬他人者，謂之悖禮。以順則逆，民無則焉。不在於善，而皆在於凶德；雖得之，君子不貴也。君子則不然，言思可道，行思可樂，德義可尊，作事可法，容止可觀，進退可度，以臨其民。是以其民畏而愛之，則而象之，故能成其德教，而行其政令。《詩》云：『淑人君子，其儀不忒。』」

紀孝行章 第十

子曰：「孝子之事親也，居則致其敬，養則致其樂，病則致其憂，喪則致其哀，祭則致其嚴。五者備矣，然後能事親。事親者，居上不驕，爲下不亂，在醜不争。居上而驕則亡，爲下而亂則刑，在醜而争則兵。三者不除，雖日用三牲之養，猶爲不孝也。」

五刑章 第十一

子曰：「五刑之屬三千，而罪莫大於不孝。要君者，無上，非聖人者，無法，非孝者，無親。此大亂之道也。」

廣要道章 第十二

子曰：「教民親愛，莫善於孝，教民禮順，莫善於悌，移風易俗，莫善於樂，安上治民，莫善於禮。禮者，敬而已矣。故敬其父則子悦；敬其兄則弟悦；敬其君則臣悦；敬一人而千萬人悦。所敬者寡，而悦者衆，此之謂要道也。」

廣至德章 第十三

子曰：「君子之教以孝也，非家至而日見之也。教以孝，所以敬天下之爲人父者也；教以悌，所以敬天下之爲人兄者也；教以臣，所以敬天下之爲人君者也。《詩》云：『愷悌君子，民之父母。』非至德，其孰能順民如此，其大者乎？」

廣揚名章 第十四

子曰：「君子之事親孝，故忠可移於君；事兄悌，故順可移於長；居家理，故治可移於官。是以行成於内，而名立於後世矣。」

諫諍章 第十五

曾子曰：「若夫慈愛、恭敬、安親、揚名，則聞命矣。敢問：子從父之令，可謂孝乎？」子曰：「是何言與！是何言與！昔者天子有争臣七人，雖無道，不失其天下；諸侯有争臣五人，雖無道，不失其國；大夫有争臣三人，雖無道，不失其家；士有争友，則身不離於令名；父有争子，則身不陷於不義。故當不義，則子不可以不争於父，臣不可以不争於君。故當不義則争之，從父之令，又焉得爲孝乎？」

感應章第十六

子曰：「昔者明王事父孝，故事天明；事母孝，故事地察；長幼順，故上下治。天地明察，神明彰矣。故雖天子，必有尊也，言有父也；必有先也，言有兄也。宗廟致敬，不忘親也，修身慎行，恐辱先也，宗廟致敬，鬼神著矣。孝悌之至，通於神明，光於四海，無所不通。《詩》云：『自西自東，自南自北，無思不服。』」

事君章第十七

子曰：「君子之事上也，進思盡忠，退思補過，將順其美，匡救其惡，故上下能相親也。《詩》云：『心乎愛矣，遐不謂矣，中心藏之，何日忘之。』」

喪親章 第十八

子曰：「孝子之喪親也，哭不偯，禮無容，言不文，服美不安，聞樂不樂，食旨不甘，此哀戚之情也。三日而食，教民無以死傷生，毀不滅性，此聖人之政也。喪不過三年，示民有終也。爲之棺槨、衣衾而舉之，陳其簠簋而哀戚之；擗踴哭泣，哀以送之；卜其宅兆，而安措之；爲之宗廟，以鬼享之；春秋祭祀，以時思之。生事愛敬，死事哀戚，生民之本盡矣！死生之義備矣！孝子之事親終矣！」

《孝經》終

《論語》分類

卷一 孔子的言論

（甲）關於道德的

一 苟志於仁矣，無惡也。

二 君子無終食之間違仁，造次必於是，顛沛必於是。

三 仁遠乎哉，我欲仁，斯仁至矣。

四 知者不惑，仁者不憂，勇者不懼。

五 有德者，必有言；有言者，不必有德。仁者，必有勇；勇者，不必有仁。

六 志士仁人，無求生以害仁，有殺身以成仁。

七 當仁，不讓於師。

八 務民之義，敬鬼神而遠之，可謂知矣。

九 君子可欺也，不可罔也。

十 克己復禮。

一一　己所不欲，勿施於人。在邦無怨，在家無怨。

一二　愛人，知人，舉直錯諸枉，能使枉者直。

一三　居處恭，執事敬，與人忠，雖之夷狄，不可弃也。

一四　克，伐，怨，欲。

一五　工欲善其事，必先利其器。居是邦也，事其大夫之賢者，友其士之仁者。

一六　能行五者於天下，爲仁矣。請問之，曰：恭寬信敏惠。恭則不侮。寬則得衆，信則人任焉，敏則有功，惠則足以使人。

一七　父在觀其志，父没觀其行。三年無改於父之道，可謂孝矣。

一八　事父母幾諫，見志不從，又敬不違，勞而不怨。

一九　朝聞道，夕死可矣。

二〇　吾道一以貫之，夫子之道，忠恕而已矣。

二一　予一以貫之。

二二　人能弘道，非道弘人。

二三　我不欲人之加諸我也，吾亦欲無加諸人。

二四　德不孤，必有鄰。

二五　中庸之爲德也，其至矣乎。

二六　吾未見好德如好色者也。

（乙）關於修養的

一　君子無所争。

二　内省不疚，夫何憂何懼。

三　君子成人之美，不成人之惡，小人反是。

四　君子和而不同，小人同而不和。

五　君子泰而不驕。

六　修己以敬，修己以安人，修己以安百姓。

七　君子義以爲質，禮以行之，孫以出之，信以成之，君子哉。

八　君子病無能焉，不病人之不己知也。

九　君子謀道不謀食，憂道不憂貧。

十　畏天命，畏大人，畏聖人之言。

一一　君子有九思：視思明，聽思聰，色思温，貌思恭，言思忠，事思敬，疑思問，忿思難，見得思義。

一二　行己有耻，使於四方，不辱君命。

一三　見利思義，見危授命。

一四　君子不重則不威，學則不固。主忠信，無友不如己者，過則勿憚改。

一五　貧而樂，富而好禮。

一六　士志於道，而耻惡衣惡食者，未足與議也。

一七　見賢思齊焉，見不賢而内自省也。

一八　知之者，不如好之者；好之者，不如樂之者。

一九　德之不修，學之不講，聞義不能徙，不善不能改，是吾憂也。

二〇　志於道，據於德，依於仁，游於藝。

二一　三人行，必有我師焉。擇其善者而從之，其不善者而改之。

二二　如有周公之才之美，使驕且吝，其餘不足觀也已。

二三　君子耻其言而過其行。

二四　過而不改，是謂過矣。

二五　益者三樂，損者三樂。樂節禮樂，樂道人之善，樂多賢友，益矣。樂驕樂，樂佚游，樂宴樂，損矣。

二六　少之時，血氣未定，戒之在色；其壯也，血氣方剛，戒之在鬥；其老也，血氣既衰，戒之在得。

二七 見善如不及，見不善如探湯。

二八 道聽而塗説，德之弃也。

二九 子曰：不知命，無以爲君子也；不知禮，無以立也；不知言，無以知人也。

(丙)關於處世的

一 不患人之不己知，患不知人也。

二 視其所以，觀其所由，察其所安。人焉廋哉！人焉廋哉！

三 非其鬼而祭之，諂也；見義不爲，無勇也。

四 篤信好學，守死善道；危邦不人，亂邦不居；天下有道則見，無道則隱。邦有道，貧且賤焉，耻也；邦無道，富且貴焉，耻也。

五 不在其位，不謀其政。

六 貧而無怨難，富而無驕易。

七 以德報怨，以直報怨，以德報德。

八 可與言而不與之言，失人；不可與言而與之言，失言。知者不失人，亦不失言。

九　人無遠慮，必有近憂。

十　躬自厚，而薄責於人，則遠怨矣。

一一　巧言亂德，小不忍，則亂大謀。

一二　衆惡之，必察焉，衆好之，必察焉。

一三　有惡，惡稱人之惡者，惡居下流而訕上者，惡勇而無禮者，惡果敢而窒者。

(丁)關於教學的

一　學而時習之，不亦説乎？有朋自遠方來，不亦樂乎？人不知而不愠，不亦君子乎？

二　子曰：「默而識之，學而不厭，誨人不倦，何有於我哉？」

三　子曰：「性相近也，習相遠也。」

四　温故而知新，可以爲師矣。

五　有教無類。

六　子以四教：文，行，忠，信。

七　天何言哉？四時行焉，百物生焉，天何言哉。

八　辭，達而已矣。

九　知之爲知之，不知爲不知，是知也。

十　老者安之，朋友信之，少者懷之。

一一　吾十有五而志於學，三十而立，四十而不惑，五十而知天命，六十而耳順，七十而從心所欲，不逾矩。

一二　述而不作，信而好古。

一三　其爲人也，發憤忘食，樂以忘憂，不知老之將至云爾。

一四　多聞，擇其善者而從之，多見而識之。

一五　子曰：「吾嘗終日不食，終夜不寢，以思，無益，不如學也。」

一六　學而不思，則罔；思而不學，則殆。

一七　子曰：「弟子，入則孝，出則弟；謹而信，泛愛衆，而親仁；行有餘力，則以學文。」

一八　君子食無求飽，居無求安，敏於事而慎於言，就有道而正焉，可謂好學也已。

一九　好仁不好學，其蔽也愚；好知不好學，其蔽也蕩；好信不好學，其蔽也賊；好直不好學，其蔽也絞；好勇不好學，其蔽也亂；好剛不好學，其蔽也狂。

(戊)關於詩及禮樂的

一 興於詩，立於禮，成於樂。

二 不學詩，無以言；不學禮，無以立。

三 詩三百，一言以蔽之，曰「思無邪」。

四 恭而無禮，則勞；慎而無禮，則葸；勇而無禮，則亂；直而無禮，則絞；君子篤於親，則民興於仁。故舊不遺，則民不偷。

五 上好禮，則民易使也。

六 子在齊聞韶，三月不知肉味。曰：「不圖爲樂之至於斯也。」

(己)關於政治的

一 千乘之國，敬事而信；節用而愛人，使民以時。

二 爲政以德，譬如北辰，居其所，而衆星共之。

三 臨之以莊，則敬；孝慈，則忠；舉善而教不能，則勸。

四 君使臣以禮，臣事君以忠。

五　民可使由之，不可使知之。

六　自古皆有死，民無信不立。

七　先有司，赦小過，舉賢才。

八　名不正，則言不順；言不順，則事不成；事不成，則禮樂不興；禮樂不興，則刑罰不中；刑罰不中，則民無所措手足。故君子名之必可言也，言之必可行也；君子於其言，無所苟而已矣。

九　其身正，不令而行；其身不正，雖令不從。

十　近者説，遠者來。

一一　欲速，則不達；見小利，則大事不成。

一二　子曰：「以不教民戰，是謂弃之。」

一三　子曰：「無爲而治者，其舜也與。夫何爲哉？恭己正南面而已矣。」

一四　惠而不費，勞而不怨，欲而不貪，泰而不驕，威而不猛。

一五　不教而殺謂之虐，不戒視成謂之暴，慢令致期謂之賊。猶之與人也，出納之吝，謂之有司。

（庚）關於批評人事的

一 邦有道則知，邦無道則愚。其知可及也，其愚不可及也。

二 君子之道四焉，其行己也恭，其事上也敬，其養民也惠，其使民也義。

三 晏平仲善與人交，久而敬之。

四 夫子時然後言，人不厭其言；樂然後笑，人不厭其笑；義然後取，人不厭其取。

五 丘也聞有國有家者，不患寡而患不均，不患貧而患不安。蓋均無貧，和無寡，安無傾。夫如是，故遠人不服，則修文德以來之；既來之，則安之。遠人不服而不能來也，邦分崩離析而不能守也。而謀動干戈於邦內，吾恐季孫之憂，不在顓臾，而在蕭墻之內也。

六 敏而好學，不耻下問。

卷二 孔子的人格

（甲）孔子的事迹

一 俎豆之事，則嘗聞之矣；軍旅之事，未之學也，明日遂行。

二　道之將行也與，命也；道之將廢也與，命也。
三　丘也幸，苟有過，人必知之。
四　道不行，乘桴浮於海。
五　君子居之，何陋之有？
六　君子學道則愛人，小人學道則易使也。
七　富而可求也，雖執鞭之士，吾亦爲之。如不可求，從吾所好。
八　飯疏食，飲水，曲肱而枕之，樂亦在其中矣。不義而富且貴，於我如浮云。
九　不怨天，不尤人，下學而上達，知我者其天乎。

(乙)孔子的生活態度

一　子之所慎，齊，戰，疾。
二　子不語「怪，力，亂，神」。
三　子罕言利，與命，與仁。
四　唯酒無量，不及亂。
五　食不語，寢不言。

(丙)弟子時人對於孔子的評論

一 温，良，恭，儉，讓。

二 天下之無道也久矣，天將以夫子爲木鐸。

三 知其不可而爲之者與。

四 往者不可諫，來者猶可追。

卷三 孔子的弟子

(甲)孔子對於弟子的批評

一 德行，言語，政事，文學。

二 過猶不及。

三 臨事而懼，好謀而成。

四 顔回，不遷怒，不貳過。

五 回也，其心三月不違仁。其餘，則日月至焉而已矣。

六　賢哉回也！一簞食，一瓢飲，在陋巷，人不堪其憂，回也不改其樂。賢哉回也！

七　成事不説，遂事不諫，既往不咎。

八　始吾於人也，聽其言，信其行。今吾於人也，聽其言，觀其行。

(乙)孔子弟子的言行

一　有子曰：「其爲人也孝弟，而好犯上者鮮矣。不好犯上，而好作亂者，未之有也。君子務本，本立而道生，孝弟也者，其爲仁之本與。」

二　禮之用，和爲貴。

三　有子曰：「信近於義，言可復也；恭近於禮，遠恥辱也。因不失其親，亦可宗也。」

四　曾子曰：「吾日三省吾身：爲人謀，而不忠乎？與朋友交，而不信乎？傳不習乎？」

五　慎終追遠，民德歸厚矣。

六　鳥之將死，其鳴也哀；人之將死，其言也善。

七　以能問於不能，以多問於寡，有若無，實若虛，犯而不校。昔者吾友，嘗從事於斯矣。

八　可以托六尺之孤，可以寄百里之命，臨大節而不可奪也。君子人與，君子人也。

九　士不可以不弘毅，任重而道遠；仁以爲己任，不亦重乎？死而後已，不亦遠乎？

十　君子以文會友，以友輔仁。

一一　君子思不出其位。

一二　曾子曰：「上失其道，民散久矣。如得其情，則哀矜而勿喜。」

一三　子夏曰：「賢賢易色。事父母，能竭其力；事君，能致其身；與朋友交，言而有信，雖曰未學，吾必謂之學矣。」

一四　死生有命，富貴在天。君子敬而無失，與人恭而有禮，四海之内，皆兄弟也。君子何患乎無兄弟也？

一五　仕而優則學，學而優則仕。

一六　子游曰：「事君數，斯辱矣；朋友數，斯疏矣。」

一七　子貢曰：「君子之過也，如日月之食焉。過也，人皆見之。更也，人皆仰之。」

一八　子張曰：「士見危致命，見得思義。祭思敬，喪思哀，其可已矣。」

一九　君子尊賢而容衆，嘉善而矜不能。

（附録）論語所記雜事

一　萬方有罪，罪在朕躬；百姓有過，在予一人。謹權量，審法度，修廢官，四方之政行焉。

二　興滅國，繼絶世，舉逸民，天下之民歸心焉。所重民「食、喪、祭」。寬則得衆，信則民任焉；敏則有功，公則説。

《論語》分類終

《孟子章句》節要

〔东汉〕趙岐　注

卷一　梁惠王章句上

一　孟子見梁惠王。王曰：「叟！不遠千里而來，亦將有以利吾國乎？」孟子對曰：「王何必曰利？亦有仁義而已矣。」王曰：「何以利吾國？」大夫曰：「何以利吾家？」士庶人曰：「何以利吾身？上下交徵利，而國危矣。萬乘之國，弒其君者，必千乘之家；千乘之國，弒其君者，必百乘之家。萬取千焉，千取百焉，不爲不多矣；苟爲後義而先利，不奪不饜。」「未有仁而遺其親者也；未有義而後其君者也。王亦曰仁義而已矣，何必曰利？

二　「不違農時，穀不可勝食也；數罟不入洿池，魚鱉不可勝食也；斧斤以時入山林，材木不可勝用也。穀與魚鱉不可勝食，材木不可勝用，是使民養生喪死無憾也。王道之始也。」

三　獸相食，且人惡之；爲民父母行政，不免於率獸而食人，惡在其爲民父母也？仲尼曰：「始作俑者，其無後乎！」

四　「地方百里，而可以王。（言古聖人以百里之地以致王天下，謂文王也。）王如施仁政於民，省刑罰，薄税斂；深耕易耨；壯者以暇日修其孝悌忠信，入以事其父兄，出以事其長上；『仁者無敵』，王請勿疑。」

五　如有不嗜殺人者，則天下之民皆引領而望之矣。誠如是也，民歸之由水之就下，沛然誰能御之？

六　君子之於禽獸也，見其生，不忍見其死，聞其聲，不忍食其肉。是以君子遠庖厨也。

七　老吾老，以及人之老；幼吾幼，以及人之幼；天下可運於掌。《詩》云：「刑於寡妻，至於兄弟，以御於家邦。」言舉斯心加諸彼而已。故推恩，足以保四海；不推恩無以保妻子。古之人所以大過人者無他焉，善推其所爲而已矣。

卷二　梁惠王章句下

一　今王與百姓同樂則王矣。聖人樂天，賢者知時，仁必有勇。勇以討亂而不爲暴，則百姓安之。

二　樂民之樂者，民亦樂其樂；憂民之憂者，民亦憂其憂。樂以天下，憂以天下，然而不王者，未之有也。

三　老而無妻曰鰥，老而無夫曰寡，老而無子曰獨，幼而無父曰孤。此四者，天下之窮民而無告者。文王發政施仁，必先斯四者。《詩》云：「哿矣，富人，哀此煢獨。」

四　臣聞七十里爲政於天下者，湯是也。未聞以千里畏人者也。（成湯修德，以七十里而得天下，今齊地方千里，何畏懼哉。）

五　曾子曰：「戒之戒之！出乎爾者，反乎爾者也。」

六　苟爲善，後世子孫必有王者矣。君子創業垂統，爲可繼也；若夫成功，則天也。君如彼何哉？强爲善而已矣。

卷三　公孫醜章句上

一　當今之時，萬乘之國，行仁政，民之悦之，猶解倒懸也。故事半古之人，功必倍之，惟此時爲然。

二　夫志，氣之帥也；氣，體之充也。夫志至焉，氣次焉，故曰：「持其志，無暴其氣。」

三　我善養吾浩然之氣。敢問何謂浩然之氣？曰：「難言也。其爲氣也，至大至剛，以直養而無害，則塞於天地之閑。其爲氣也，配義與道；無是，餒矣。是集義所生者，非義襲而取之也。」

四　何謂知言？曰：「詖辭知其所蔽；淫辭，知其所陷；邪辭，知其所離；遁辭，知其所窮。生於其心，害於其政；發於其政，害於其事。聖人復起，必從吾言矣。」

五　孔子曰：「聖，則吾不能；我學不厭而教不倦也。」子貢曰：「學不厭，智也；教不倦，仁也。仁且智，夫子既聖矣！」夫聖，孔子不居。

六　可以仕則仕，可以止則止，可以久則久，可以速則速，孔子也。

七　行一不義，殺一不辜，而得天下，皆不爲也。是則同。

八　子貢曰：「見其禮而知其政，聞其樂而知其德，由百世之後，等百世之王，莫之能違也。自生民以來，未有夫子也！」

九　孟子曰：「以力假仁者霸，霸必有大國。以德行仁者王，王不待大：湯以七十里，文王以百里。以力服人者，非心服也，力不贍也。以德服人者，中心悦而誠服也，如七十子之服孔子也。故曰：『遠人不服，修文德以懷之。』」

十　貴德而尊士。賢者在位，能者在職。

一一　《詩》云：「永言配命，自求多福。」

一二　《太甲》曰：「天作孽，猶可違；自作孽，不可活。」

一三　人皆有不忍人之心。惻隱之心，仁之端也；羞惡之心，義之端也；辭讓之心，禮之端也；是非之心，智之端也。

一四　孔子曰：「里仁爲美；擇不處仁，焉得智？」夫仁，天之尊爵也，人之安宅也；莫之御而不仁，是不智也。

一五　反求諸己。

一六　孟子曰：「子路，人告之以有過，則喜；禹聞善言，則拜。大舜有大焉，善與人同，捨己從人，樂取於人以爲善。君子莫大乎與人爲善。」

卷四　公孫醜章句下

一　孟子曰：「天時不如地利，地利不如人和。」

二　得道者多助，失道者寡助。寡助之至，親戚畔之；多助之至，天下順之。以天下之所順，攻親戚之所畔；故君子有不戰，戰必勝矣。

三　古之君子，過則改之；今之君子，過則順之。古之君子，其過也，如日月之食，民皆見之；及其更也，民皆仰之。

四　君子不怨天，不尤人。知命者，不憂不懼也。禄以食功，志以率事。無其事而食其禄，君子不由也。

卷五 滕文公章句上

人生皆有善性，但當充而用之耳。又言，堯舜之治天下，不失仁義之道。天下之道，一言而已，唯有行善耳，復何疑也？

一 顔淵曰：舜何人也？予何人也？有爲者亦若是。

二 上有好者，下必有甚焉者矣。君子之德，風也；小人之德，草也；草尚之風必偃。

三 民之爲道也，有恒産者有恒心，無恒産者無恒心。苟無恒心，放辟邪侈，無不爲已。及陷乎罪，然後從而刑之，是罔民也。焉有仁人在位，罔民而可爲也？

四 出入相友，守望相助，疾病相扶持，則百姓親睦。

五 或勞心，或勞力。勞心者治人，勞力者治於人。治於人者食人，治人者食於人，天下之通義也。

六 人之有道也，飽食、暖衣、逸居而無教，則近於禽獸。聖人有憂之，使契爲司徒，教以人倫：父子有親，君臣有義，夫婦有别，長幼有序，朋友有信。

七 分人以財謂之惠，教人以善謂之忠，爲天下得人者謂之仁。是故以天下與人易，爲天下得人難。

八　愛無差等，施由親始。

卷六　滕文公章句下

一　居天下之廣居，立天下之正位，行天下之大道；得志，與民由之，不得志，獨行其道；富貴不能淫，貧賤不能移，威武不能屈；此之謂大丈夫。

二　入則孝，出則悌，守先王之道，以待後之學者。（君子養正氣，不以入邪也。）

三　「世衰道微，邪説暴行有作，臣弑其君者有之，子弑其父者有之。孔子懼，作《春秋》。《春秋》，天子之事也。是故孔子曰：『知我者，其惟《春秋》乎！罪我者，其惟《春秋》乎！』」

四　楊墨之道不息，孔子之道不著，是邪説誣民，充塞仁義也。仁義充塞，則率獸食人，人將相食。（此亂之甚也。）

五　我亦欲正人心，息邪説，距詖行，放淫辭，以承三聖者。豈好辯哉？予不得已也！能言距楊墨者，聖人之徒也。

卷七 離婁章句上

一 公輸子之巧，不以規矩，不能成方圓；堯舜之道，不以仁政，不能平治天下。

二 仁者宜在高位；不仁而在高位，是播其惡於衆也。上無道揆也，下無法守也；朝不通道，工不信度；君子犯義，小人犯刑；國之所存者幸也。

三 城郭不完，兵甲不多，非國之災也；田野不辟，貨財不聚，非國之害也；上無禮，下無學，賊民興，喪無日矣。（國無禮義必亡。）

四 孟子曰，規矩，方圓之至也；聖人，人倫之至也。欲爲君，盡君道；欲爲臣，盡臣道。二者皆法堯、舜而已矣。不以舜之所以事堯事君，不敬其君者也；不以堯之所以治民治民，賊其民者也。孔子曰：「道二，仁與不仁而已矣。」暴其民甚，則身弑國亡；不甚，則身危國削，名之曰，幽、厲，雖孝子慈孫，百世不能改也。殷鑒不遠。

五 孟子曰：「三代之得天下也，以仁，其失天下也，以不仁。國之所以廢興存亡者亦然。」

六 孟子曰：「愛人不親，反其仁；治人不治，反其智；禮人不答，反其敬。行有不得者，皆反求諸己，其身正，而天下歸之。」

七 孟子曰：「人有恒言，皆曰『天下、國、家』。天下之本在國，國之本在家，家之本在身。」

八　孟子曰：「天下有道，小德役大德，小賢役大賢；天下無道，小役大，弱役强。斯二者，天也。順天者存，逆天者亡。」

九　夫人必自侮，然後人侮之；家必自毁，而後人毁之；國必自伐，而後人伐之。

十　得天下有道：得其民，斯得天下矣。得其民有道：得其心，斯得民矣。得其心有道：所欲與之聚之，所惡勿施爾也。

一一　孟子曰：「自暴者，不可與有言也，自弃者，不可與有爲也。言非禮義，謂之自暴也。吾身不能居仁由義，謂之自弃也。仁，人之安宅也；義，人之正路也。曠安宅而弗居，舍正路而不由，哀哉！」

一二　人人親其親，長其長，而天下平。

一三　誠者，天之道也。思誠者，人之道也。至誠而不動者，未之有也。不誠，未有能動者也。

一四　善養老者。（養老尊賢，國之上務，文王勤之。）

一五　君不行仁政而富之，皆弃於孔子者也，况於爲之强戰？争地以戰，殺人盈野；争城以戰，殺人盈城，此所謂率土地而食人肉，罪不容於死。故善戰者服上刑，連諸侯者次之，辟草萊、任土地者次之。

一六　聽其言也，觀其眸子，人焉廋哉！

一七　恭者不侮人，儉者不奪人。（人君恭儉，率下移風；人臣恭儉，明其廉忠。）

一八　天下溺，援之以道。

一九　古者易子而教之，父子之閑不責善。責善則離，離則不祥莫大焉。

二〇　孟子曰：「事孰爲大？事親爲大。守孰爲大？守身爲大。

二一　君仁，莫不仁；君義，莫不義；君正，莫不正；一正君而國定矣。

二二　孟子曰：「人之易其言也，無責耳矣。」

二三　孟子曰：「人之患，在好爲人師。」（學優則仕，仕以行道，否則隱逸。）

二四　孟子曰：「不孝有三，無後爲大。」

二五　孟子曰：「仁之實，事親是也。義之實，從兄是也。智之實，知斯二者弗去是也。禮之實，節文斯二者是也。樂之實，樂斯二者。樂則生矣，生則惡可已也。惡可已也，則不知足之蹈之、手之舞之。」

二六　孟子曰：「天下大悦而將歸己，視天下悦而歸己，猶草芥也，惟舜爲然。不得乎親，不可以爲人；不順乎親，不可以爲子。」

卷八　離婁章句下

一　孟子告齊宣王曰：「君之視臣如手足，則臣視君如腹心；君之視臣如犬馬，則臣視君如國人；君之視臣如土芥，則臣視君如寇讎。」

二　孟子曰：「君仁莫不仁，君義莫不義。」（上爲下效）

三　人有不爲也，而後可以有爲。

四　孟子曰：「言人之不善，當如後患何？」

五　孟子曰，大人者，言不必信，行不必果，惟義所在。」

六　孟子曰：「大人者，不失其赤子之心者也，

七　孟子曰：「以善服人者，未有能服人者也；以善養人，然後能服天下。天下不心服而王者，未之有也。」

八　孟子曰：「言無實，不祥。不祥之實，蔽賢者當之。」（進賢受上賞，蔽賢蒙顯戮。）

九　聲聞過情，君子耻之。

十　人之所以异於禽於獸者幾希，舜明於庶物，察於人倫。由仁義行，非行仁義也。

一一　禹惡旨酒而好善言。湯執中，立賢無方。

一二　予未得爲孔子徒也，予私淑諸人也，

一三　孟子曰：「西子蒙不潔，則人皆掩鼻而過之。雖有惡人，齋戒沐浴，則可以祀上帝。」（能修性守故，天道可知。妄智改常，必與道乖，性命之旨也。）

一四　孟子曰：「君子所以异於人者，以其存心也。君子以仁存心，以禮存心；仁者愛人，有禮者敬人。愛人者人恒愛之；敬人者人恒敬之。有人於此，其待我以横逆，則君子必自反也：『我必不仁也，必無禮也，此物奚宜至哉？』」

一五　顔子當亂世，居於陋巷，一簞食，一瓢飲，人不堪其憂，顔子不改其樂，孔子賢之。

卷九　萬章章句上

一　父母五十而慕者。予於大舜見之矣。（夫孝者，百行之本，無物以先之。孝道明著，則六合歸仁；德合於天，則天爵歸之；行歸於仁，則天下與之。）

二　天之生此民也，使先知覺後知，使先覺覺後覺也。

三　否，不然也。好事者爲之也。

卷十　萬章章句下

一　孟子曰：「伯夷，聖之清者也；伊尹，聖之任者也；柳下惠，聖之和者也；孔子，聖之時者也。」（孔子之謂集大成也者）

二　萬章問曰：「敢問友。」孟子曰：「不挾長，不挾貴，不挾兄弟而友。友也者，友其德也，不可以有挾也。」

三　萬章問曰：「敢問交際何心也？」孟子曰：「恭也。」其交也以道，其接也以禮，斯孔子受之矣。

卷十一　告子章句上

一　性可以爲善，可以爲不善，是故文武興，則民好善；幽厲興，則民好暴。

二　孟子曰：「富歲，子弟多賴；凶歲，子弟多暴。非天之降才爾殊也，其所以陷溺其心者然也。」

三　生，亦我所欲也；義，亦我所欲也；二者不可得兼，舍生而取義者也。生亦我所欲，所欲有甚於生者，故不爲苟得也；死亦我所惡，所惡有甚於死者，故患有所不辟也。

四　學問之道無他，求其放心而已矣。

五　孟子曰：「人之於身也，兼所愛；兼所愛，則兼所養也。無尺寸之膚不愛焉，則無尺寸之膚不養也。

六　仁義忠信，樂善不倦，此天爵也。

七　大匠誨人，必以規矩；學者，亦必以規矩。

卷十二　告子章句下

一　堯舜之道，孝弟而已矣。子服堯之服，誦堯之言，行堯之行，是堯而已矣。子服桀之服，誦桀之言，行桀之行，是桀而已矣。（爲堯似堯，爲桀似桀）

二　爲人臣者，懷仁義以事其君；爲人子者，懷仁義以事其父；爲人弟者，懷仁義以事其兄，是君臣、父子、兄弟去利，懷仁義以相接也；然而不王者，未之有也。何必曰利？

三　有諸内必形諸外。

四　長君之惡，其罪小；逢君之惡，其罪大。今之大夫，皆逢君之惡，故曰：今之大夫，今之諸侯之罪人也。

五　天將降大任於是人也，必先苦其心志，勞其筋骨，餓其體膚，空乏其身，行拂亂其所爲；所以動心忍性，曾益其所不能。

卷十三　盡心章句上

一　孟子曰：「盡其心者，知其性也。知其性，則知天也。存其心，養其性，所以事天也。殀壽不貳，修身以俟之，所以立命也。」

二　孟子曰：「莫非命也，順受其正。（莫，無也。人之終，無非命也。命有三名，行善得善曰受命，行善得惡約遭命，行惡得惡曰隨命。惟順受命，爲受其正也。）

三　孟子曰，求則得之，舍則失之，是求有益於得也，求在我者也，求之有道，得之有命，是求無益於得也，求在外者也，

四　孟子曰：「萬物皆備於我矣。反身而誠，樂莫大焉。强恕而行，求仁莫近焉。」

五　孟子曰：「人不可以無恥。無恥之恥，無恥矣。」

六　古之人，得志，澤加於民；不得志，修身見於世。窮則獨善其身，達則兼善天下。

七　孟子曰：「仁言不如仁聲之入人深也；善政不如善教之得民也。善政民畏之；善教民愛之。善政得民財；善教得民心。」

八　孟子曰：「人之所不學而能者，其良能也；所不慮而知者，其良知也。孩提之童，

無不知愛其親者，及其長也，無不知敬其兄也。親親，仁也；敬長，義也。無他，達之天下也。」

九　孟子曰：「君子有三樂，而王天下不與存焉。父母俱存，兄弟無故，一樂也；仰不愧於天，俯不怍於人，二樂也；得天下英才而教育之，三樂也。」

十　孟子曰：「易其田疇，薄其稅斂，民可使富也。食之以時，用之以禮，財不可勝用也。」（倉廩實，知禮節也）

一一　孟子曰：「孔子登東山而小魯，登太山而小天下，故觀於海者難爲水，游於聖人之門者難爲言。（行止唯義）

一二　孟子曰：「有爲者，辟若掘井，掘井九仞而不及泉，猶爲弃井也。（取人之道必以恭敬。恭敬貴實，虛則不應。實者，言敬愛也。）

一三　孟子曰：「君子之所以教者五：如時雨化之者，成德者，達財者，答問者，私淑艾者。此五者，君子之所以教也。」

一四　孟子曰：「天下有道，以道殉身；天下無道，以身殉道；未聞以道殉乎人者也。」

一五　孟子曰：「挾貴而問，挾賢而問，挾長而問，挾有勳勞而問，挾故而問，皆所不答也。」

一六　孟子曰：「於不可已而已者，無所不已；於所厚者薄，無所不薄也。其進銳者，其退速。」

一七　於民也，仁之而弗親。親親而仁民，仁民而愛物。

一八　孟子曰：「知者無不知也，當務之爲急；仁者無不愛也，急親賢之爲務。堯舜之知而不徧物，急先務也；堯舜之仁不遍愛人，急親賢也。」

卷十四　盡心章句下

一　仁者，以其所愛，及其所不愛；不仁者，以其所不愛，及其所愛。

二　孟子曰：「盡信《書》，則不如無《書》。吾於《武成》，取二三策而已矣。

三　孟子曰：「梓匠輪輿，能與人規矩，不能使人巧。」

四　孟子曰：「吾今而後知殺人親之重也。殺人之父，人亦殺其父；殺人之兄，人亦殺其兄。然則非自殺之也，一閑耳。」

五　孟子曰：「不仁而得國者，有之矣；不仁而得天下者，未之有也。」

六　孟子曰：「民爲貴，社稷次之，君爲輕。是故得乎丘民，而爲天子。」

七　孟子曰：「聖人，百世之師也。」

八　孟子曰：「仁也者，人也。合而言之，道也。」

九　孟子曰：「諸侯之寶三：土地、人民、政事。，寶珠玉者，殃必及身。」

十　人能充無欲害人之心，而仁不可勝用也。人能充無穿窬之心，而義不可勝用也。

一一　孟子曰：「言近而指遠者，善言也；守約而施博者，善道也。君子之守，修其身而天下平。」

一二　孟子曰：「養心莫善於寡欲。其爲人也寡欲，雖有不存焉者，寡矣；其爲人也多欲，雖有存焉者，寡矣。」

一三　孔子曰：「『惡似而非者：惡莠，恐其亂苗也；惡佞，恐其亂義也；惡利口，恐其亂信也；惡鄭聲，恐其亂樂也；惡紫，恐其亂朱也；惡鄉原，恐其亂德也。』君子反經而已矣。經正則庶民興；庶民興，斯無邪慝矣。」（身行，民化於己。子率而正，孰敢不正。）

《孟子章句》節要終

大學

〔春秋〕曾子 撰

大學之道，在明明德，在親民，在止於至善。知止而後有定，定而後能靜，靜而後能安，安而後能慮，慮而後能得。物有本末，事有終始，知所先後，則近道矣。

古之欲明明德於天下者，先治其國；欲治其國者，先齊其家；欲齊其家者，先修其身；欲修其身者，先正其心；欲正其心者，先誠其意；欲誠其意者，先致其知；致知在格物。物格而後知至，知至而後意誠，意誠而後心正，心正而後身修，身修而後家齊，家齊而後國治，國治而後天下平。

自天子以至於庶人，壹是皆以修身爲本。其本亂，而末治者，否矣。其所厚者薄，而其所薄者厚，未之有也。此謂知本，此謂知之至也。

所謂誠其意者，毋自欺也。如惡惡臭，如好好色。此之謂自謙。故君子必慎其獨也。小人閑居爲不善，無所不至。見君子而後厭然，掩其不善，而著其善。人之視己，如見其肺肝然，則何益矣？此謂誠於中，形於外。故君子必慎其獨也。《曾子》曰：「十目所視，十手所指，其嚴乎！」富潤屋，德潤身，心寬體胖，故君子必誠其意。

《詩》云：「瞻彼淇澳，菉竹猗猗。有斐君子，如切如磋，如琢如磨。瑟兮僩兮！赫兮喧兮！有斐君子，終不可諠兮。」如切如磋者，道學也。如琢如者，自修也，瑟兮僩兮者，恂栗也。赫兮喧兮者，威儀也。有斐君子，終不可諠兮者，道盛德至善，民之不能忘也。

《詩》云：「於戲！前王不忘。」君子賢其賢而親其親，小人樂其樂而利其利，此以没世不忘也。《康誥》曰：「克明德。」《大甲》曰：「顧諟天之明命。」《帝典》曰：「克明峻德，」皆自明也。

湯之盤銘曰：「苟日新，日日新，又日新。」《康誥》曰：「作新民。」《詩》曰：「周雖舊邦，其命惟新。」是故君子無所不用其極。

《詩》云：「邦畿千里，惟民所止。」《詩》云：「緡蠻黄鳥，止於丘隅。」子曰：「於止知其所止，可以人而不如鳥乎？」《詩》云：「穆穆文王，於緝熙敬止。」爲人君，止於仁。爲人臣，止於敬。爲人子，止於孝。爲人父，止於慈。與國人交，止於信，子曰：「聽訟，吾猶人也。必也使無訟乎？」無情者，不得盡其辭，大畏民志，此謂知本。

所謂修身在正其心者，身有所忿懥，則不得其正；有所恐懼，則不得其正；有所好樂，則不得其正；有所憂患，則不得其正；心不在焉，視而不見，聽而不聞，食而不知其味。此謂修身在正其心。

所謂齊其家在修其身者，人，之其所親愛而辟焉，之其所賤惡而辟焉，之其所畏敬而辟焉，之其所哀矜而辟焉，之其所敖情而辟焉。故好而知其惡，惡而知其美者，天下鮮矣。故諺有之曰，「人莫知其子之惡，莫知其苗之碩。」此謂身不修，不可以齊其家。

所謂治國必先齊其家者，其家不可教，而能教人者，無之。故君子不出家，而成教於國。

孝者，所以事君也。悌者，所以事長也；慈者，所以使衆也。《康誥》曰：「如保赤子。」心誠求之，雖不中，不遠矣。未有學養子，而後嫁者也。

一家仁，一國興仁；一家讓，一國興讓；一人貪戾，一國作亂，其機如此。此謂一言僨事，一人定國。

堯舜率天下以仁，而民從之。桀紂率天下以暴，而民從之。其所令反其所好，而民不從。是故君子有諸己，而後求諸人。無諸己，而後非諸人。所藏乎身不恕，而能喻諸人者，未之有也。故治國在齊其家。

《詩》云：「桃之夭夭，其葉蓁蓁。之子於歸，宜其家人。」宜其家人，而後可以教國人。《詩》云：「宜兄宜弟。」宜兄宜弟，而後可以教國人。《詩》云：「其儀不忒，正是四國。」其爲父子兄弟足法，而後民法之也。此謂治國在齊其家。

所謂平天下在治其國者：上老老，而民興孝；上長長，而民興弟；上恤孤，而民不倍。是以君子有絜矩之道也。所惡於上，毋以使下；所惡於下，毋以事上；所惡於前，毋以先後；所惡於後，毋以從前；所惡於右，毋以交於左；所惡於左，毋以交於右；此之謂絜矩之道。

《詩》云：「樂只君子，民之父母。」民之所好好之，民之所惡惡之。此之謂民之父母。《詩》云：「節彼南山，維石岩岩。赫赫師尹，民具爾瞻。」有國者不可以不慎；辟，則爲天下僇矣。

《詩》云：「殷之未喪師，克配上帝。儀監於殷，峻命不易。」道得衆則得國，失衆則失國。是故君子先慎乎德。有德此有人，有人此有土，有土此有財，有財此有用。德者，本也；財者，末也。外本内末，争民施奪。是故財聚則民散，財散則民聚。是故言悖而出者，亦悖而入；貨悖而入者，亦悖而出。

《康誥》曰：「惟命不於常。」道善則得之，不善則失之矣。《楚書》曰：「楚國無以爲寶，惟善以爲寶。」舅犯曰：「亡人無以爲寶，仁親以爲寶。」《秦誓》曰：「若有一介臣，斷斷兮，無他技，其心休休焉，其如有容焉；人之有技，若己有之；人之彦聖，其心好之，不啻若自其口出；實能容之。以能保我子孫黎民，尚亦有利哉！人之有技，媢疾以惡之；人之彦聖，而違之俾不通；實不能容。以不能保我子孫黎民，亦曰殆哉！」

唯仁人放流之，并諸四夷，不與同中國。此謂唯仁人爲能愛人，能惡人。見賢而不能舉，舉而不能先，命也；見不善而不能退，退而不能遠，過也。好人之所惡，惡人之所好，是謂拂人之性。灾必逮夫身。是故君子有大道：必忠信以得之，驕泰以失之。

生財有大道：生之者衆，食之者寡，爲之者疾，用之者舒，則財恒足矣。仁者以財發身，不仁者以身發財。未有上好仁，而下不好義者也；未有好義，其事不終者也；未有府庫財，非其財者也；孟獻子曰：「畜馬乘，不察於鷄豚；伐冰之家，不畜牛羊；百乘之家，不畜聚斂之臣，與其有聚斂之臣，寧有盜臣。」此謂國不以利爲利，以義爲利也。長國家而務財用者，必自小人矣。彼爲善之。小人之使爲國家，災害并至，雖有善者，亦無如之何矣。此謂國不以利爲利，以義爲利也。

《大學》終

中庸

〔戰國〕子思 撰

天命之謂性，率性之謂道，修道之謂教。道也者，不可須臾離也，可離非道也。是故君子戒慎乎其所不睹，恐懼乎其所不聞。莫見乎隱，莫顯乎微。故君子慎其獨也。喜怒哀樂之未發，謂之中；發而皆中節，謂之和。中也者，天下之大本也；和也者，天下之達道也。致中和，天地位焉，萬物育焉。

仲尼曰：「君子中庸，小人反中庸。君子之中庸也，君子而時中；小人之中庸也，小人而無忌憚也。」

子曰：「中庸其至矣乎！民鮮能久矣。」

子曰：「道之不行也，我知之矣。知者過之，愚者不及也。道之不明也，我知之矣。賢者過之，不肖者不及也。人莫不飲食，鮮能知味也。」

子曰：「道其不行矣夫。」

子曰：「舜其大知也與。舜好問而好察邇言，隱惡而揚善，執其兩端，用其中於民。其斯以爲舜乎。」

子曰：「人皆曰『予知』。驅而納諸罟擭陷阱之中，而莫之知避也。人皆曰『予知。』擇乎中庸，而不能期月守也。」

子曰：「回之爲人也，擇乎中庸，得一善，則拳拳服膺，而弗失之矣。」

子曰：「天下國家，可均也；爵禄，可辭也；白刃，可蹈也；中庸不可能也。」

子路問强。子曰：「南方之强與？北方之强與？抑而强與？寬柔以教，不報無道，南方之强也，君子居之。衽金革，死而不厭，北方之强也，而强者居之。故君子和而不流，强哉矯！中立而不倚，强哉矯！國有道，不變塞焉，强哉矯！國無道，至死不變，强哉矯！」

子曰：「素隱行怪，後世有述焉，吾弗爲之矣。君子遵道而行，半途而廢，吾弗能已矣。君子依乎中庸，遁世不見知而不悔，唯聖者能之。

君子之道費而隱，夫婦之愚，可以與知焉，及其至也，雖聖人亦有所不知焉；夫婦之不肖，可以能行焉，及其至也，雖聖人亦有所不能焉。天地之大也，人猶有所憾，故君子語大，天下莫能載焉；語小，天下莫能破焉。《詩》云：『鳶飛戾天，魚躍於淵。』言其上下察也。君子之道，造端乎夫婦，及其至也，察乎天地。」

子曰：「道不遠人，人之爲道而遠人，不可以爲道。」《詩》云：『伐柯伐柯，其則不遠。』執柯以伐柯，睨而視之，猶以爲遠。故君子以人治人，改而止。忠恕違道不遠，施諸己而不願，亦勿施於人。君子之道四，丘未能一焉。所求乎子以事父，未能也；所求乎臣以事君，未能也；所求乎弟以事兄，未能也；所求乎朋友先施之，未能也。庸德之行，庸言之謹，有所不足，不敢不勉。有餘不敢盡，言顧行，行顧言，君子胡不慥慥爾。君子素其位而行，不願乎其外。素富貴，行乎富貴，素貧賤，行乎貧賤，素夷狄，行乎夷狄，素患難，行乎患難。君子無入而不自得焉。在上位，不陵下；在下位，不援上。正己而不求於人則無怨，上不怨天，下不尤人。故君子居易以俟命，小人行險以僥幸。子曰：射有似乎君子，失諸正鵠，反求諸其身。

君子之道，譬如行遠，必自邇；譬如登高，必自卑。《詩》曰：「妻子好合，如鼓瑟琴。兄弟既翕，和樂且耽。樂爾室家，宜爾妻帑。」子曰：「父母其順乎！」

子曰：「鬼神之爲德，其盛矣乎。視之而弗見，聽之而弗聞，體物而不可遺。使天下之人，齊明盛服，以承祭祀。洋洋乎！如在其上，如在其左右。《詩》曰：『神之格思，不可度思，矧可射思。』夫微之顯，誠之不可掩如此夫。」

子曰「：舜其大孝也與？德爲聖人，尊爲天子，富有四海之内。宗廟饗之，子孫保之。故大德必得其位，必得其祿，必得其名，必得其壽。故天之生物，必因其材而篤焉。故栽者培之，傾者覆之。《詩》曰：『嘉樂君子，憲憲令德。宜民宜人，受祿於天，保佑命之，自天申之。』故大德者必受命。」

子曰：「無憂者，其唯文王乎！以王季爲父，以武王爲子；父作之，子述之。武王纘大王、王季、文王之緒，壹戎衣而有天下，身不失天下之顯名；尊爲天子，富有四海之內，宗廟饗之，子孫保之。武王末受命，周公成文武之德，追王大王、王季，上祀先公以天子之禮。斯禮也，達乎諸侯大夫及士庶人。父爲大夫，子爲士，葬以大夫，祭以士；父爲士，子爲大夫，葬以士，祭以大夫。期之喪，達乎大夫；三年之喪，達乎天子；父母之喪，無貴賤，一也。」

子曰：「武王、周公其達孝矣乎！夫孝者，善繼人之志，善述人之事者也。春秋，修其祖廟，陳其宗器，設其裳衣，薦其時食。

宗廟之禮，所以序昭穆也。序爵，所以辨貴賤也；序事，所以辨賢也；旅酬下爲上，所以逮賤也；燕毛，所以序齒也。

踐其位，行其禮，奏其樂，敬其所尊，愛其所親，事死如事生，事亡如事存，孝之至也。

郊社之禮，所以事上帝也；宗廟之禮，所以祀乎其先也。明乎郊社之禮，禘嘗之義，治國，其如示諸掌乎？」

哀公問政，子曰：「文武之政，布在方策。其人存，則其政舉；其人亡，則其政息。人道敏政，地道敏樹。夫政也者，蒲盧也。故爲政在人，取人以身，修身以道，修道以仁。仁者，人也，親親爲大。義者，宜也，尊賢爲大。親親之殺，尊賢之等，禮所生也。

在下位，不獲乎上，民不可得而治矣。故君子不可以不修身，思修身；不可以不事親；思事親，不可以不知人；思知人，不可以不知天。

天下之達道五，所以行之者三。曰：君臣也、父子也、夫婦也、昆弟也、朋友之交也，五者天下之達道也。知、仁、勇三者，天下之達德也。所以行之者，一也。或生而知之，或學而知之，或困而知之，及其知之，一也。或安而行之，或利而行之，或勉强而行之，及其成功，一也。

子曰：「好學近乎知，力行近乎仁，知耻近乎勇。知斯三者，則知所以修身；知所以修身，則知所以治人；知所以治人，則知所以治天下國家矣。」

凡爲天下國家有九經，曰：修身也，尊賢也，親親也，敬大臣也，體群臣也，子庶民也，來百工也，柔遠人也，懷諸侯也。修身，則道立；尊賢，則不惑；親親，則諸父昆弟不怨；敬大臣，則不眩；體群臣，則士之報禮重；子庶民，則百姓勸；來百工，則財用足；柔遠人，則四方歸之；懷諸侯，則天下畏之。

齊明盛服，非禮不動，所以修身也；去讒遠色，賤貨而貴德，所以勸賢也；尊其位，重其禄，同其好惡，所以勸親親也；官盛任使，所以勸大臣也；忠信重禄，所以勸士也；時使薄斂，所以勸百姓也；日省月試，既稟稱事，所以勸百工也；送往迎來，嘉善而矜不能，所以柔遠人也；繼絶世，舉廢國，治亂持危，朝聘以時，厚往而薄來，所以懷諸侯也。凡爲天下國家有九經，所以行之者，一也。

凡事豫則立，不豫則廢。言前定，則不跲；事前定，則不困；行前定，則不疚；道前定，則不窮。

在下位，不獲乎上，民不可得而治矣，獲乎上有道，不信乎朋友，不獲乎上矣。信乎朋友有道，不順乎親，不信乎朋友矣。順乎親有道，反諸身不誠，不順乎親矣。誠身有道，不明乎善，不誠乎身矣。

誠者，天之道也；誠之者，人之道也。誠者，不勉而中，不思而得，從容中道，聖人也。誠之者，擇善而固執之者也。

博學之，審問之，慎思之，明辨之，篤行之。有弗學，學之弗能弗措也；有弗問，問之弗知弗措也；有弗思，思之弗得弗措也；有弗辨，辨之弗明弗措也；有弗行，行之弗篤弗措也。人一能之，己百之，人十能之，己千之。果能此道矣，雖愚必明，雖柔必强。」

自誠明，謂之性；自明誠，謂之教。誠則明矣，明則誠矣。

唯天下之至誠，爲能盡其性；能盡其性，則能盡人之性；能盡人之性，則能盡物之性；能盡物之性，則可以贊天地之化育；可以贊天地之化育，則可以與天地參矣。

其次致曲，曲能有誠。誠則形，形則著，著則明，明則動，動則變，變則化。唯天下至誠爲能化。

至誠之道，可以前知。國家將興，必有禎祥；國家將亡，必有妖孽。見乎蓍龜，動乎四體。禍福將至，善，必先知之；不善，必先知之。故至誠如神。

誠者，自成也，而道自道也。誠者，物之終始；不誠，無物。是故君子誠之爲貴。誠者非成己而已也，所以成物也。成己，仁也；成物，知也。性之德也，合内外之道也。故時措之宜也。

故至誠無息，不息則久，久則征，征則悠遠，悠遠則博厚，博厚則高明。博厚所以載物也，高明所以覆物也，悠久所以成物也。博厚配地，高明配天，悠久無疆。如此者，不見而彰，不動而變，無爲而成。

天地之道，可一言而盡也：「其爲物不二，則其生物不測。」天地之道，博也，厚也，高也，明也，悠也，久也。今夫天，斯昭昭之多，及其無窮也，日月星辰繫焉，萬物覆焉。今夫地，一撮土之多，及其廣厚，載華岳而不重，振河海而不洩，万物載焉。今夫山，一卷石之多，及其廣大，草木生之，禽獸居之，寶藏興焉。今夫水，一勺之多，及其不測，黿鼉蛟龍魚鱉生焉，貨財殖焉。

《詩》云：「維天之命，於穆不已。」蓋曰天之所以爲天也，於乎不顯？文王之德之純。蓋曰文王之所以爲文也，純亦不已。

大哉！聖人之道！洋洋乎，發育文王，峻極於天。優優大哉！禮儀三百，威儀三千，待其人而後行。故曰：「苟不至德，至道不凝焉。」故君子尊德性而道問學，致廣大而盡精微，極高明而道中庸，温故而知新，敦厚以崇禮。是故居上不驕，爲下不倍。國有道，其言足以興，國無道，其默足以容。《詩》曰：「既明且哲，以保其身。」其此之謂與？

子曰：「愚而好自用，賤而好自專，生乎今之世，反乎古之道。如此者，灾及其身也。」非天子，不議禮，不制度，不考文。今天下，車同軌，書同文，行同倫。雖有其位，苟無其德，不敢作禮樂焉；雖有其德，苟無其位，亦不敢作禮樂焉。子曰：「吾説夏禮，杞不足徵也；吾學殷禮，有宋存焉；吾學周禮，今用之，吾從周。」

王天下有三重焉，其寡過矣乎！上焉者，雖善無徵，無徵不信，不信民弗從。下焉者，雖善不尊，不尊不信，不信民弗從。故君子之道，本諸身，徵諸庶民，考諸三王而不繆，建諸天地而不悖，質諸鬼神而無疑，百世以俟聖人而不惑。質諸鬼神而無疑，知天也；百世以俟聖人而不惑，知人也。是故君子動而世爲天下道，行而世爲天下法，言而世爲天下則。遠之則有望，近之則不厭。《詩》曰：「在彼無惡，在此無射，庶幾夙夜，以永終譽。」君子未有不如此，而譽於天下者也。

仲尼祖述尧舜，憲章文武，上律天時，下襲水土。辟如天地之無不持載，無不覆幬；辟如四時之錯行，如日月之代明。萬物并育而不相害，道并行而不相悖。小德川流，大德敦化。此天地之所以爲大也。

唯天下至聖，爲能聰明睿知，足以有臨也；寬裕溫柔，足以有容也；發强剛毅，足以有執也；齊莊中正，足以有敬也；文理密察，足以有別也。溥博淵泉，而時出之。溥博如天，淵泉如淵。見而民莫不敬，言而民莫不信，行而民莫不説。是以聲名洋溢乎中國，施及蠻貊。舟車所至，人力所通，天之所覆，地之所載，日月所照，霜露所墜，凡有血氣者，莫不尊親。故曰「配天」。

唯天下至誠，爲能經綸天下之大經，立天下之大本，知天地之化育。夫焉有所倚？肫肫其仁，淵淵其淵，浩浩其天。苟不固聰明聖知達天德者，其孰能知之？

《詩》曰：「衣錦尚絅。」惡其文之著也。故君子之道，黯然而日彰；小人之道，的然而日亡。君子之道，淡而不厭，簡而文，溫而理，知遠之近，知風之息，知微之顯，可與入德矣。《詩》云：「潛雖伏矣，亦孔之昭。」故君子內省不疚，無惡於志。君子之所不可及者，其唯人之所不見乎！

《詩》云：「相在爾室，不愧屋漏。」故君子不動而敬，不言而信。

《詩》曰：「奏假無言，時靡有爭。」是故君子不賞而民勸，不怒而民威於斧鉞。

《詩》曰：「不顯惟德，百辟其刑之。」是故君子篤恭而天下平。

《詩》云：「予懷明德，不大聲以色。」子曰：「聲色之於化民，末也。」詩曰：「德輶如毛。」毛猶有倫，「上天之載，無聲無臭。」至矣！

《中庸》終

學記

選自《禮記》

發慮憲，求善良，足以謏聞，不足以動衆；就賢體遠，足以動衆，未足以化民。君子如欲化民成俗，其必由學乎！

玉不琢，不成器；人不學，不知道。是故古之王者建國君民，教學爲先。《兑命》曰：「念終始典於學。」其此之謂乎！

雖有佳餚，弗食不知其旨也；雖有至道，弗學不知其善也。是故學然後知不足，教然後知困。知不足然後能自反也，知困然後能自强也。故曰：教學相長也。《兑命》曰：「學學半。」其此之謂乎！

古之教者，家有塾，黨有庠，術有序，國有學。

比年入學，中年考校。一年視離經辨志；三年視敬業樂群；五年視博習親師；七年視論學取友，謂之小成。九年知類通達，强立而不反，謂之大成。夫然後足以化民易俗，近者説服而遠者懷之，此大學之道也。《記》曰：「蛾子時術之。」其此之謂乎！

大學始教，皮弁祭菜，示敬道也。《宵雅》肄三，官其始也。入學鼓篋，孫其業也。夏楚二物，收其威也。未卜禘不視學，游其志也。時觀而勿、語存其心也。幼者聽而弗問，學不躐等也。此七者，教之大倫也。《記》曰：「凡學，官先事，士先志。」其此之謂乎！

大學之教也，時教必有正業，退息必有居學。不學操縵，不能安弦；不學博依，不能安詩；不學雜服，不能安禮，不興其藝，不能樂學。故君子之於學也，藏焉修焉，息焉游焉，夫然，故安其學而親其師，樂其友而信其道，是以雖離師輔而不反也。《兑命》曰「敬孫務時敏，厥修乃來。」其此之謂乎！

今之教者，呻其占畢，多其訊言，及於數進而不顧其安，使人不由其誠，教人不盡其材，其施之也悖，其求之也佛。夫然，故隱其學而疾其師，苦其難而不知其益也。雖終其業，其去之必速，教之不刑，其此之由乎！

大學之法：禁於未發之謂豫；當其可之謂時；不陵節而施之謂孫；相觀而善之謂摩。此四者，教之所由興也。

發然後禁，則扞格而不勝；時過然後學，則勤苦而難成；雜施而不孫，則壞亂而不修；獨學而無友，則孤陋而寡聞；燕朋逆其師，燕辟廢其學。此六者，教之所由廢也。

君子既知教之所由興，又知教之所由廢，然後可以爲人師也。故君子之教，喻也。道而弗牽，强而弗抑，開而弗達。道而弗牽則和，强而弗抑則易，開而弗達則思。和、易以思，可謂善喻矣。

學者有四失，教者必知之。人之學也，或失則多，或失則寡，或失則易，或失則止。此四者，心之莫同也。知其心然後能救其失也。教也者，長善而救其失者也。

善歌者，使人繼其聲；善教者，使人繼其志。其言也，約而達，微而臧，罕譬而喻，可謂繼志矣。

君子知至學之難易而知其美惡，然後能博喻，能博喻然後能爲師，能爲師然後能爲長，能爲長然後能爲君。故師也者，所以學爲君也，是故擇師不可不慎也。《記》曰：「三王四代唯其師。」其此之謂乎！

凡學之道：嚴師爲難。師嚴然後道尊，道尊然後民知敬學。是故君之所以不臣於其臣者二：當其爲尸，則弗臣也；當其爲師，則弗臣也。大學之禮，雖詔於天子無北面，所以尊師也。

善學者，師逸而功倍，又從而庸之。不善學者，師勤而功半，又從而怨之。善問者如攻堅木，先其易者，後其節目，及其久也，相說以解。不善問者反此。善待問者如撞鐘，叩之以小者則小鳴，叩之以大者則大鳴，待其從容，然後盡其聲。不善答問者反此。此皆進學之道也。

記問之學，不足以爲人師，必也聽語乎！力不能問，然後語之，語之而不知，雖捨之可也。

良冶之子，必學爲裘；良弓之子，必學爲箕；始駕馬者反之，車在馬前。君子察於此三者，可以有志於學矣。

古之學者，比物醜類，鼓無當於五聲，五聲弗得不和；水無當於五色，五色弗得不章；學無當於五官，五官弗得不治；師無當於五服，五服弗得不親。

君子曰：大德不官，大道不器，大信不約，大時不齊。察於此四者，可以有志於本矣。三王之祭川也，皆先河而後海，或源也，或委也，此之謂務本！

《學記》終

樂記

〔西漢〕公孫尼子 撰

凡音之起，由人心生也。人心之動，物使之然也。感於物而動，故形於聲。聲相應，故生變。變成方謂之音。比音而樂之，及干戚羽旄，謂之樂。樂者，音之所由生也，其本在人心之感於物也。是故其哀心感者，其聲焦以殺；其樂心感者，其聲嘽以緩；其喜心感者，其聲發以散；其怒心感者，其聲粗以厲；其敬心感者，其聲直以廉；其愛心感者，其聲和以柔。六者非性也，感於物而後動。是故先王慎所以感之者。故禮以道其志，樂以和其聲，政以一其行，刑以防其奸。禮樂刑政，其極一也，所以同民心而出治道也。

凡音者，生人心者也。情動於中，故形於聲。聲成文，謂之音。是故治世之音安以樂，其政和。亂世之音怨以怒，其政乖。亡國之音哀以思，其民困。聲音之道與政通矣！宮爲君，商爲臣，角爲民，徵爲事，羽爲物。五者不亂，則無怗懘之音矣。宮亂則荒，其君驕；商亂則陂，其官壞；角亂則憂，其民怨；徵亂則哀，其事勤；羽亂則危，其財匱。五者皆亂，迭相陵，謂之慢。如此則國之滅亡無日矣！鄭衛之音，亂世之音也，比於慢矣！桑間濮上之音，亡國之音也，其政散，其民流，誣上行私而不可止也。

凡音者，生於人心者也；樂者，通倫理者也。是故知聲而不知音者，禽獸是也；知音而不知樂者，衆庶是也。唯君子爲能知樂。是故審聲以知音，審音以知樂，審樂以知政，而治道備矣！是故不知聲者不可與言音，不知音者不可與言樂，知樂則幾於禮矣！禮樂皆得謂之有德。德者，得也。是故樂之隆，非極音也；食饗之禮，非致味也。清廟之瑟，朱弦而疏越，壹倡而三嘆，有遺音者矣！大饗之禮，尚玄酒而俎腥魚，大羹不和，有遺味者矣！是故先王之制禮樂也，非以極口腹耳目之欲也，將以教民平好惡，而反人道之正也。

人生而靜，天之性也。感於物而動，性之欲也。物至知知，然後好惡形焉。好惡無節於內，知誘於外，不能反躬，天理滅矣。夫物之感人無窮，而人之好惡無節，則是物至而人化物也。人化物也者，滅天理而窮人欲者也。於是有悖逆詐僞之心，有淫泆作亂之事，是故強者脅弱，衆者暴寡，知者詐愚，勇者苦怯，疾病不養，老幼孤獨不得其所。此大亂之道也。是故先王之制禮樂，人爲之節。衰麻哭泣，所以節喪紀也；鐘鼓干戚，所以和安樂也；昏姻冠笄，所以別男女也；射鄉食饗，所以正交接也。禮節民心，樂和民聲，政以行之，刑以防之，禮樂刑政四達而不悖，則王道備矣！

樂者爲同，禮者爲异。同則相親，异則相敬。樂勝則流，禮勝則離。合情飾貌者，禮樂之事也。禮義立則貴賤等矣，樂文同則上下和矣，好惡著則賢不肖別矣，刑禁暴、爵舉賢則政均矣。仁愛以之，義以正之，如此則民治行矣。樂由中出，禮自外作。樂由中出故靜，禮自外作故文。大樂必易，大禮必簡。樂至則無怨，禮至則不爭，揖讓而治天下者，禮樂之謂也。暴民不作，諸侯賓服，兵革不試，五刑不用，百姓無患，天子不怒，如此則樂達矣。合父子之親，明長幼之序，以敬四海之内，天子如此，則禮行矣。

大樂與天地同和，大禮與天地同節。和故百物不失，節故祀天祭地。明則有禮樂，幽則有鬼神，如此，則四海之内合敬同愛矣！禮者殊事，合敬者也；樂者异文，合愛者也。禮樂之情同，故明王以相沿也。故事與時并，名與功偕。

故鐘鼓管磬，羽籥干戚，樂之器也；屈伸俯仰，綴兆舒疾，樂之文也；簠簋俎豆，制度文章，禮之器也；升降上下，周還裼襲，禮之文也。故知禮樂之情者能作，識禮樂之文者能述。作者之謂聖，述者之謂明。明聖者，述作之謂也。

樂者，天地之和也；禮者，天地之序也。和故百物皆化，序故群物皆别。樂由天作，禮以地制。過制則亂，過作則暴。明於天地，然後能興禮樂也。論倫無患，樂之情也；欣喜歡愛，樂之官也；中正無邪，禮之質也；莊敬恭順，禮之制也。若夫禮樂之施於金石，越於聲音，用於宗廟社稷，事乎山川鬼神，則此所與民同也。

王者功成作樂，治定制禮。其功大者其樂備，其治辯者其禮具。干戚之舞，非備樂也；孰亨而祀，非達禮也。五帝殊時，不相頌樂；三王异世，不相襲禮。樂極則憂，禮粗則偏矣！及夫敦樂而無憂、禮備而不偏者，其唯大聖乎！

天高地下，萬物散殊，而禮制行矣。流而不息，合同而化，而樂興焉。春作夏長，仁也；秋斂冬藏，義也。仁近於樂，義近於禮。樂者敦和，率神而從天；禮者別宜，居鬼而從地。故聖人作樂以應天，制禮以配地。禮樂明備，天地官矣。天尊地卑，君臣定矣。卑高已陳，貴賤位矣。動靜有常，小大殊矣。方以類聚，物以群分，則性命不同矣。在天成象，在地成形。如此，則禮者天地之別也。地氣上齊，天氣下降，陰陽相摩，天地相蕩，鼓之以雷霆，奮之以風雨，動之以四時，暖之以日月，而百化興焉。如此，則樂者天地之和也。化不時則不生，男女無辨則亂升，天地之情也。及夫禮樂之極乎天而蟠乎地，行乎陰陽而通乎鬼神，窮高極遠而測深厚。樂著大始而禮居成物。著不息者，天也；著不動者，地也。一動一靜者，天地之間也。故聖人曰禮樂云。

昔者舜作五弦之琴以歌南風，夔始制樂，以賞諸侯。

故天子之爲樂也，以賞諸侯之有德者也。德盛而教尊，五穀時熟，然後賞之以樂。故其治民勞者，其舞行綴遠；其治民逸者，其舞行綴短。故觀其舞，知其德；聞其謚，知其行也。

大章，章之也。咸池，備矣。韶，繼也。夏，大也。殷周之樂盡矣！天地之道，寒暑不時則疾，風雨不節則饑。教者，民之寒暑也，教不時則傷世；事者，民之風雨也，事不節則無功。然則先王之爲樂也，以法治也，善則行象德矣。

夫豢豕爲酒，非以爲禍也，而獄訟益繁，則酒之流生禍也。是故先王因爲酒禮。壹獻之禮，賓主百拜，終日飲酒而不得醉焉，此先王之所以備酒禍也。故酒食者，所以合歡也；樂者，所以象德也；禮者，所以綴淫也。是故先王有大事，必有禮以哀之；有大福，必有禮以樂之。哀樂之分，皆以禮終。樂也者，聖人之所樂也，而可以善民心。其感人深，其移風易俗，故先王著其教焉。

夫民有血氣心知之性，而無哀樂喜怒之常，應感起物而動，然後心術形焉。是故志微噍殺之音作而民思憂，嘽諧慢易繁文簡節之音作而民康樂，粗厲猛起奮末廣賁之音作而民剛毅，廉直勁正莊誠之音作而民肅敬，寬裕肉好順成和動之音作而民慈愛，流辟邪散狄成滌濫之音作而民淫亂。

是故先王本之情性，稽之度數，制之禮義。合生氣之和，道五常之行，使之陽而不散，陰而不密，剛氣不怒，柔氣不慴。四暢交於中，而發作於外，皆安其位而不相奪也。然後立之學等，廣其節奏，省其文采，以繩德厚。律小大之稱，比終始之序，以象事行。使親疏、貴賤、長幼、男女之理皆形見於樂。故曰：「樂觀其深矣！」土敝則草木不長，水煩則魚鱉不大，氣衰則生物不遂，世亂則禮慝而樂淫。是故其聲哀而不莊，樂而不安，慢易以犯節，流湎以忘本。廣則容奸，狹則思欲，感條暢之氣，而滅平和之德。是以君子賤之也。

凡奸聲感人，而逆氣應之。逆氣成象，而淫樂興焉。正聲感人，而順氣應之。順氣成象，而和樂興焉。倡和有應，回邪曲直，各歸其分，而萬物之理，各以類相動也。是故君子反情以和其志，比類以成其行。奸聲亂色，不留聰明；淫樂慝禮，不接心術；惰慢邪辟之氣，不設於身體。使耳目、鼻口、心知、百體皆由順正，以行其義，然後發以聲音，而文以琴瑟，動以干戚，飾以羽旄，從以簫管，奮至德之光，動四氣之和，以著萬物之理。是故清明象天，廣大象地，終始象四時，周還象風雨，五色成文而不亂，八風從律而不奸，百度得數而有常。大小相成，終始相生，倡和清濁，迭相爲經。故樂行而倫清，耳目聰明，血氣和平，移風易俗，天下皆寧。

故曰：「樂者樂也。君子樂得其道，小人樂得其欲。」以道制欲，則樂而不亂；以欲忘道，則惑而不樂。

是故君子反情以和其志，廣樂以成其教。樂行而民鄉方，可以觀德矣。德者，性之端也；樂者，德之華也；金石絲竹，樂之器也。詩，言其志也；歌，咏其聲也；舞，動其容也。三者本於心，然後樂器從之。是故情深而文明，氣盛而化神，和順積中而英華髮外，唯樂不可以爲僞。

樂者，心之動也；聲者，樂之象也；文采節奏，聲之飾也。君子動其本，樂其象，然後治其飾。是故先鼓以警戒，三步以見方，再始以著往，復亂以飭歸。奮疾而不拔，極幽而不隱。獨樂其志，不厭其道，備舉其道，不私其欲。是故情見而義立，樂終而德尊。君子以好善，小人以聽過。故曰：「生民之道，樂爲大焉。」

樂也者，施也；禮也者，報也；樂，樂其所自生，而禮反其所自始。樂章德，禮報情，反始也。

所謂大輅者，天子之車也。龍旂九旒，天子之旌也；青黑緣者，天子之寶龜也；從之以牛羊之群，則所以贈諸侯也。

樂也者，情之不可變者也。禮也者，理之不可易者也。樂統同，禮辨异。禮樂之説管乎人情矣！

窮本知變，樂之情也；著誠去僞，禮之經也。禮樂偵天地之情，達神明之德，降興上下之神，而凝是精粗之體，領父子君臣之節。

是故大人舉禮樂，則天地將爲昭焉。天地欣合，陰陽相得，煦嫗覆育萬物，然後草木茂，區萌達，羽翼奮，角觡生，蟄蟲昭蘇，羽者嫗伏，毛者孕鬻，胎生者不殰，而卵生者不殈，則樂之道歸焉耳。

樂者，非謂黃鐘大吕弦歌幹揚也，樂之末節也，故童者舞之。鋪筵席，陳尊俎，列籩豆，以升降爲禮者，禮之末節也，故有司掌之。樂師辨乎聲詩，故北面而弦。宗祝辨乎宗廟之禮，故後尸。商祝辨乎喪禮，故後主人。是故德成而上，藝成而下，行成而先，事成而後。是故先王有上有下，有先有後，然後可以有制於天下也。

魏文侯問於子夏曰：「吾端冕而聽古樂，則唯恐臥。聽鄭衛之音，則不知倦。敢問古樂之如彼，何也？新樂之如此，何也？」子夏對曰：「今夫古樂，進旅退旅，和正以廣，弦匏笙簧，會守拊鼓。始奏以文，復亂以武，治亂以相，訊疾以雅。君子於是語，於是道古，修身及家，平均天下，此古樂之發也。今夫新樂，進俯退俯，奸聲以濫，溺而不止。及優侏儒獶雜子女，不知父子。樂終不可以語，不可以道古。此新樂之發也。今君之所問者樂也，所好者音也。夫樂者，與音相近而不同。」文侯曰：「敢問何如？」子夏對曰：「夫古者天地順而四時當，民有德而五穀昌，疾疢不作而無妖祥，此之謂大當。然後聖人作，爲父子君臣以爲紀綱。紀綱既正，天下大定。天下大定，然後正六律、和五聲，弦歌詩頌，此之謂德音。德音之謂樂。詩云：『莫其德音，其德克明。克明克類，克長克君。王此大邦，克順克俾。俾於文王，其德靡悔。既受帝祉，施於孫子。』此之謂也。今君之所好者，其溺音乎？」文侯曰：「敢問溺音何從出也？」子夏對曰：「鄭音好濫淫志，宋音燕女溺志，衛音趨數煩志，齊音敖辟喬志。此四者皆淫於色而害於德，是以祭祀弗用也。《詩》云：『肅雍和鳴，先祖是聽。』夫肅肅，敬也，雍雍，和也。夫敬以和，何事不行？爲人君者，謹其所好惡而已矣！君好之，則臣爲之；上行之，則民從之。《詩》云：『誘民孔易』，此之謂也。然後聖人作爲鞀、鼓、椌、楬、壎、篪，此六者，德音之音也。然後鐘磬竽瑟以和之，干戚旄狄以舞之，此所以祭先王之廟也，所以獻酬酳酢也，所以官序貴賤各得其宜也，所以示後世有尊卑長幼之序也。鐘聲鏗，鏗以立號，號以立橫，橫以立武。君子聽鐘聲則思武臣。石聲磬，磬以立辨，辨以致死。君子聽磬聲則思死封疆之臣。絲聲哀，哀以立廉，廉以立志。君子聽琴瑟之聲則思志義之臣。竹聲濫，濫以立會，會以聚。衆君子聽竽笙簫管之聲則思畜聚之臣。鼓鼙之聲讙，讙以立動，動以進衆。君子聽鼓鼙之聲則思將帥之臣。君子之聽音，非聽其鏗槍而已也，彼亦有所合之也。」

賓牟賈侍坐於孔子，孔子與之言及樂，曰：「夫武之備戒之已久，何也？」對曰：「病不得其衆也。」「咏嘆之，淫液之，何也？」對曰：「恐不逮事也。」「發揚蹈厲之已蚤，何也？」對曰：「及時事也。」「武坐致右憲左，何也？」對曰：「非武坐也。」「聲淫及商，何也？」對曰：「非武音也。」子曰：「若非武音，則何音也？」對曰：「有司失其傳也。若非有司失其傳，則武王之志荒矣。」子曰：「唯。丘之聞諸萇弘，亦若吾子之言是也。」賓牟賈起，免席而請曰：「夫武之備戒之已久，則既聞命矣，敢問遲之遲而又久，何也？」子曰：「居，吾語汝。夫樂者，象成者也。揔明堂，而民知孝。朝覲，然後諸侯知所以臣。耕藉，然後諸侯知所以敬。五者，天下之大教也。食三老五更於大學，天子袒而割牲，執醬而饋，執爵而酳，冕而揔干，所以教諸侯之弟也。若此，則周道四達，禮樂交通，則夫武之遲久，不亦宜乎？」

君子曰：「禮樂不可斯須去身。」致樂以治心，則易直子諒之心油然生矣。易直子諒之心生則樂，樂則安，安則久，久則天，天則神。天則不言而信，神則不怒而威。致樂以治心者也。致禮以治躬則莊敬，莊敬則嚴威。心中斯須不和不樂，而鄙詐之心入之矣；外貌斯須不莊不敬，而易慢之心入之矣。故樂也者，動於內者也；禮也者，動於外者也。樂極和，禮極順。內和而外順，則民瞻其顏色而弗與争也，望其容貌而民不生易慢焉。故德輝動於內，而民莫不承聽；理發諸外，而民莫不承順。故曰：「致禮樂之道，舉而錯之天下無難矣！」樂也者，動於內者也；禮也者，動於外者也。故禮主其減，樂主其盈。禮減而進，以進爲文；樂盈而反，以反爲文。禮減而不進則銷，樂盈而不反則放。故禮有報而樂有反。禮得其報則樂，樂得其反則安。禮之報，樂之反，其義一也。

夫樂者，樂也，人情之所不能免也。樂必發於聲音，形於動靜。人之道也，聲音動靜，性術之變，盡於此矣！故人不耐無樂，樂不耐無形，形而不爲道，不耐無亂。先王恥其亂，故制雅頌之聲以道之，使其聲足樂而不流，使其文足論而不息，使其曲直繁瘠廉肉節奏足以感動人之善心而已矣！不使放心邪氣得接焉，是先王立樂之方也。

是故，樂在宗廟之中，君臣上下同聽之，則莫不和敬。在族長鄉里之中，長幼同聽之，則莫不和順。在閨門之內，父子兄弟同聽之，則莫不和親。故樂者，審一以定和，比物以飾節，節奏合以成文。所以合和父子君臣，附親萬民也。是先王立樂之方也。故聽其雅頌之聲，志意得廣焉。執其干戚，習其俯仰詘伸，容貌得莊焉。行其綴兆，要其節奏，行列得正焉，進退得齊焉。故樂者，天地之命，中和之紀，人情之所不能免也。

夫樂者，先王之所以飾喜也。軍旅鈇鉞者，先王之所以飾怒也。故先王之喜怒皆得其儕焉。喜則天下和之，怒則暴亂者畏之，先王之道，禮樂可謂盛矣！

子贛見師乙而問焉，曰：「賜聞聲歌各有宜也，如賜者宜何歌也？」師乙曰：「乙賤工也，何足以問所宜？請誦其所聞而吾子自執焉。愛者，宜歌商。温良而能斷者，宜歌齊。夫歌者，直己而陳德也，動己而天地應焉，四時和焉，星辰理焉，萬物育焉。故商者，五帝之遺聲也。寬而静，柔而正者，宜歌頌。廣大而静，疏達而信者，宜歌大雅。恭儉而好禮者，宜歌小雅。正直而静，廉而謙者，宜歌風。肆直而慈愛，商之遺聲也，商人識之，故謂之商。齊者，三代之遺聲也，齊人識之，故謂之齊。明乎商之音者，臨事而屢斷。明乎齊之音者，見利而讓。臨事而屢斷，勇也；見利而讓，義也。有勇有義，非歌孰能保此？故歌者上如抗，下如隊，曲如折，止如槁木，倨中矩，句中鉤，纍纍乎端如貫珠。故歌之爲言也，長言之也。説之故言之，言之不足，故長言之。長言之不足，故嗟嘆之，嗟嘆之不足，故不知手之舞之、足之蹈之也。」子貢問樂。

《樂記》終

禮運

〔西漢〕戴聖 編撰

昔者仲尼與於蠟賓，事畢，出游於觀之上，喟然而嘆，仲尼之嘆。蓋嘆魯也，言偃在側。曰：「君子何嘆？」孔子曰：「大道之行也，與三代之英，丘未之逮也，而有志焉，大道之行也，天下爲公，選賢與能，講信修睦。故人不獨親其親，不獨子其子，使老有所終，壯有所用，幼有所長，矜寡孤獨廢疾者，皆有所養，男有分，女有歸，貨惡其弃於地也，不必藏於己，力惡其不出於身也，不必爲己，是故謀閉而不興，盜竊亂賊而不作，故外户而不閉，是謂大同。」今大道既隱，天下爲家，各親其親，各子其子，貨力爲己，大人世及以爲禮，域郭溝池以爲固，禮義以爲紀，以正君臣，以篤父子，以睦兄弟，以和夫婦，以設制度，以立田里，以賢勇知，以功爲己，故謀用是作，而兵由此起，禹、湯、文、武、成王、周公，由此其選也。此六君子者，未有不謹於禮者也，以著其義，以考其信，著有過，刑仁講讓，示民有常。如有不由此者，在執者去，衆以爲殃。是謂小康。

言偃復問曰：「如此乎禮之急也？」孔子曰：「夫禮，先王以承天之道，以治人之情，故失之者死，得之者生。《詩》曰：『相鼠有體，人而無禮；人而無禮，胡不遄死！』是故夫禮，必本於天，殽於地，列於鬼神，達於喪、祭、射、御、冠、昏、朝、聘。故聖人以禮示之，故天下國家可得而正也。」

言偃復問曰：「夫子之極言禮也，可得而聞與？」孔子曰：「我欲觀夏道，是故之杞，而不足徵也，吾得《夏時》焉，我欲觀殷道，是故之宋，而不足征也，吾得《坤乾》焉，《坤乾》之義，《夏時》之等，吾以是觀之。」

「夫禮之初，始諸飲食。其燔黍捭豚，污尊而抔飲，蕢桴而土鼓，猶若可以致其敬於鬼神。及其死也，升屋而號，告曰：『皋某複。』然後飯腥而苴孰。故天望而地藏也，體魄則降，知氣在上。故死者北首，生者南鄉，皆從其初。

昔者先王，未有宮室，冬則居營窟，夏則居橧巢。未有火化，食草木之實，鳥獸之肉，飲其血，茹其毛。未有麻絲，衣其羽皮。

後聖有作，然後修火之利，範金，合土，以爲臺榭、宮室、牖户，以炮、以燔、以亨、以炙，以爲醴酪。治其麻絲，以爲布帛，以養生送死，以事鬼神上帝：皆從其朔。

故玄酒在室，醴、盞在户，粢醍在堂，澄酒在下。陳其犧牲，備其鼎俎，列其琴、瑟、管、磬、鐘、鼓，修其祝嘏，以降上神，與其先祖，以正君臣，以篤父子，以睦兄弟，以齊上下，夫婦有所，是謂承天之祜。

作其祝號，玄酒以祭，薦其血毛，腥其俎，孰其殽，與其越席，疏布以冪，衣其澣帛，醴盞以獻，薦其燔炙。君與夫人交獻，以嘉魂魄，是謂合莫。

然後退而合亨，體其犬、豕、牛、羊，實其簠、簋籩、豆、鉶羹，祝以孝告，嘏以慈告，是謂大祥，此禮之大成也。

孔子曰：「吁呼，哀哉！我觀周道，幽、厲傷之。吾舍魯何適矣！魯之郊、禘，非禮也。周公其衰矣。杞之郊也，禹也；宋之郊也，契也；是天子之事守也。故天子祭天地，諸侯祭社稷。

祝嘏莫敢易其常古，是謂大假。祝嘏辭説，藏於宗、祝、巫、史，非禮也，是謂幽國。醆、斝及尸君，非禮也，是謂僭君。冕、弁、兵革，藏於私家，非禮也，是謂脅君。大夫具官，祭器不假，聲樂皆具，非禮也，是謂亂國。

故仕於公曰臣，仕於家曰僕。三年之喪，與新有昏者，期不使。以衰裳入朝，與家僕雜居齊齒，非禮也，是謂君與臣同國。故天子有田以處其子孫，諸侯有國以處其子孫，大夫有采以處其子孫，是謂制度。故天子適諸侯，必捨其祖廟，而不以禮籍入，是謂天子壞法亂紀。諸侯非問疾吊喪，而入諸臣之家，是謂君臣爲謔。

是故禮者君之大柄也，所以別嫌明微，儐鬼神，考制度，別仁義，所以治政安君也。故政不正則君位危，君位危則大臣倍，小臣竊。刑肅而俗敝，則法無常，法無常而禮無列，無禮列則士不事也。刑肅而俗敝，則民弗歸也，是謂疵國。

故政者，君之所以藏身也。是故夫政必本於天，殽以降命。命降於社之謂殽地，降於祖廟之謂仁義，降於山川之謂興作，降於五祀之謂制度，此聖人所以藏身之固也。故聖人參於天地，并於鬼神。以治政也，處其所存，禮之序也；玩其所樂，民之治也。故天生時而地生財，人其父生而師教之：四者君以正用之，故君者立於無過之地也。

故君者所明也，非明人者也；君者所養也，非養人者也；君者所事也，非事人者也。故君明人則有過，養人則不足，事人則失位。故百姓則君以自治也，養君以自安也，事君以自顯也。故禮達而分定。故人皆愛其死而患其生。

故用人之知去其詐，用人之勇去其怒，用人之仁去其貪。

故國有患，君死社稷，謂之義；大夫死宗廟，謂之變。

故聖人耐以天下爲一家，以中國爲一人者，非意之也。必知其情，辟於其義，明於其利，達於其患，然後能爲之。

何謂人情？喜、怒、哀、懼、愛、惡、欲，七者弗學而能。何謂人義？父慈、子孝、兄良、弟弟、夫義、婦聽、長惠、幼順、君仁、臣忠，十者謂之人義。講信修睦，謂之人利；争奪相殺，謂之人患。故聖人之所以治人七情，修十義，講信修睦，尚辭讓，去争奪。捨禮何以治之？飲食男女，人之大欲存焉；死亡貧苦，人之大惡存焉。故欲惡者，心之大端也。人藏其心，不可測度也。美惡皆在其心，不見其色也。欲一以窮之，捨禮何以哉？

故人者，其天地之德、陰陽之交、鬼神之會、五行之秀氣也。

故天秉陽，垂日星，地秉陰，竅於山川，播五行於四時，和而後月生也。是以三五而盈，三五而闕，五行之動，迭相竭也。五行、四時、十二月，還相爲本也；五聲、六律、十二管，還相爲宫也；五味、六和、十二食，還相爲質也；五色、六章、十二衣，還相爲質也。

故人者，天地之心也，五行之端也。食味、别聲、被色，而生者也。故聖人作則，必以天地爲本，以陰陽爲端，以四時爲柄，以日星爲紀，月以爲量；鬼神以爲徒，五行以爲質，禮義以爲器，人情以爲田，四靈以爲畜。以天地爲本，故物可舉也；以陰陽爲端，故情可睹也；以四時爲柄，故事可勸也；以日星爲紀，故事可列也；月以爲量，故功有藝也；鬼神以爲徒，故事有守也；五行以爲質，故事可複也；禮義以爲器，故事行有考也；人情以爲田，故人以爲奥也；四靈以爲畜，故飲食有由也。何謂四靈？麟、鳳、龜、龍，謂之四靈。故龍以爲畜，故魚鮪不淰；鳳以爲畜，故鳥不獝；麟以爲畜，故獸不狘；龜以爲畜，故人情不失。

故先王秉蓍龜，列祭祀，瘞繒，宣祝嘏辭説；設制度，故國有禮，官有禦，事有職，禮有序。

故先王患禮之不達於下也。

故祭帝於郊，所以定天位也；祀社於國，所以列地利也。祖廟，所以本仁也；山川，所以儐鬼神也；五祀，所以本事也。故宗祝在廟，三公在朝，三老在學；王前巫而後史，卜巫瞽侑，皆在左右。王中，心無爲也，以守至正。

故禮行於郊，而百神受職焉；禮行於社，而百貨可極焉；禮行於祖廟，而孝慈服焉；禮行於五祀，而正法則焉。故自郊社、祖廟、山川、五祀，義之修而禮之藏也。

是故夫禮，必本於大一，分而爲天地，轉而爲陰陽，變而爲四時，列而爲鬼神；其降曰命，其官於天也。

夫禮必本於天，動而之地，列而之事，變而從時，協於分藝。其居人也曰養，其行之以貨力，辭讓，飲食，冠昏，喪祭，射禦，朝聘。

故禮義也者，人之大端也。所以講信修睦，而固人之肌膚之會，筋骸之束也。所以養生，送死，事鬼神之大端也。所以達天道，順人情之大竇也。

故唯聖人爲知禮之不可以已也。故壞國，喪家，亡人，必先去其禮。故禮之於人也，猶酒之有蘗也；君子以厚，小人以薄。

故聖王修義之柄、禮之序，以治人情。故人情者，聖王之田也。修禮以耕之，陳義以種之，講學以耨之，本仁以聚之，播樂以安之。故禮也者，義之實也。協諸義而協，則禮雖先王未之有，可以義起也。義者，藝之分，仁之節也。協於藝，講於仁，得之者強。仁者，義之本也，順之體也，得之者尊。故治國不以禮，猶無耜而耕也；爲禮不本於義，猶耕而弗種也；爲義而不講之以學，猶種而弗耨也；講之於學而不合之以仁，猶耨而弗獲也；合之以仁而不安之以樂，猶獲而弗食也；安之以樂而不達於順，猶食而弗肥也。四體既正，膚革充盈，人之肥也；父子篤，兄弟睦，夫婦和，家之肥也；大臣法，小臣廉，官職相序，君臣相正，國之肥也。天子以德爲車，以樂爲禦，諸侯以禮相與，大夫以法相序，士以信相考，百姓以睦相守，天下之肥也。是謂大順。大順者，所以養生，送死，事鬼神之常也。故事大積焉而不苑，并行而不繆，細行而不失；深而通，茂而有間；連而不相及也，動而不相害也，此順之至也。故明於順，然後能守危也。

故禮之不同也，不豐也，不殺也，所以持情而合危也。故聖王所以順，山者不使居川，不使渚者居中原，而弗敝也。用水、火、金、木、飲食，必時，合男女，頒爵位，必當年德，用民必順。故無水旱昆蟲之災，民無凶饑妖孽之疾。故天不愛其道，地不愛其寶，人不愛其情。故天降膏露，地出醴泉，山出器車，河出馬圖。鳳皇、麒麟，皆在郊棷；龜龍在宮沼，其餘鳥獸之卵胎，皆可俯而窺也。則是無故。先王能修禮以達義，體信以達順，故此順之實也。

《禮運》終

了凡四訓

袁了凡　撰

立命之學

余童年喪父，老母命弃舉業學醫，謂可以養生，可以濟人，且習一藝以成名，爾父夙心也。

後余在慈雲寺，遇一老者，修髯偉貌，飄飄若仙，余敬禮之。語余曰：「子仕路中人也，明年即進學，何不讀書？」余告以故，并叩老者姓氏里居。曰：「吾姓孔，雲南人也。得邵子皇極數正傳，數該傳汝。」余引之歸，告母。母曰：「善待之。」試其數，纖悉皆驗。余遂起讀書之念，謀之表兄沈稱，言：「郁海谷先生，在沈友夫家開館，我送汝寄學甚便。」余遂禮郁爲師。

孔爲余起數：縣考童生，當十四名；府考七十一名，提學考第九名。明年赴考，三處名數皆合。

復爲卜終身休咎，言：某年考第幾名，某年當補廩，某年當貢，貢後某年，當選四川一大尹，在任三年半，即宜告歸。五十三歲八月十四日丑時，當終於正寢，惜無子。余備録而謹記之。

自此以後，凡遇考校，其名數先後，皆不出孔公所懸定者。獨算余食廩米九十一石五斗當出貢；及食米七十余石，屠宗師即批准補貢，余竊疑之。

後，果爲署印楊公所駁，直至丁卯年，殷秋溟宗師見余場中備卷，嘆曰：「五策，即五篇奏議也，豈可使博洽淹貫之儒，老於窗下乎！」遂依縣申文准貢，連前食米計之，實九十一石五斗也。

余因此益信進退有命，遲速有時，澹然無求矣。

貢入燕都，留京一年，終日靜坐，不閱文字。己巳歸，游南雍，未入監，先訪雲谷會禪師於棲霞山中，對坐一室，凡三晝夜不瞑目。

雲谷問曰：「凡人所以不得作聖者，只爲妄念相纏耳。汝坐三日，不見起一妄念，何也？」

余曰：「吾爲孔先生算定，榮辱死生，皆有定數，即要妄想，亦無可妄想。」

雲谷笑曰：「我待汝是豪杰，原來只是凡夫。」

問其故。曰：「人未能無心，終爲陰陽所縛，安得無數？但惟凡人有數；極善之人，數固拘他不定；極惡之人，數亦拘他不定。汝二十年來，被他算定，不曾轉動一毫，豈非是凡夫？」

余問曰：「然則數可逃乎？」曰：「命由我作，福自己求。詩書所稱，的爲明訓。我教典中說：『求富貴得富貴，求男女得男女，求長壽得長壽。』夫妄語乃釋迦大戒，諸佛菩薩，豈誑語欺人？」

余進曰：「孟子言『求則得之』，是求在我者也。道德仁義，可以力求；功名富貴，如何求得？」

雲谷曰：「孟子之言不錯，汝自錯解了。汝不見六祖說：『一切福田，不離方寸；從心而覓，感無不通。』求在我，不獨得道德仁義，亦得功名富貴；內外雙得，是求有益於得也。若不反躬內省，而徒向外馳求，則求之有道，而得之有命矣，內外雙失，故無益。」

因問：「孔公算汝終身若何？」余以實告。雲谷曰：「汝自揣應得科第否？應生子否？」

余追省良久，曰：「不應也。科第中人，類有福相，余福薄，又不能積功累行，以基厚福；兼不耐煩劇，不能容人；時或以才智蓋人，直心直行，輕言妄談。凡此皆薄福之相也，豈宜科第哉。

「地之穢者多生物，水之清者常無魚；余好潔，宜無子者一；和氣能育萬物，余善怒，宜無子者二；愛爲生生之本，忍爲不育之根；余矜惜名節，常不能捨己救人，宜無子者三；多言耗氣，宜無子者四；喜飲鑠精，宜無子者五；好徹夜長坐，而不知葆元毓神，宜無子者六。其餘過惡尚多，不能悉數。」

雲谷曰：「豈惟科第哉。世間享千金之產者，定是千金人物；享百金之產者，定是百金人物；應餓死者，定是餓死人物；天不過因材而篤，幾曾加纖毫意思。

「即如生子，有百世之德者，定有百世子孫保之；有十世之德者，定有十世子孫保之；有三世二世之德者，定有三世二世子孫保之；其斬焉無後者，德至薄也。

「汝今既知非。將向來不發科第，及不生子相，盡情改刷；務要積德，務要包荒，務要和愛，務要惜精神。從前種種，譬如昨日死；從後種種，譬如今日生；此義理再生之身也。

「夫血肉之身，尚然有數；義理之身，豈不能格天。太甲曰：『天作孽，猶可違；自作孽，不可活。』《詩》云：『永言配命，自求多福。』孔先生算汝不登科第，不生子者，此天作之孽，猶可得而違；汝今擴充德性，力行善事，多積陰德，此自己所作之福也，安得而不受享乎？

「《易》爲君子謀，趨吉避凶；若言天命有常，吉何可趨，凶何可避？開章第一義，便說：『積善之家，必有餘慶。』汝信得及否？」

余信其言，拜而受教，因將往日之罪，佛前盡情發露，爲疏一通，先求登科；誓行善事三千條，以報天地祖宗之德。

雲谷出功過格示余，令所行之事，逐日登記；善則記數，惡則退除，且教持准提咒，以期必驗。

語余曰：「符籙家有云：『不會書符，被鬼神笑。』此有秘傳，只是不動念也。執筆書符，先把萬緣放下，一塵不起。從此念頭不動處，下一點，謂之混沌開基。由此而一筆揮成，更無思慮，此符便靈。凡祈天立命，都要從無思無慮處感格。

「孟子論立命之學，」而曰：『夭壽不貳。』夫夭與壽，至貳者也。當其不動念時，孰爲夭，孰爲壽？細分之，豐歉不貳，然後可立貧富之命；窮通不貳，然後可立貴賤之命；夭壽不貳，然後可立生死之命。人生世間，惟死生爲重，曰夭壽，則一切順逆皆該之矣。

「至修身以俟之，乃積德祈天之事。」曰修，則身有過惡，皆當治而去之；曰俟，則一毫覬覦，一毫將迎，皆當斬絕之矣。到此地位，直造先天之境，即此便是實學。

「汝未能無心，但能持准提咒，無記無數，不令間斷，持得純熟，於持中不持，於不持中持。到得念頭不動，則靈驗矣。」

余初號學海，是日改號了凡；蓋悟立命之説，而不欲落凡夫窠臼也。從此而後，終日兢兢，便覺與前不同。前日只是悠悠放任，到此自有戰兢惕厲景象，在暗室屋漏中，常恐得罪天地鬼神；遇人憎我毀我，自能恬然容受。

到明年禮部考科舉，孔先生算該第三，忽考第一，其言不驗，而秋闈中式矣。然行義未純，檢身多誤；或見善而行之不勇，或救人而心常自疑；或身勉爲善，而口有過言；或醒時操持，而醉後放逸；以過折功，日常虛度。自己巳歲發願，直至己卯歲，曆十餘年，而三千善行始完。

時方從李漸庵入關，未及回向。庚辰南還。始請性空、慧空諸上人，就東塔禪堂回向。遂起求子願，亦許行三千善事，辛巳、生男天啓。

余行一事，隨以筆記；汝母不能書，每行一事，輒用鵝毛管，印一朱圈於曆日之上。或施食貧人，或買放生命，一日有多至十餘圈者。至癸未八月，三千之數已滿。復請性空輩，就家庭回向。九月十三日，復起求中進士願，許行善事一萬條，丙戌登第，授寶坻知縣。

余置空格一册，名曰治心編，晨起坐堂，家人携付門役，置案上，所行善惡，纖悉必記。夜則設桌於庭，效趙閱道焚香告帝。

汝母見所行不多，輒顰蹙曰：「我前在家，相助爲善，故三千之數得完；今許一萬，衙中無事可行，何時得圓滿乎？」

夜間偶夢見一神人，余言善事難完之故。神曰：「只減糧一節，萬行俱完矣。」蓋寶坻之田，每畝二分三厘七毫。余爲區處，減至一分四厘六毫，委有此事，心頗驚疑。適幻余禪師自五臺來，余以夢告之，且問此事宜信否？

師曰：「善心真切，即一行可當萬善，况合縣減糧、萬民受福乎？」吾即捐俸銀，請其就五臺山齋僧一萬而回向之。

孔公算予五十三歲有厄，余未嘗祈壽，是歲竟無恙，今六十九矣。書曰：「天難諶，命靡常。」又云：「惟命不於常」，皆非誑語。吾於是而知，凡稱禍福自己求之者，乃聖賢之言。若謂禍福惟天所命，則世俗之論矣。

汝之命，未知若何？即命當榮顯，常作落寞想；即時當順利，常作拂逆想；即眼前足食，常作貧窶想；即人相愛敬，常作恐懼想；即家世望重，常作卑下想；即學問頗優，常作淺陋想。

遠思揚祖宗之德，近思蓋父母之愆；上思報國之恩，下思造家之福；外思濟人之急，内思閑己之邪。

務要日日知非，日日改過；一日不知非，即一日安於自是；一日無過可改，即一日無步可進；天下聰明俊秀不少，所以德不加修、業不加廣者，只爲因循二字，耽擱一生。

雲谷禪師所授立命之説，乃至精至邃、至真至正之理，其熟玩而勉行之，毋自曠也。

改過之法

春秋諸大夫，見人言動，億而談其禍福，靡不驗者，左國諸記可觀也。

大都吉凶之兆，萌乎心而動乎四體，其過於厚者常獲福，過於薄者常近禍；俗眼多翳，謂有未定而不可測者。

至誠合天，福之將至，觀其善而必先知之矣。禍之將至，觀其不善而必先知之矣。今欲獲福而遠禍，未論行善，先須改過。

但改過者，第一，要發耻心。思古之聖賢，與我同爲丈夫，彼何以百世可師？我何以一身瓦裂？耽染塵情，私行不義，謂人不知，傲然無愧，將日淪於禽獸而不自知矣；世之可羞可耻者，莫大乎此。孟子曰：耻之於人大矣。以其得之則聖賢，失之則禽獸耳。此改過之要機也。

第二，要發畏心，天地在上，鬼神難欺，吾雖過在隱微，而天地鬼神，實鑒臨之。重則降之百殃，輕則損其現福；吾何可以不懼？

不惟此也。閑居之地，指視昭然；吾雖掩之甚密，文之甚巧，而肺肝早露，終難自欺；被人覷破，不值一文矣，烏得不懔懔？

不惟是也。一息尚存，彌天之惡，猶可悔改；古人有一生作惡，臨死悔悟，發一善念，遂得善終者。謂一念猛厲，足以滌百年之惡也。譬如千年幽谷，一燈纔照，則千年之暗俱除；故過不論久近，惟以改爲貴。

但塵世無常，肉身易殞，一息不屬，欲改無由矣。明則千百年擔負惡名，雖孝子慈孫，不能洗滌；幽則千百劫沉淪獄報，雖聖賢佛菩薩，不能援引。烏得不畏？

第三，須發勇心，人不改過，多是因循退縮；吾須奮然振作，不用遲疑，不煩等待。小者如芒刺在肉，速與抉剔；大者如毒蛇齧指，速與斬除，無絲毫凝滯，此風雷之所以爲益也。

具是三心，則有過斯改，如春冰遇日，何患不消乎？然人之過，有從事上改者，有從理上改者，有從心上改者；工夫不同，效驗亦异。

如前日殺生，今戒不殺；前日怒詈，今戒不怒；此就其事而改之者也。强制於外，其難百倍，且病根終在，東滅西生，非究竟廓然之道也。

善改過者，未禁其事，先明其理；如過在殺生，即思曰：上帝好生，物皆戀命，殺彼養己，豈能自安？且彼之殺也，既受屠割，復入鼎鑊，種種痛苦，徹入骨髓；己之養也，珍膏羅列，食過即空，疏食菜羹，盡可充腹，何必戕彼之生，損己之福哉？

又思血氣之屬，皆含靈知，既有靈知，皆我一體；縱不能躬修至德，使之尊我親我，豈可日戕物命，使之仇我憾我於無窮也？一思及此，將有對食傷心，不能下咽者矣。

如前日好怒，必思曰：人有不及，情所宜矜；悖理相干，於我何與？本無可怒者。

又思天下無自是之豪杰，亦無尤人之學問，行有不得，皆己之德未修，感未至也。吾悉以自反，則謗毀之來，皆磨煉玉成之地；我將歡然受賜，何怒之有？又聞謗而不怒，雖讒焰熏天，如舉火焚空，終將自息；聞謗而怒，雖巧心力辯，如春蠶作繭，自取纏綿；怒不惟無益，且有害也。其餘種種過惡，皆當據理思之。此理既明，過將自止。

何謂從心而改？過有千端，惟心所造；吾心不動，過安從生？學者於好色、好名、好貨、好怒、種種諸過，不必逐類尋求；但當一心爲善，正念現前，邪念自然污染不上。如太陽當空，魍魎潛消，此精一之真傳也。過由心造，亦由心改，如斬毒樹，直斷其根，奚必枝枝而伐，葉葉而摘哉？

大抵最上者治心，當下清净；纔動即覺，覺之即無。苟未能然，須明理以遣之；又未能然，須隨事以禁之；以上事而兼行下功，未爲失策。執下而昧上，則拙矣。

顧發願改過，明須良朋提醒，幽須鬼神證明；一心懺悔，晝夜不懈，經一七、二七，以至一月、二月、三月，必有效驗。

或覺心神恬曠；或覺智慧頓開；或處冗遝而觸念皆通；或遇怨仇而回嗔作喜；或夢吐黑物；或夢往聖先賢，提携接引；或夢飛步太虛；或夢幢幡寶蓋，種種勝事，皆過消罪滅之象也。然不得執此自高，畫而不進。

昔蘧伯玉當二十歲時，已覺前日之非而盡改之矣。至二十一歲，乃知前之所改，未盡也；及二十二歲，回視二十一歲，猶在夢中，歲復一歲，遞遞改之，行年五十，而猶知四十九年之非，古人改過之學如此。

吾輩身爲凡流，過惡蝟集，而回思往事，常若不見其有過者，心粗而眼翳也。然人之過惡深重者，亦有效驗：或心神昏塞，轉頭即忘；或無事而常煩惱；或見君子而赧然消沮；或聞正論而不樂；或施惠而人反怨；或夜夢顛倒，甚則妄言失志；皆作孽之相也，苟一類此，即須奮發，捨舊圖新，幸勿自誤。

積善之方

《易》曰：「積善之家，必有餘慶。」昔顏氏將以女妻叔梁紇，而歷叙其祖宗積德之長，逆知其子孫必有興者。孔子稱舜之大孝，曰：「宗廟饗之，子孫保之」，皆至論也。試以往事徵之。

楊少師榮，建寧人。世以濟渡爲生，久雨溪漲，横流冲毁民居，溺死者順流而下，他舟皆撈取貨物，獨少師曾祖及祖，惟救人，而貨物一無所取，鄉人嗤其愚。逮少師父生，家漸裕，有神人化爲道者，語之曰：「汝祖父有陰功，子孫當貴顯，宜葬某地。」遂依其所指而窆之，即今白兔墳也。後生少師，弱冠登第，位至三公，加曾祖、祖、父，如其官。子孫貴盛，至今尚多賢者。

鄞人楊自懲，初爲縣吏，存心仁厚，守法公平。時縣宰嚴肅，偶撻一囚，血流滿前，而怒猶未息，楊跪而寬解之。宰曰：「怎奈此人越法悖理，不由人不怒。」自懲叩首曰：「上失其道，民散久矣，如得其情，哀矜勿喜；喜且不可，而況怒乎？」宰爲之霽顔。

家甚貧，饋遺一無所取，遇囚人乏糧，常多方以濟之。一日，有新囚數人待哺，家又缺米；給囚則家人無食；自顧則囚人堪憫；與其婦商之。婦曰：「囚從何來？」曰：「自杭而來。沿路忍飢，菜色可掬。」因撤己之米，煮粥以食囚。後生二子，長曰守陳，次曰守阯，爲南北吏部侍郎；長孫爲刑部侍郎；次孫爲四川廉憲，又俱爲名臣；今楚亭、德政，亦其裔也。

昔正統間，鄧茂七倡亂於福建，士民從賊者甚衆；朝廷起鄞縣張都憲楷南征，以計擒賊，後委布政司謝都事，搜殺東路賊黨；謝求賊中黨附册籍，凡不附賊者，密授以白布小旗，約兵至日，插旗門首，戒軍兵無妄殺，全活萬人；後謝之子遷，中狀元，爲宰輔；孫丕，復中探花。

莆田林氏，先世有老母好善，常作粉團施人，求取即與之，無倦色；一仙化爲道人，每旦索食六七團。母日日與之，終三年如一日，乃知其誠也。因謂之曰：「吾食汝三年粉團，何以報汝？府後有一地，葬之，子孫官爵，有一升麻子之數。」其子依所點葬之，初世即有九人登第，纍代簪纓甚盛，福建有無林不開榜之謡。

馮琢庵太史之父，爲邑庠生。隆冬早起赴學，路遇一人，倒卧雪中，捫之，半僵矣。

遂解己綿裘衣之，且扶歸救蘇。夢神告之曰：「汝救人一命，出至誠心，吾遣韓琦爲汝子。」及生琢庵，遂名琦。

台州應尚書，壯年習業於山中。夜鬼嘯集，往往驚人，公不懼也；一夕聞鬼云：「某婦以夫久客不歸，翁姑逼其嫁人。明夜當縊死於此，吾得代矣。」公潛賣田，得銀四兩。即僞作其夫之書，寄銀還家；其父母見書，以手迹不類，疑之，既而曰：「書可假，銀不可假；想兒無恙。」婦遂不嫁。其子後歸，夫婦相保如初。

公又聞鬼語曰：「我當得代，奈此秀才壞吾事。」旁一鬼曰：「爾何不禍之？」曰：「上帝以此人心好，命作陰德尚書矣，吾何得而禍之？」應公因此益自努力，善日加修，德日加厚；遇歲饑，輒捐穀以賑之；遇親戚有急，輒委曲維持；遇有横逆，輒反躬自責，怡然順受；子孫登科第者，今纍纍也。

常熟徐鳳竹（栻），其父素富，偶遇年荒，先捐租以爲同邑之倡，又分穀以賑貧乏，夜聞鬼唱於門曰：「千不誆，萬不誆；徐家秀才，做到了舉人郎。」相續而呼，連夜不斷。是歲，鳳竹果舉於鄉，其父因而益積德，孳孳不怠，修橋修路，齋僧接衆，凡有利益，無不盡心。後又聞鬼唱於門曰：「千不誆，萬不誆；徐家舉人，直做到都堂。」鳳竹官終兩浙巡撫。

嘉興屠康僖公，初爲刑部主事，宿獄中，細詢諸囚情狀，得無辜者若干人，公不自以爲功，密疏其事，以白堂官。後朝審，堂官摘其語，以訊諸囚，無不服者，釋冤抑十餘人。一時輦下咸頌尚書之明。公復稟曰：「輦轂之下，尚多冤民，四海之廣，兆民之衆，豈無枉者？宜五年差一减刑官，核實而平反之。」尚書爲奏，允其議。時公亦差减刑之列，夢一神告之曰：「汝命無子，今减刑之議，深合天心，上帝賜汝三子，皆衣紫腰金。」是夕夫人有娠，後生應塤、應坤、應埈，皆顯官。

嘉興包憑，字信之，其父爲池陽太守，生七子，憑最少，贅平湖袁氏，與吾父往來甚厚，博學高才，纍舉不第，留心二氏之學。一日東游泖湖，偶至一村寺中，見觀音像，淋漓露立，即解橐中得十金，授主僧，令修屋宇，僧告以工大銀少，不能竣事；復取松布四匹，檢篋中衣七件與之，内紵褶，係新置，其僕請已之。憑曰：「但得聖像無恙，吾雖裸裎何傷？」僧垂淚曰：「捨銀及衣布，猶非難事。只此一點心，如何易得。」後工完，拉老父同游，宿寺中。公夢伽藍來謝曰：「汝子當享世禄矣。」後子汴，孫檉芳，皆登第，作顯官。

嘉善支立之父，爲刑房吏，有囚無辜陷重辟，意哀之，欲求其生。囚語其妻曰：「支公嘉意，愧無以報，明日延之下鄉，汝以身事之，彼或肯用意，則我可生也。」其妻泣而聽命。及至，妻自出勸酒，具告以夫意。支不聽，卒爲盡力平反之。囚出獄，夫妻登門叩謝曰：「公如此厚德，晚世所稀，今無子，吾有弱女，送爲箕帚妾，此則禮之可通者。」支爲備禮而納之，生立，弱冠中魁，官至翰林孔目，立生高，高生禄，皆貢爲學博。禄生大綸，登第。

凡此十條，所行不同，同歸於善而已。若復精而言之，則善有真、有假；有端、有曲；有陰、有陽；有是、有非；有偏、有正；有半、有滿；有大、有小；有難、有易，皆當深辨。爲善而不窮理，則自謂行持，豈知造孽，枉費苦心，無益也。

何謂真假？昔有儒生數輩，謁中峰和尚，問曰：「佛氏論善惡報應，如影隨形。今某人善，而子孫不興；某人惡，而家門隆盛；佛説無稽矣。」中峰云：「凡情未滌，正眼未開，認善爲惡，指惡爲善，往往有之，不憾己之是非顛倒，而反怨天之報應有差乎？」衆曰：「善惡何致相反？」中峰令試言其狀。一人謂：「詈人毆人是惡；敬人禮人是善。」中峰云：「未必然也。」一人謂：「貪財妄取是惡，廉潔有守是善。」中峰云：「未必然也。」衆人歷言其狀，中峰皆謂不然。

因請問。中峰告之曰：「有益於人，是善；有益於己，是惡。有益於人，則毆人、詈人皆善也；有益於己，則敬人、禮人皆惡也。是故人之行善，利人者公，公則爲真；利己者私，私則爲假。又根心者真，襲迹者假；又無爲而爲者真，有爲而爲者假；皆當自考。」

何謂端曲？今人見謹愿之士，類稱爲善而取之；聖人則寧取狂狷。至於謹愿之士，雖一鄉皆好，而必以爲德之賊；是世人之善惡，分明與聖人相反。推此一端，種種取捨，無有不謬；天地鬼神之福善禍淫，皆與聖人同是非，而不與世俗同取捨。凡欲積善，决不可徇耳目，惟從心源隱微處，默默洗滌，純是濟世之心，則爲端；苟有一毫媚世之心，即爲曲；純是愛人之心，則爲端；有一毫憤世之心，即爲曲；純是敬人之心，則爲端；有一毫玩世之心，即爲曲；皆當細辨。

何謂陰陽？凡爲善而人知之，則爲陽善；爲善而人不知，則爲陰德。陰德，天報之；陽善，享世名。名，亦福也。名者，造物所忌；世之享盛名而實不副者，多有奇禍；人之無過咎而横被惡名者，子孫往往驟發，陰陽之際微矣哉。

何謂是非？魯國之法，魯人有贖人臣妾於諸侯，皆受金於府，子貢贖人而不受金。孔子聞而惡之曰：「賜失之矣。夫聖人舉事，可以移風易俗，而教道可施於百姓，非獨適己之行也。今魯國富者寡而貧者衆，受金則爲不廉，何以相贖乎？自今以後，不復贖人於諸侯矣。」

子路拯人於溺，其人謝之以牛，子路受之。孔子喜曰：「自今魯國多拯人於溺矣。」自俗眼觀之，子貢不受金爲優，子路之受牛爲劣；孔子則取由而黜賜焉。乃知人之爲善，不論現行而論流弊；不論一時而論久遠；不論一身而論天下。現行雖善，而其流足以害人；則似善而實非也；現行雖不善，而其流足以濟人，則非善而實是也；然此就一節論之耳。他如非義之義，非禮之禮，非信之信，非慈之慈，皆當抉擇。

何謂偏正？昔吕文懿公，初辭相位，歸故里，海内仰之，如泰山北斗。有一鄉人，醉而詈之，吕公不動，謂其僕曰：「醉者勿與較也。」閉門謝之。逾年，其人犯死刑入獄。

呂公始悔之曰：「使當時稍與計較，送公家責治，可以小懲而大戒；吾當時只欲存心於厚，不謂養成其惡，以至於此。」此以善心而行惡事者也。

又有以惡心而行善事者。如某家大富，值歲荒，窮民白晝搶粟於市；告之縣，縣不理，窮民愈肆，遂私執而困辱之，衆始定；不然，幾亂矣。故善者爲正，惡者爲偏，人皆知之；其以善心而行惡事者，正中偏也；以惡心而行善事者，偏中正也；不可不知也。

何謂半滿？《易》曰：「善不積，不足以成名，惡不積，不足以滅身。」《書》曰：「商罪貫盈，如貯物於器，」勤而積之，則滿；懈而不積，則不滿。此一說也。

昔有某氏女入寺，欲施而無財，止有錢二文，捐而與之，主僧親爲懺悔；及後入宮富貴，携數千金入寺捨之，主僧惟令其徒回向而已。因問曰：「吾前施錢二文，師親爲懺悔，今施數千金，而師不回向，何也？」曰：「前者物雖薄，而施心甚真，非老僧親懺，不足報德；今物雖厚，而施心不若前日之切，令人代懺足矣。」此千金爲半，而二文爲滿也。鍾離授丹於呂祖，點鐵爲金，可以濟世。呂問曰：「終變否？」曰：「五百年後，當復本質。」呂曰：「如此則害五百年後人矣，吾不願爲也。」曰：「修仙要積三千功行，汝此一言，三千功行已滿矣，」此又一說也。

又爲善而心不著善，則隨所成就，皆得圓滿，心著於善，雖終身勤勵，止於半善而已。譬如以財濟人，內不見己，外不見人，中不見所施之物，是謂三輪體空，是謂一心清净，則斗粟可以種無涯之福，一文可以消千劫之罪，倘此心未忘，雖黄金萬鎰，福不滿也。此又一説也。

何謂大小？昔衛仲達爲館職，被攝至冥司，主者命吏呈善惡二録，比至，則惡録盈庭，其善録一軸，僅如箸而已。索秤稱之，則盈庭者反輕，而如箸者反重。仲達曰：「某年未四十，安得過惡如是多乎？」曰：「一念不正即是，不待犯也。」因問軸中所書何事？曰：「朝廷嘗興大工，修三山石橋，君上疏諫之，此疏稿也。」仲達曰：「某雖言，朝廷不從，於事無補，而能有如是之力。」曰：「朝廷雖不從，君之一念，已在萬民；向使聽從，善力更大矣。」故志在天下國家，則善雖少而大；苟在一身，雖多亦小。

何謂難易？先儒謂克己須從難克處克將去。夫子論爲仁，亦曰先難。必如江西舒翁，捨二年僅得之束脩，代償官銀，而全人夫婦；與邯鄲張翁，捨十年所積之錢，代完贖銀，而活人妻子，皆所謂難捨處能捨也。如鎮江靳翁，雖年老無子，不忍以幼女爲妾，而還之鄰，此難忍處能忍也；故天降之福亦厚。凡有財有勢者，其立德皆易，易而不爲，是爲自暴。貧賤作福皆難，難而能爲，斯可貴耳。

隨緣濟衆，其類至繁，約言其綱，大約有十：第一，與人爲善；第二，愛敬存心；第三，成人之美；第四，勸人爲善；第五，救人危急；第六，興建大利；第七，捨財作福；第八，護持正法；第九，敬重尊長；第十，愛惜物命。

何謂與人爲善？昔舜在雷澤，見漁者皆取深潭厚澤，而老弱則漁於急流淺灘之中，惻然哀之，往而漁焉；見争者皆匿其過而不談，見有讓者，則揄揚而取法之。期年，皆以深潭厚澤相讓矣。夫以舜之明哲，豈不能出一言教衆人哉？乃不以言教而以身轉之，此良工苦心也。

吾輩處末世，勿以己之長而蓋人；勿以己之善而形人；勿以己之多能而困人。收斂才智，若無若虚；見人過失，且涵容而掩覆之。一則令其可改，一則令其有所顧忌而不敢縱，見人有微長可取，小善可録，翻然捨己而從之；且爲豔稱而廣述之。凡日用間，發一言，行一事，全不爲自己起念，全是爲物立則；此大人天下爲公之度也。

何謂愛敬存心？君子與小人，就形迹觀，常易相混，惟一點存心處，則善惡懸絶，判然如黑白之相反。故曰：君子所以异於人者，以其存心也。君子所存之心，只是愛人敬人之心。蓋人有親疏貴賤，有智愚賢不肖；萬品不齊，皆吾同胞，皆吾一體，孰非當敬愛者？愛敬衆人，即是愛敬聖賢；能通衆人之志，即是通聖賢之志。何者？聖賢之志，本欲斯世斯人，各得其所。吾合愛合敬，而安一世之人，即是爲聖賢而安之也。

何謂成人之美？玉之在石，抵擲則瓦礫，追琢則圭璋；故凡見人行一善事，或其人志可取而資可進，皆須誘掖而成就之，或爲之獎借，或爲之維持；或爲白其誣而分其謗；務使之成立而後已。

大抵人各惡其非類，鄉人之善者少，不善者多。善人在俗，亦難自立。且豪杰錚錚，不甚修形迹，多易指摘；故善事常易敗，而善人常得謗；惟仁人長者，匡直而輔翼之，其功德最宏。

何謂勸人爲善？生爲人類，孰無良心？世路役役，最易没溺。凡與人相處，當方便提撕，開其迷惑。譬猶長夜大夢，而令之一覺；譬猶久陷煩惱，而拔之清凉，爲惠最溥。韓愈云：「一時勸人以口，百世勸人以書。」較之與人爲善，雖有形迹，然對症發藥，時有奇效，不可廢也；失言失人，當反吾智。

何謂救人危急？患難顛沛，人所時有。偶一遇之，當如痌瘝之在身，速爲解救。或以一言伸其屈抑；或以多方濟其顛連。崔子曰：「惠不在大，赴人之急可也。」蓋仁人之言哉。

何謂興建大利？小而一鄉之内，大而一邑之中，凡有利益，最宜興建；或開渠導水，或築堤防患；或修橋梁，以便行旅；或施茶飯，以濟飢渴；隨緣勸導，協力興修，勿避嫌疑，勿辭勞怨。

何謂捨財作福？釋門萬行，以布施爲先。所謂布施者，只是捨之一字耳。達者内捨六根，外捨六塵，一切所有，無不捨者。苟非能然，先從財上布施。世人以衣食爲命，故財爲最重。吾從而捨之，内以破吾之慳，外以濟人之急；始而勉强，終則泰然，最可以蕩滌私情，祛除執吝。

何謂護持正法？法者，萬世生靈之眼目也。不有正法，何以參贊天地？何以裁成萬物？何以脱塵離縛？何以經世出世？故凡見聖賢廟貌，經書典籍，皆當敬重而修飭之。至於舉揚正法，上報佛恩，尤當勉勵。

何謂敬重尊長？家之父兄，國之君長，與凡年高、德高、位高、識高者，皆當加意奉事。在家而奉侍父母，使深愛婉容，柔聲下氣，習以成性，便是和氣格天之本。出而事君，行一事，毋謂君不知而自恣也。刑一人，毋謂君不知而作威也。事君如天，古人格論，此等處最關陰德。試看忠孝之家，子孫未有不綿遠而昌盛者，切須慎之。

何謂愛惜物命？凡人之所以爲人者，惟此惻隱之心而已；求仁者求此，積德者積此。周禮：「孟春之月，犧牲毋用牝。」孟子謂「君子遠庖厨」，所以全吾惻隱之心也。故前輩有四不食之戒，謂聞殺不食、見殺不食、自養者不食、專爲我殺者不食。學者未能斷肉，且當從此戒之。

漸漸增進，慈心愈長。不特殺生當戒，蠢動含靈，皆爲物命。求絲煮繭，鋤地殺蟲，念衣食之由來，皆殺彼以自活。故暴殄之孽，當於殺生等。至於手所誤傷，足所誤踐者，不知其幾，皆當委曲防之。古詩云：「愛鼠常留飯，憐蛾不點燈。」何其仁也？

善行無窮，不能殫述；由此十事而推廣之，則萬德可備矣。

謙德之效

《易》曰：「天道虧盈而益謙；地道變盈而流謙；鬼神害盈而福謙；人道惡盈而好謙。」是故謙之一卦，六爻皆吉，《書》曰：「滿招損，謙受益，」予屢同諸公應試，每見寒士將達，必有一段謙光可掬。

辛未計偕，我嘉善同袍凡十人，惟丁敬宇賓，年最少，極其謙虛。予告費錦坡曰：「此兄今年必第。」費曰：「何以見之？」予曰：「惟謙受福。兄看十人中，有恂恂款款，不敢先人，如敬宇者乎？有恭敬順承，小心謙畏，如敬宇者乎？有受侮不答，聞謗不辯，如敬宇者乎？人能如此，即天地鬼神，猶將佑之，豈有不發者？」及開榜，丁果中式。

丁醜在京，與馮開之同處，見其虛己斂容，大變其幼年之習。李霽岩直諒益友，時面攻其非，但見其平懷順受，未嘗有一言相報。予告之曰：「福有福始，禍有禍先，此心果謙，天必相之，兄今年决第矣。」已而果然。

趙裕峰光遠，山東冠縣人，童年舉於鄉，久不第。其父爲嘉善三尹，隨之任。慕錢明吾，而執文見之，明吾悉抹其文，趙不惟不怒，且心服而速改焉。明年，遂登第。

壬辰歲，予入覲，晤夏建所，見其人氣虛意下，謙光逼人，歸而告友人曰：「凡天將發斯人也，未發其福，先發其慧；此慧一發，則浮者自實，肆者自斂；建所溫良若此，天啓之矣。」及開榜，果中式。

江陰張畏岩，積學工文，有聲藝林。甲午，南京鄉試，寓一寺中，揭曉無名，大罵試官，以爲眯目。時有一道者，在傍微笑，張遽移怒道者，道者曰：「相公文必不佳。」張益怒曰：「汝不見我文，烏知不佳？」道者曰：「聞作文，貴心氣和平，今聽公罵詈，不平甚矣，文安得工？」張不覺屈服，因就而請教焉。

道者曰：「中全要命；命不該中，文雖工，無益也。須自己做個轉變。」張曰：「既是命，如何轉變？」道者曰：「造命者天，立命者我；力行善事，廣積陰德，何福不可求哉？」張曰：「我貧士，何能爲？」道者曰：「善事陰功，皆由心造，常存此心，功德無量。且如謙虚一節，并不費錢，你如何不自反而罵試官乎？」

張由此折節自持，善日加修，德日加厚。丁酉，夢至一高房，得試録一册，中多缺行，問旁人，曰：「此今科試録。」問：「何多缺名？」曰：「科第陰間三年一考較，須積德無咎者，方有名。如前所缺，皆系舊該中式，因新有薄行而去之者也。」後指一行云：「汝三年來，持身頗慎，或當補此，幸自愛。」是科果中一百五名。

由此觀之，舉頭三尺，决有神明；趨吉避凶，斷然由我。須使我存心制行，毫不得罪於天地鬼神，而虚心屈己，使天地鬼神，時時憐我，方有受福之基。彼氣盈者，必非遠器，縱發亦無受用。稍有識見之士，必不忍自狹其量，而自拒其福也。况謙則受教有地，而取善無窮，尤修業者所必不可少者也。

古語云：「有志於功名者，必得功名；有志於富貴者，必得富貴。」人之有志，如樹之有根，立定此志，須念念謙虛，塵塵方便，自然感動天地，而造福由我。今之求登科第者，初未嘗有真志，不過一時意興耳；興到則求，興闌則止。孟子曰：「王之好樂甚，齊其庶幾乎？」予於科名亦然。

《了凡四訓》終

楊公椒山遺囑

净公 節選

人須立志爲君子。心爲一身之主，如樹之根。心裏若存天理，存公道。行出來便都是好事，便是君子。心裏若存人欲私意，雖行好事，亦有始無終。雖欲外面做好人，也被人看破。凡事合天理則行，不合天理則止。與人相處，謙下誠實。勿避勞苦，勿貪甘美。讓人，容人，寧吃人虧，寧受人氣。恩則不忘，怨則丢過。見人之善，則稱揚之。聞人之過，絶口不言。人向你説，某人感你之恩。則云，他有恩於我，我無恩於他。人言，某人惱你謗你：則云：他與我平日相好，豈有惱謗之理？人勝我，則敬重之。不可有傲忌之心；人不如我，則謙待之，不可有輕賤之意。與人交，久而益密。則行之家邦，可無怨矣。若遇老成忠厚，肯讀書，肯學好的人，就與他肝膽相交。語言必信，逐日與他相處。受他熏習，自然成個好人。

《楊公椒山遺囑》終

女誡

〔东汉〕班 昭

鄙人愚暗，受性不敏，蒙先君之餘寵，賴母師之典訓，年十有四，執箕帚於曹氏，於今四十餘載矣。戰戰兢兢，常懼絀辱，以增父母之羞，以益中外之累。夙夜劬心，勤不告勞，而今而後，乃知免耳。吾性疏頑，教道無素，恒恐子穀，負辱清朝。聖恩横加，猥賜金紫，實非鄙人庶幾所望也。男能自謀矣，吾不復以爲憂也。但傷諸女方當適人，而不漸訓誨，不聞婦禮，懼失容它門，取恥宗族。吾今疾在沉滯，性命無常，念汝曹如此，每用惆悵。間作《女誡》七章，願諸女各寫一通，庶有補益，裨助汝身。去矣，其勖勉之！

卑弱第一

古者生女三日，卧之床下，弄之瓦磚，而齋告焉。卧之床下，明其卑弱，主下人也。弄之瓦磚，明其習勞，主執勤也。齋告先君，明當主繼祭祀也。三者蓋女人之常道，禮法之典教矣。謙讓恭敬，先人後己，有善莫名，有惡莫辭，忍辱含垢，常若畏懼，是謂卑弱下人也。晚寢早作，不憚夙夜；執務私事，不辭劇易；所作必成，手迹整理，是謂執勤也。正色端操，以事夫主；清静自守，無好戲笑；潔齊酒食，以供祖宗，是謂繼祭祀也。三者苟備，而患名稱之不聞，黜辱之在身，未之見也。三者苟失之，何名稱之可聞，黜辱之可免哉？

夫婦第二

夫婦之道，參配陰陽，通達神明，信天地之宏義，人倫之大節也。是以《禮》貴男女之際，《詩》著《關雎》之義，由斯言之，不可不重也。夫不賢，則無以御；婦不賢，則無以事夫。夫不御婦，則威儀廢缺；婦不事夫，則義理墮闕。方斯二者，其用一也。察今之君子，徒知妻婦之不可不御，威儀之不可不整，故訓其男，檢以書傳，殊不知夫主之不可不事，禮義之不可不存也，但教男而不教女，不亦蔽於彼此之數乎。禮，八歲始教之書，十五而至於學矣，獨不可以此爲則哉！

敬順第三

陰陽殊性，男女异行，陽以剛爲德。陰以柔爲用；男以强爲貴，女以弱爲美。故鄙諺有云：「生男如狼，猶恐其尪；生女如鼠，猶恐其虎。」然則修身莫如敬，避强莫若順，故曰：「敬順之道，爲婦之大禮也。」夫敬非他，持久之謂也；夫順非他，寬裕之謂也。持久者，知止足也，寬裕者，尚恭下也。夫婦之好，終身不離，房室周旋，遂生媟黷，媟黷既生，語言過矣，語言既過，縱恣必作，縱恣既作，則侮夫之心生矣，此由於不知止足者也。夫事有曲直，言有是非，直者不能不争，曲者不能不訟，訟争既施，則有忿怒之事矣，此由於不尚恭下者也。侮夫不節，譴呵從之；忿怒不止，楚撻從之。夫爲夫婦者，義以和親，恩以好合，楚撻既行，何義之存，譴呵既宣，何恩之有？恩義俱廢，夫婦離矣。

婦行第四

女有四行，一曰婦德，二曰婦言，三曰婦容，四曰婦功。夫云婦德，不必才明絶异也；婦言，不必辯口利辭也；婦容，不必顔色美麗也；婦功，不必技巧過人也。幽閑貞静，守節整齊，行己有恥，動静有法，是謂婦德；擇辭而説，不道惡語，時然後言，不厭於人，是謂婦言；盥浣塵穢，服飾鮮潔，沐浴以時，身不垢辱，是謂婦容；專心紡績，不好戲笑，潔齊酒食，以供賓客，是謂婦功。此四者，女人之大節，而不可乏無者也。然爲之甚易，唯在存心耳。古人有言：「仁遠乎哉，我欲仁，而仁斯至矣，」此之謂也。

專心第五

《禮》，夫有再娶之義，婦無二適之文，故曰：「夫者，天也。」天固不可違，夫故不可離也。行違神祇，天則罰之；禮義有愆，夫則薄之。故《女憲》曰：「得意一人，得夫之意，是謂永畢；失意一人，失夫之意，是謂永訖。」由斯言之，夫不可不求其心，然所求者，亦非謂佞媚苟親也，固莫若專心正色。禮義居潔，耳無涂聽，目無邪視，出無冶容，入無廢飾，無聚會群輩，無看視門户，則謂專心正色矣。若夫動静輕脱，視聽邪偷，入則亂髮壞形，出則窈窕作態，説所不當道，觀所不當視，此謂不能專心正色矣。

曲從第六

夫「得意一人，是謂永畢，失意一人，是謂永訖」，欲人定志專心之言也。舅姑之心，豈當可失哉？物有以恩自離者，有恩於人，人反離之。亦有以義自破者也。夫雖云愛，舅姑云非，此所謂以義自破者也，然則舅姑之心奈何？固莫尚於曲從矣。姑云不，爾而是，固宜從令；姑云是，爾而非，猶宜順命。勿得違戾是非，争分曲直，此則所謂曲從矣。故《女憲》曰：「婦如影響，焉不可賞？」

和叔妹第七

婦人之得意於夫主，由舅姑之愛己也；舅姑之愛己，由叔妹之譽己也。由此言之，我之臧否毀譽，一由叔妹。叔妹之心，復不可失也。人皆莫知叔妹之不可失，而不能和之以求親，其蔽也哉。自非聖人，鮮能無過，故顏子貴於能改，仲尼嘉其不貳，而況於婦人者也！雖以賢女之行，聰哲之性，其能備乎？故室人和，則謗掩，内外離，則過揚，此必然之勢也。《易》曰：「二人同心，其利斷金。同心之言，其臭如蘭。」此之謂也。夫叔妹者，體敵而分尊，恩疎而義親。若淑媛謙順之人，則能依義以篤好，崇恩以結援。使徽美顯彰，而瑕過隱塞。舅姑矜善，而夫主嘉美，聲譽曜於邑鄰，休光延於父母。若夫愚蠢之人，於叔則托名以自高，於妹則因寵以驕盈。驕盈既施，何和之有？恩義既乖，何譽之臻？是以美隱而過宣，姑忿而夫愠，毀訾布於中外，耻辱集於厥身，進增父母之羞，退益君子之累。斯乃榮辱之本，而顯否之基也，可不慎歟？然則求叔妹之心，固莫尚於謙順矣，謙則德之柄，順則婦之行，知斯二者，足以和矣。《詩》云：「在彼無惡，在此無射，」此之謂也。

《女誡》終

女論語

〔唐〕宋若莘　宋若昭

立身章第一

凡爲女子，先學立身。立身之法，惟務清貞。清則身潔，貞則身榮。行莫回頭，語莫掀唇。坐莫動膝，立莫摇裙，喜莫大笑，怒莫高聲。内外各處，男女异群。莫窺外壁，莫出外庭。男非眷屬，莫與通名。女非善淑，莫與相親。立身端正，方可爲人。

學作章第二

凡爲女子，須學女工。紉麻緝苧，粗細不同。車機紡織，切勿匆匆。看蠶煮繭，曉夜相從。採桑摘柘，看雨占風。滓濕即替，寒冷須烘。取葉飼食，必得其中。取絲經緯，丈匹成工。輕紗下軸，細布入筒，綢絹苧葛，織造重重。亦可貨賣，亦可自縫。刺鞋作襪，引線繡絨。縫聯補綴，百事皆通。能依此語，寒冷從容。衣不愁破，家不愁窮。莫學懶婦，積小癡慵。不貪女務，不計春秋。針線粗率，爲人所攻。嫁爲人婦，耻辱門風。衣裳破損，牽西遮東。遭人指點，耻笑鄉中。奉勸女子，聽取言終。

學禮章第三

凡爲女子，當知禮數。女客相過，安排坐具。整頓衣裳，輕行緩步。斂手低聲，請過庭户。問候通時，從頭稱叙。答問殷勤。輕言細語。備辦茶湯，迎來遞去。莫學他人，抬身不顧，接見依稀，有相欺侮。如到人家。當知女務，相見傳茶，即通事故。説罷起身，再三辭去。主若相留，禮筵待遇。酒略沾唇，食無叉箸。退盞辭壺，過承推拒。莫學他人，呼湯呷醋。醉後顛狂，招人怨惡。當在家庭，少游道路。生面相逢，低頭看顧。莫學他人，不知朝暮。走遍鄉村，説三道四。引惹惡聲，多招駡怒。辱賤門風，連累父母。損破自身，供他笑具。如此之人，有如犬鼠。

早起章第四

凡爲女子，習以爲常。五更鷄唱，起著衣裳。盥漱已了，隨意梳妝。揀柴燒火，早下厨房。摩鍋洗鑊，煮水煎湯。隨家豐儉，蒸煮食嘗。安排蔬菜，炮豉舂姜。隨時下料，甜淡馨香。整齊碗碟，鋪設分張。三餐飽食，朝暮相當。莫學懶婦，不解思量。日高三丈，猶未離床。起來已晏，却是慚惶。未曾梳洗，突入厨房。容顔齷齪，手脚慌忙。煎茶煮飯，不及時常。又有一等，餔餟争嘗。未曾炮饌，先已偷藏。醜呈鄉里，辱及爺娘。被人傳説，豈不羞惶？

事父母章第五

女子在堂，敬重爹娘。每朝早起，先問安康。寒則烘火，熱則扇凉。饑則進食，渴則進湯。父母檢責，不得慌忙。近前聽取，早夜思量。若有不是，改過從長。父母言語，莫作尋常。遵依教訓，不可强梁。若有不諳，細問無妨。父母年老，朝夕憂惶。補聯鞋襪，做造衣裳。四時八節，孝養相當。父母有疾，身莫離床。衣不解帶，湯藥親嘗。禱告神祇，保佑安康。設有不幸，大數身亡。痛入骨髓，哭斷肝腸。劬勞罔極，恩德難忘。衣裳裝殮，持服居喪。安埋設祭，禮拜家堂。逢周遇忌，血淚汪汪。莫學忤逆，不敬爹娘。纔出一語，使氣昂昂。需索陪送，争競衣裝。父母不幸，説短論長。搜求財帛，不顧哀喪。如此婦人，狗彘豺狼。

事舅姑章第六

阿翁阿姑，夫家之主。既入他門，合稱新婦。供承看養，如同父母。敬事阿翁，形容不睹。不敢隨行，不敢對語。如有使令，聽其囑咐。姑坐則立，使令便去。早起開門，莫令驚忤。灑掃庭堂，洗濯巾布。齒藥肥皂，温凉得所。退步階前，待其浣洗。萬福一聲，即時退步。整辦茶盤，安排匙箸。香潔茶湯，小心敬遞。飯則軟蒸，肉則熟煮。自古老人，齒牙疏蛀。茶水羹湯，莫教虚度。夜晚更深，將歸睡處。安置相辭，方回房户。日日一般，朝朝相似。傳教庭幃，人稱賢婦。莫學他人，跳梁可惡。咆哮尊長，説辛道苦。呼唤不來，饑寒不顧。如此之人，號爲惡婦。天地不容，雷霆震怒。責罰加身，悔之無路。

事夫章第七

女子出嫁，夫主爲親。前生緣分，今世婚姻。將夫比天，其義匪輕。夫剛妻柔，恩愛相因。居家相待，敬重如賓。夫有言語，側耳詳聽。夫有惡事，勸諫諄諄。莫學愚婦，惹禍臨身。夫若出外，須記途程。黄昏未返，瞻望相尋。停燈温飯，等候敲門。莫學懶婦，先自安身。夫如有病，終日勞心。多方問藥，遍處求神。百般治療，願得長生。莫學蠢婦，全不憂心。夫若發怒，不可生嗔。退身相讓，忍氣低聲。莫學潑婦，鬥鬧頻頻。粗絲細葛，熨貼縫紉。莫教寒冷，凍損夫身。家常茶飯，供待殷勤。莫教饑渴，瘦瘠苦辛。同甘同苦，同富同貧。死同葬穴，生共衣衾。能依此語，和樂瑟琴。如此之女，賢德聲聞。

訓男女章第八

大抵人家，皆有男女。年已長成，教之有序。訓誨之權，亦在於母。男入書堂，請延師傅。習學禮儀，吟詩作賦。尊敬師儒，束脩酒脯。女處閨門，少令出户。唤來便來，唤去便去。稍有不從，當加叱怒。朝暮訓誨，各勤事務。掃地燒香，紉麻緝苧。若在人前，教他禮數。莫縱嬌癡，恐他啼怒。莫縱跳粱，恐他輕侮。莫縱歌詞，恐他淫污。莫縱游行，恐他惡事。堪笑今人，不能爲主。男不知書，聽其弄齒。鬥鬧貪杯，謳歌習舞。官府不憂，家鄉不顧。女不知禮，强梁言語。不識尊卑，不能針指。辱及尊親，有玷父母。如此之人，養豬養鼠。

營家章第九

營家之女，惟儉惟勤。勤則家起，懶則家傾。儉則家富，奢則家貧。凡爲女子，不可因循。一生之計，惟在於勤。一年之計，惟在於春。一日之計，惟在於寅。奉箕擁帚，灑掃灰塵。撮除邋遢，潔静幽清。眼前爽利，家宅光明。莫教穢污，有玷門庭。耕田下種，莫怨辛勤。炊羹造飯，饋送頻頻。莫教遲慢，有誤工程。積糠聚屑，餵養孳牲。呼歸放去，檢點搜尋。莫教失落，擾亂四鄰。夫有錢米，收拾經營。夫有酒物，存積留停。迎賓待客，不可偷侵。大富由命，小富由勤。禾麻菽麥，成棧成囷。油鹽椒豉，盎甕裝盛。豬鷄鵝鴨，成隊成群。四時八節，免得營營。酒漿食饌，各有餘盈。夫婦享福，歡笑欣欣。

待客章第十

大抵人家，皆有賓主。洗滌壺瓶，抹光橐子。準備人來，點湯遞水。退立堂後，聽夫言語。細語商量，殺鷄爲黍。五味調和，菜蔬齊楚。茶酒清香，有光門户。紅日含山，晚留居住。點燭擎燈，安排卧具。欽敬相承，温凉得理。次曉相看，客如辭去。酒飯殷勤，一切周至。夫喜能家，客稱曉事。莫學他人，不持家務。客來無湯，慌忙失措。夫若留人，妻懷嗔怒。有筯無匙，有鹽無醋。打男罵女，争啜争哺。夫受慚惶，客懷羞懼。有客到門，無人在户。須遣家童，問其來處。當見則見，不見則避。敬待茶湯，莫缺禮數。記其姓名，詢其事務。等得夫歸，即當説訴。奉勸後人，切依規度。

和柔章第十一

處家之法，婦女須能。以和爲貴，孝順爲尊。翁姑嗔責，曾如不曾。上房下户，子侄宜親。是非休習，長短休争。從來家醜，不可外聞。東鄰西舍，禮數周全。往來動問，款曲盤旋。一茶一水，笑語忻然。當説則説，當行則行。閑是閑非，不入我門。莫學愚婦，不問根源。穢言污語，觸突尊賢。奉勸女子，量後思前。

守節章第十二

古來賢婦，九烈三貞。名標青史，傳到於今。後生宜學，勿曰難行。第一貞節，神鬼皆欽。有女在室，莫出閨庭。有客在户，莫露聲音。不談私語，不聽淫音。黄昏來往，秉燭掌燈。暗中出入，非女之經。一行有失，百行無成。夫妻結髮，義重千金。若有不幸，中路先傾。三年重服，守志堅心。保家持業，整頓墳塋。殷勤訓子，存殁光榮。此篇論語，内范儀刑。後人依此，女德昭明。幼年切記，不可朦朧。若依此言，享福無窮。

《女論語》終

《古文觀止》（選三十篇）

王孫滿對楚子

《左傳》

楚子伐陸渾之戎，遂至於雒，觀兵於周疆。

定王使王孫滿勞楚子，楚子問鼎之大小輕重焉，對曰：「在德不在鼎。昔夏之方有德也，遠方圖物，貢金九牧，鑄鼎象物，百物而爲之備，使民知神、奸。故民入川澤山林，不逢不若，螭魅罔兩，莫能逢之。用能協於上下，以承天休。桀有昏德，鼎遷於商，載祀六百。商紂暴虐，鼎遷於周。德之休明，雖小，重也，其奸回昏亂，雖大，輕也。天祚明德，有所厎止。成王定鼎於郟鄏，卜世三十，卜年七百，天所命也。周德雖衰，天命未改。鼎之輕重，未可問也。」

子産論政寬猛

《左傳》

鄭子産有疾，謂子大叔曰：「我死，子必爲政。唯有德者能以寬服民，其次莫如猛。夫火烈，民望而畏之，故鮮死焉；水懦弱，民狎而玩之，則多死焉，故寬難。」疾數月而卒。大叔爲政，不忍猛而寬。鄭國多盜，取人於萑苻之澤。大叔悔之，曰：「吾早從夫子，不及此。」興徒兵以攻萑苻之盜，盡殺之，盜少止。

仲尼曰：「善哉！政寬則民慢，慢則糾之以猛，猛則民殘，殘則施之以寬。寬以濟猛，猛以濟寬，政是以和。」《詩》曰：「民亦勞止，汔可小康。惠此中國，以綏四方。』施之以寬也。『毋從詭隨，以謹無良。式遏寇虐，慘不畏明。』糾之以猛也。『柔遠能邇，以定我王。』平之以和也。又曰：『不競不絿，不剛不柔，布政優優，百祿是遒。』和之至也。」及子産卒，仲尼聞之，出涕曰：「古之遺愛也。」

鄒忌諷齊王納諫

《戰國策》

鄒忌修八尺有餘，而形貌昳麗。朝服衣冠，窺鏡，謂其妻曰：「我孰與城北徐公美？」其妻曰：「君美甚，徐公何能及君也！」城北徐公，齊國之美麗者也。忌不自信，而復問其妾曰：「吾孰與徐公美？」妾曰：「徐公何能及君也！」旦日，客從外來，與坐談，問之：「吾與徐公孰美？」客曰：「徐公不若君之美也！」明日，徐公來，熟視之，自以爲不如，窺鏡而自視，又弗如遠甚。暮，寢而思之，曰：「吾妻之美我者，私我也，妾之美我者，畏我也，客之美我者，欲有求於我也。」

於是入朝見威王曰：「臣誠知不如徐公美，臣之妻私臣，臣之妾畏臣，臣之客欲有求於臣，皆以美於徐公。今齊地方千里，百二十城，宮婦左右，莫不私王；朝廷之臣，莫不畏王；四境之内，莫不有求於王。由此觀之，王之蔽甚矣！」

王曰：「善。」乃下令：「群臣吏民，能面刺寡人之過者，受上賞，上書諫寡人者，受中賞，能謗議於市朝，聞寡人之耳者，受下賞。」令初下，群臣進諫，門庭若市，數月之後，時時而間進，期年之後，雖欲言，無可進者。燕、趙、韓、魏聞之，皆朝於齊。此所謂戰勝於朝廷。

顔斶説齊王

《戰國策》

齊宣王見顔斶，曰：「斶前！」斶亦曰：「王前！」宣王不説。左右曰：「王，人君也，斶，人臣也。王曰『斶前』」斶亦曰『王前』，可乎？」斶對曰：「夫斶前爲慕勢，王前爲趨士，與斶使爲慕勢，不如使王爲趨士。」王忿然作色曰：「王者貴乎？士貴乎？」對曰：「士貴耳，王者不貴。」王曰：「有説乎？」斶曰：「有。昔者秦攻齊，令曰：『有敢去柳下季壟五十步而樵采者，死不赦。』令曰：『有能得齊王頭者，封萬户侯，賜金千鎰。』由是觀之，生王之頭，曾不若死士之壟也。」

宣王曰：「嗟乎！君子焉可侮哉？寡人自取病耳！願請受爲弟子。且顔先生與寡人游，食必太牢，出必乘車，妻子衣服麗都。」顔斶辭去曰：「夫玉生於山，制則破焉，非弗寶貴矣，然太璞不完。士生乎鄙野，推選則禄焉，非不得尊遂也，然而形神不全。斶願得歸，晚食以當肉，安步以當車，無罪以當貴，清净貞正以自虞。」則再拜而辭去。

君子曰：「斶知足矣，歸真反璞，則終身不辱。」

觸讋説趙太后

《戰國策》

趙太后新用事，秦急攻之。趙氏求救於齊，齊曰：「必以長安君爲質，兵乃出。」太后不肯，大臣强諫。太后明謂左右：「有復言令長安君爲質者，老婦必唾其面。」

左師觸讋言願見。太后，太后盛氣而揖之。入而徐趨，至而自謝曰：「老臣病足，曾不能疾走，不得見久矣，竊自恕。恐太后玉體之有所郤也，故願望見太后，」太后曰：「老婦恃輦而行。」曰：「日食飲得無衰乎？」曰：「恃鬻耳。」曰：「老臣今者殊不欲食，乃自强步，日三四里，少益嗜食，和於身也。」太后曰：「老婦不能。」太后之色少解。

左師公曰：「老臣賤息舒祺，最少，不肖。而臣衰，竊愛憐之。願令得補黑衣之數，以衛王宫，没死以聞。」太后曰：「敬諾。年幾何矣？」對曰：「十五歲矣。雖少，願及未填溝壑而托之。」太后曰：「丈夫亦愛憐其少子乎？」對曰：「甚於婦人。」太后曰：「婦人异甚。」對曰：「老臣竊以爲媪之愛燕后賢於長安君。」曰：「君過矣，不若長安君之甚。」左師公曰：「父母之愛子，則爲之計深遠。媪之送燕后也，持其踵爲之泣，念悲其遠也，亦哀之矣。已行，非弗思也，祭祀必祝之。祝曰：『必勿使反。』豈非計久長，有子孫相繼爲王也哉！」太后曰：「然。」

左師公曰：「今三世以前，至於趙之爲趙，趙王之子孫侯者，其繼有在者乎？」曰：「無有。」曰：「微獨趙，諸侯有在者乎？」曰：「老婦不聞也。」「此其近者禍及身，遠者及其子孫。豈人主之子孫則必不善哉？位尊而無功，奉厚而無勞，而挾重器多也。今媪尊長安君之位，而封以膏腴之地，多予之重器，而不及今令有功於國。一旦山陵崩，長安君何以自托於趙？老臣以媪爲長安君計短也，故以爲其愛不若燕后。」太后曰：「諾。恣君之所使之。」於是爲長安君約車百乘質於齊，齊兵乃出。

子義聞之曰：「人主之子也，骨肉之親也，猶不能恃無功之尊，無勞之奉，以守金玉之重也，而况人臣乎！」

《戰國策》

馮諼客孟嘗君

齊人有馮諼者，貧乏不能自存，使人屬孟嘗君，願寄食門下。孟嘗君曰：「客何好？」曰：「客無好也。」曰：「客何能？」曰：「客無能也。」孟嘗君笑而受之曰，「諾。」

左右以君賤之也，食以草具。居有頃，倚柱彈其劍，歌曰：「長鋏歸來乎！食無魚。」左右以告。孟嘗君曰：「食之，比門下之客。」居有頃，復彈其鋏，歌曰：「長鋏歸來乎！出無車。」左右皆笑之，以告。孟嘗君曰：「爲之駕，比門下之車客。」於是乘其，，揭其劍，過其友曰：「孟嘗君客我。」後有頃，復彈其劍鋏，歌曰：「長鋏歸來乎！無以爲家。」左右皆惡之，以爲貪而不知足。孟嘗君問：「馮公有親乎？」對曰：「有老母。」孟嘗君使人給其食用，無使乏。於是馮諼不復歌。

後孟嘗君出記，問門下諸客：「誰習計會，能爲文收責於薛者乎？」馮諼署曰：「能。」孟嘗君怪之，曰：「此誰也？」左右曰：「乃歌夫『長鋏歸來』者也。」孟嘗君笑曰：「客果有能也，吾負之，未嘗見也。」請而見之，謝曰，文倦於事，憒於憂，而性懦愚，沉於國家之事，開罪於先生，先生不羞，乃有意欲爲收責於薛乎？」馮諼曰：「願之。」於是約車治裝，載券契而行，辭曰：「責畢收，以何市而反？」孟嘗君曰：「視吾家所寡有者。」

驅而之薛，使吏召諸民當償者，悉來合券。券遍合起，矯命以責賜諸民，因燒其券，民稱萬歲。長驅到齊，晨而求見。孟嘗君怪其疾也，衣冠而見之，曰：「責畢收乎？來何疾也！」曰：「收畢矣。」「以何市而反？」馮諼曰：「君云『視吾家所寡有者』，臣竊計，君官中積珍寶，狗馬實外廄，美人充下陳。君家所寡有者以義耳！竊以爲君市義。」

孟嘗君曰：「市義奈何？」曰：「今君有區區之薛，不拊愛子其民，因而賈利之。臣竊矯君命，以責賜諸民，因燒其券，民稱萬歲。乃臣所以爲君市義也。」孟嘗君不説，曰：「諾，先生休矣！」

後期年，齊王謂孟嘗君曰：「寡人不敢以先王之臣爲臣。」孟嘗君就國於薛，未至百里，民扶老携幼，迎君道中，終日。孟嘗君顧謂馮諼：「先生所爲文市義者，乃今日見之。」馮諼曰：「狡兔有三窟，僅得免其死耳。今有一窟，未得高枕而卧也，請爲君復鑿二窟。」孟嘗君予車五十乘，金五百斤，西游於梁，謂梁王曰：「齊放其大臣孟嘗君於諸侯，先迎之者，富而兵强。」於是，梁王虚上位，以故相爲上將軍，遣使者黄金千斤，車百乘，往聘孟嘗君。馮諼先驅，誡孟嘗君曰：「千金，重幣也，百乘，顯使也。齊其聞之矣。」梁使三反，孟嘗君固辭不往也。

齊王聞之，君臣恐懼，遣太傅齎黄金千斤，文車二駟，服劍一，封書謝孟嘗君曰：「寡人不祥，被於宗廟之祟，沉於諂諛之臣，開罪於君，寡人不足爲也。願君顧先王之宗廟，姑反國統萬人乎！」馮諼誡孟嘗君曰：「願請先王之祭器，立宗廟於薛。」廟成，還報孟嘗君曰：「三窟已就，君姑高枕爲樂矣。」

孟嘗君爲相數十年，無纖介之禍者，馮諼之計也。

太史公自序

《史记》

太史公曰：「先人有言：『自周公卒五百歲而有孔子。孔子卒後至於今五百歲，有能紹明世，正《易傳》，繼《春秋》，本《詩》、《書》、《禮》、《樂》之際。』意在斯乎！意在斯乎！小子何敢讓焉。」

上大夫壺遂曰：「昔孔子何爲而作《春秋》哉？」太史公曰：「余聞董生曰：『周道衰廢，孔子爲魯司寇，諸侯害之，大夫壅之。孔子知言之不用，道之不行也，是非二百四十二年之中，以爲天下儀表，貶天子，退諸侯，討大夫，以達王事而已矣。』子曰：『我欲載之空言，不如見之於行事之深切著明也。』夫《春秋》，上明三王之道，下辨人事之紀，別嫌疑，明是非，定猶豫，善善惡惡，賢賢賤不肖，存亡國，繼絶世，補敝起廢，王道之大者也。《易》著天地、陰陽、四時、五行，故長於變。《禮》經紀人倫，故長於行。《書》記先王之事，故長於政。《詩》記山川、溪谷、禽獸、草木、牝牡、雌雄，故長於風。《樂》樂所以立，故長於和。《春秋》辨是非，故長於治人。是故《禮》以節人，《樂》以發和，《書》以道事，《詩》以達意，《易》以道化，《春秋》以道義。「撥亂世反之正，莫近於《春秋》。《春秋》文成數萬，其指數千，萬物之散聚皆在

《春秋》。《春秋》之中，弒君三十六，亡國五十二，諸侯奔走不得保其社稷者，不可勝數。察其所以，皆失其本已。故《易》曰：『失之毫厘，差以千里。』故曰：『臣弒君，子弒父，非一旦一夕之故也，其漸久矣。』故有國者不可以不知《春秋》，前有讒而弗見，後有賊而不知。爲人臣者不可以不知《春秋》，守經事而不知其宜，遭變事而不知其權。爲人君父而不通於《春秋》之義者，必蒙首惡之名。爲人臣子而不通於《春秋》之義者，必陷篡弒之誅，死罪之名。其實皆以爲善，爲之不知其義，被之空言而不敢辭。夫不通禮義之旨，至於君不君，臣不臣，父不父，子不子。君不君則犯，臣不臣則誅，父不父則無道，子不子則不孝。此四行者，天下之大過也。以天下之大過予之，則受而弗敢辭。故《春秋》者，禮義之大宗也。夫禮禁未然之前，法施已然之後，法之所爲用者易見，而禮之所爲禁者難知。

壺遂曰：「孔子之時，上無明君，下不得任用，故作《春秋》，垂空文以斷禮義，當一王之法。今夫子上遇明天子，下得守職，萬事既具，咸各序其宜，夫子所論，欲以何明？」

太史公曰：「唯唯，否否，不然。余聞之先人曰：『伏羲至純厚，作《易》八卦；堯、舜之盛，《尚書》載之，禮樂作焉。湯、武之隆，詩人歌之。《春秋》采善貶惡，推三代之德，褒周室，非獨刺譏而已也。』漢興以來，至明天子，獲符瑞，建封禪，改正朔，易服色，受命於穆清，澤流罔極，海外殊俗，重譯款塞，請來獻見者，不可勝道。臣下百官力誦聖德，猶不能宣盡其意。且士賢能而不用，有國者之耻，主上明聖而德不布聞，有司之過也。且余嘗掌其官，廢明聖盛德不載，滅功臣、世家、賢大夫之業不述，墮先人所言，罪莫大焉。余所謂述故事，整齊其世傳，非所謂作也，而君比之於《春秋》，謬矣。」

於是論次其文。七年而太史公遭李陵之禍，幽於縲紲。乃喟然而嘆曰：「是余之罪也夫！是余之罪也夫！身毁不用矣。」退而深惟曰：「夫《詩》、《書》隱約者，欲遂其志之思也。昔西伯拘羑里，演《周易》。孔子厄陳、蔡，作《春秋》。屈原放逐，著《離騷》。左丘失明，厥有《國語》。孫子臏脚，而論兵法。不韋遷蜀，世傳《吕覽》。韓非囚秦，《説難》、《孤憤》。《詩》三百篇，大抵賢聖發憤之所爲作也。此人皆意有所鬱結，不得通其道也，故述往事，思來者。」於是卒述陶唐以來，至於麟止，自黄帝始。

誡兄子嚴敦書

馬援

援兄子嚴、敦。并喜譏議，而通輕俠客。援前在交阯，還書誡之曰：「吾欲汝曹聞人過失，如聞父母之名：耳可得聞，口不可得言也。」好議論人長短，妄是非正法，此吾所大惡也：寧死，不願聞子孫有此行也。汝曹知吾惡之甚矣，所以復言者，施衿結縭，申父母之戒，欲使汝曹不忘之耳！

「龍伯高敦厚周愼，口無擇言，謙約節儉，廉公有威。吾愛之重之，願汝曹效之。杜季良豪俠好義，憂人之憂，樂人之樂，清濁無所失。父喪致客，數郡畢至，吾愛之重之，不願汝曹效也。效伯高不得，猶爲謹敕之士，所謂，刻鵠不成尚類鶩者也。效季良不得，陷爲天下輕薄子，所謂畫虎不成反類狗者也，訖今季良尚未可知，郡將下車輒切齒，州郡以爲言，吾常爲寒心，是以不願子孫效也。」

前出師表

諸葛亮

臣亮言：先帝創業未半而中道崩殂。今天下三分，益州疲弊，此誠危急存亡之秋也。然侍衛之臣不懈於內，忠志之士忘身於外者，蓋追先帝之殊遇，欲報之於陛下也。誠宜開張聖聽，以光先帝遺德，恢弘志士之氣，不宜妄自菲薄，引喻失義，以塞忠諫之路也。

宮中府中俱爲一體，陟罰臧否，不宜异同。若有作奸犯科及爲忠善者，宜付有司論其刑賞，以昭陛下平明之治，不宜偏私，使內外异法也。

侍中、侍郎郭攸之，費禕，董允等，此皆良實，志慮忠純，是以先帝簡拔以遺陛下。愚以爲宮中之事，事無大小，悉以諮之，然後施行，必能裨補闕漏，有所廣益。將軍向寵，性行淑均，曉暢軍事，試用於昔日，先帝稱之曰能，是以衆議舉寵以爲督。愚以爲營中之事，事無大小，悉以諮之，必能使行陣和穆，優劣得所也。親賢臣，遠小人，此先漢所以興隆也；親小人，遠賢臣，此後漢所以傾頹也。先帝在時，每與臣論此事，未嘗不嘆息痛恨於桓、靈也。侍中、尚書、長史、參軍，此悉貞亮死節之臣也，願陛下親之信之，則漢室之隆，可計日而待也。

臣本布衣，躬耕於南陽，苟全性命於亂世，不求聞達於諸侯。先帝不以臣卑鄙，猥自枉屈，三顧臣於草廬之中，諮臣以當世之事，由是感激，遂許先帝以驅馳。後值傾覆，受任於敗軍之際，奉命於危難之間，爾來二十有一年矣。

先帝知臣謹慎，故臨崩寄臣以大事也。受命以來，夙夜憂嘆，恐托付不效，以傷先帝之明，故五月渡瀘，深入不毛。今南方已定，兵甲已足，當獎率三軍，北定中原，庶竭駑鈍，攘除奸凶，興復漢室，還於舊都。此臣所以報先帝，而忠陛下之職分也。至於斟酌損益，進盡忠言，則攸之、禕、允之任也。

願陛下托臣以討賊興復之效，不效，則治臣之罪，以告先帝之靈。若無興德之言，則責攸之、禕、允之咎，以彰其慢。陛下亦宜自謀，以諮諏善道，察納雅言，深追先帝遺詔，臣不勝受恩感激。

今當遠離，臨表涕零，不知所云。

後出師表

諸葛亮

先帝慮漢、賊不兩立，王業不偏安，故托臣以討賊也。以先帝之明，量臣之才，固知臣伐賊，才弱敵强也，然不伐賊，王業亦亡，惟坐而待亡，孰與伐之？是故托臣而弗疑也。

臣受命之日，寢不安席，食不甘味，思惟北征，宜先入南，故五月渡瀘，深入不毛，并日而食。臣非不自惜也，顧王業不可偏安於蜀都，故冒危難，以奉先帝之遺意也，而議者謂爲非計。今賊適疲於西，又務於東，兵法乘勞，此進趨之時也。謹陳其事如左：

高帝明并日月，謀臣淵深，然涉險被創，危然後安。今陛下未及高帝，謀臣不如良、平，而欲以長策取勝，坐定天下，此臣之未解一也。

劉繇、王朗，各據州郡，論安言計，動引聖人，群疑滿腹，衆難塞胸。今歲不戰，明年不征，使孫策坐大，遂并江東，此臣之未解二也。

曹操智計，殊絶於人，其用兵也，仿佛孫、吴，然困於南陽，險於烏巢，危於祁連，逼於黎陽，幾敗北山，殆死潼關，然後僞定一時爾，况臣才弱，而欲以不危而定之，此臣之未解三也。

曹操五攻昌霸不下，四越巢湖不成，任用李服，而李服圖之，委任夏侯，而夏侯敗亡。先帝每稱操爲能，猶有此失，况臣駑下，何能必勝？此臣之未解四也。

自臣到漢中，中間期年耳，然喪趙云、陽群，馬玉、閻芝、丁立、白壽、劉郃、鄧銅等及曲長、屯將七十餘人，突將無前，賨、叟、青、羌散騎、武騎一千餘人，此皆數十年之内所糾合四方之精鋭，非一州之所有；若復數年，則損三分之二也，當何以圖敵？此臣之未解五也。

今民窮兵疲，而事不可息，事不可息，則住與行，勞費正等，而不及早圖之，欲以一州之地，與賊持久，此臣之未解六也。

夫難平者，事也。昔先帝敗軍於楚，當此時，曹操拊手，謂天下已定。然後先帝東連吴、越，西取巴、蜀，舉兵北征，夏侯授首，此操之失計，而漢事將成也。然後吴更違盟，關羽毁敗，秭歸蹉跌，曹丕稱帝。凡事如是，難可逆料。臣鞠躬盡瘁，死而後已，至於成敗利鈍，非臣之明所能逆睹也。

陳情表

李密

臣密言：臣以險釁，夙遭閔凶。生孩六月，慈父見背。行年四歲，舅奪母志。祖母劉，愍臣孤弱，躬親撫養。臣少多疾病，九歲不行，零丁孤苦，至於成立。既無叔伯，終鮮兄弟。門衰祚薄，晚有兒息。外無期功强近之親，內無應門五尺之童，煢煢孑立，形影相吊。而劉夙嬰疾病，常在床蓐，臣侍湯藥，未嘗廢離。

逮奉聖朝，沐浴清化。前太守臣逵，察臣孝廉，後刺史臣榮，舉臣秀才。臣以供養無主，辭不赴命。詔書特下，拜臣郎中，尋蒙國恩，除臣洗馬。猥以微賤，當侍東宮，非臣隕首所能上報。臣具以表聞，辭不就職。詔書切峻，責臣逋慢，郡縣逼迫，催臣上道，州司臨門，急於星火。臣欲奉詔奔馳，則以劉病日篤，欲苟順私情，則告訴不許。臣之進退，實爲狼狽。

伏惟聖朝以孝治天下，凡在故老，猶蒙矜育，况臣孤苦，特爲尤甚。且臣少仕僞朝，曆職郎署，本圖宦達，不矜名節。今臣亡國賤俘，至微至陋，過蒙拔擢，寵命優渥，豈敢盤桓，有所希冀？但以劉日薄西山，氣息奄奄，人命危淺，朝不慮夕。臣無祖母，無以至今日，祖母無臣，無以終餘年。母孫二人，更相爲命，是以區區不能廢遠。

臣密今年四十有四，祖母劉今年九十有六，是臣盡節於陛下之日長，報劉之日短也。烏鳥私情，願乞終養。

臣之辛苦，非獨蜀之人士及二州牧伯所見明知，皇天后土，實所共鑒。願陛下矜愍愚誠，聽臣微志。庶劉僥幸，卒保餘年，臣生當隕首，死當結草。臣不勝犬馬怖懼之情，謹拜表以聞。

蘭亭集序

王羲之

永和九年，歲在癸丑。暮春之初，會於會稽山陰之蘭亭，修禊事也。群賢畢至，少長咸集，此地有崇山峻嶺，茂林修竹，又有清流激湍，映帶左右，引以爲流觴曲水，列坐其次，雖無絲竹管弦之盛，一觴一咏，亦足以暢叙幽情。

是日也，天朗氣清，惠風和暢。仰觀宇宙之大，俯察品類之盛，所以游目騁懷，足以極視聽之娱，信可樂也。

夫人之相與，俯仰一世，或取諸懷抱，晤言一室之内；或因寄所托，放浪形骸之外。雖取捨萬殊，静躁不同，當其欣於所遇，暫得於己，快然自足，曾不知老之將至。及其所之既倦，情隨事遷，感慨系之矣！向之所欣，俯仰之間，已爲陳迹，猶不能不以之興懷，況修短隨化，終期於盡！古人云：「死生亦大矣。」豈不痛哉！

每覽昔人興感之由，若合一契，未嘗不臨文嗟悼，不能喻之於懷。固知一死生爲虛誕，齊彭殤爲妄作，後之視今，亦猶今之視昔，悲夫！故列叙時人，録其所述，雖世殊事异，所以興懷，其致一也。後之覽者，亦將有感於斯文。

歸去來兮辭

陶淵明

歸去來兮，田園將蕪，胡不歸！既自以心爲形役，奚惆悵而獨悲！悟已往之不諫，知來者之可追，實迷途其未遠，覺今是而昨非。舟搖搖以輕颺，風飄飄而吹衣。問征夫以前路，恨晨光之熹微。乃瞻衡宇，載欣載奔。僮僕歡迎，稚子候門。三徑就荒，松菊猶存。携幼入室，有酒盈樽。引壺觴以自酌，眄庭柯以怡顔。倚南窗以寄傲，審容膝之易安。園日涉以成趣，門雖設而常關。策扶老以流憩，時矯首而遐觀。云無心以出岫，鳥倦飛而知還。景翳翳以將入，撫孤松而盤桓。

歸去來兮，請息交以絶游。世與我而相違，復駕言兮焉求！悅親戚之情話，樂琴書以消憂。農人告余以春及，將有事於西疇。或命巾車，或棹孤舟。既窈窕以尋壑，亦崎嶇而經丘。木欣欣以向榮，泉涓涓而始流。善萬物之得時，感吾生之行休。

已乎矣！寓形宇内復幾時，曷不委心任去留？胡爲遑遑欲何之？富貴非吾願，帝鄉不可期。懷良辰以孤往，或植杖而耘耔。登東臯以舒嘯，臨清流而賦詩。聊乘化以歸盡，樂夫天命復奚疑！

桃花源記

陶淵明

晋太元中，武陵人捕魚爲業。緣溪行，忘路之遠近。忽逢桃花林，夾岸數百步，中無雜樹，芳草鮮美，落英繽紛。漁人甚异之，復前行，欲窮其林。

林盡水源，便得一山。山有小口，髣髴若有光。便捨船，從口入，初極狹，纔通人。復行數十步，豁然開朗。土地平曠，屋舍儼然，有良田、美池、桑竹之屬，阡陌交通，鷄犬相聞。其中往來種作，男女衣著，悉如外人。黄髮垂髫，并怡然自樂。

見漁人，乃大驚，問所從來，具答之。便要還家，設酒殺鷄作食。村中聞有此人，咸來問訊。自云先世避秦時亂，率妻子邑人來此絶境，不復出焉，遂與外人間隔。問今是何世，乃不知有漢，無論魏、晋。此人一一爲具言所聞，皆嘆惋。餘人各復延至其家，皆出酒食。停數日，辭去。此中人語云：「不足爲外人道。」既出，得其船，便扶向路，處處志之。及郡下，詣太守，説如此。太守即遣人隨其往，尋向所志，遂迷，不復得路。

南陽劉子驥，高尚士也。聞之，欣然規往，未果，尋病終。後遂無問津者。

諫太宗十思疏

魏徵

臣聞求木之長者，必固其根本，欲流之遠者，必浚其泉源，思國之安者，必積其德義。源不深而望流之遠，根不固而求木之長，德不厚而思國之安，臣雖下愚，知其不可，而況於明哲乎！人君當神器之重，居域中之大，不念居安思危，戒奢以儉，斯亦伐根以求木茂，塞源而欲流長也。

凡百元首，承天景命，善始者實繁，克終者蓋寡。豈取之易、守之難乎？蓋在殷憂，必竭誠以待下，既得志，則縱情以傲物。竭誠，則胡越爲一體，傲物，則骨肉爲行路。雖董之以嚴刑，振之以威怒，終苟免而不懷仁，貌恭而不心服。怨不在大，可畏惟人。載舟覆舟，所宜深慎。奔車朽索，其可忽乎？

君人者，誠能見可欲，則思知足以自戒，將有作，則思知止以安人，念高危，則思謙冲而自牧，懼滿盈，則思江海下百川，樂盤游，則思三驅以爲度，憂懈怠，則思慎始而敬終，慮壅蔽，則思虛心以納下，懼讒邪，則思正身以黜惡，恩所加，則思無因喜以謬賞，罰所及，則思無以怒而濫刑。總此十思，宏兹九德，簡能而任之，擇善而從之，則智者盡其謀，勇者竭其力，仁者播其惠，信者效其忠。文武争馳，君臣無事，可以尽豫游之乐，可以养松桥之壽，鳴琴垂拱，不言而化。何必勞神苦思，代下司職，役聰明之耳目，亏無爲之大道哉！

陋室銘

劉禹錫

山不在高，有仙則名；水不在深，有龍則靈。斯是陋室，惟吾德馨。苔痕上階緑，草色入簾青。談笑有鴻儒，往來無白丁。可以調素琴，閲金經。無絲竹之亂耳，無案牘之勞形。南陽諸葛廬，西蜀子雲亭。孔子云：「何陋之有？」

阿房宮賦

杜牧

六王畢，四海一，蜀山兀，阿房出。覆壓三百餘里，隔離天日。驪山北構而西折，直走咸陽，二川溶溶，流入宮墻。五步一樓，十步一閣，廊腰縵回，簷牙高啄，各抱地勢，鉤心鬥角。盤盤焉，囷囷焉，蜂房水渦，矗不知其幾千萬落。長橋卧波，未云何龍？複道行空，不霽何虹？高低冥迷，不知西東。歌台暖響，春光融融，舞殿冷袖，風雨淒淒。一日之內，一宮之間，而氣候不齊。

妃嬪媵嬙，王子皇孫，辭樓下殿，輦來於秦，朝歌夜弦，爲秦宮人。明星熒熒，開妝鏡也，緑云擾擾，梳曉鬟也，渭流漲膩，弃脂水也，煙斜霧横，焚椒蘭也，雷霆乍驚，宮車過也，轆轆遠聽，杳不知其所之也。一肌一容，盡態極妍，縵立遠視，而望幸焉。有不得見者，三十六年。燕、趙之收藏，韓、魏之經營，齊、楚之精英，幾世幾年，取掠其人，倚疊如山。一旦不能有，輸來其間。鼎鐺玉石，金塊珠礫，弃擲邐迤，秦人視之，亦不甚惜。

嗟乎，一人之心，千萬人之心也。秦愛紛奢，人亦念其家。奈何取之盡錙銖，用之如泥沙？使負棟之柱，多於南畝之農夫，架梁之椽，多於機上之工女。釘頭磷磷，多於在庾之粟粒，瓦縫參差，多於周身之帛縷。直欄横檻，多於九土之城郭，管弦嘔啞，多於市人之言語。使天下之人，不敢言而敢怒，獨夫之心，日益驕固。戍卒叫，函谷舉，楚人一炬，可憐焦土。

嗚呼！滅六國者，六國也，非秦也。族秦者，秦也，非天下也。嗟夫！使六國各愛其人，則足以拒秦。秦復愛六國之人，則遞三世可至萬世而爲君，誰得而族滅也？秦人不暇自哀，而後人哀之，後人哀之而不鑒之，亦使後人而復哀後人也！

原道

韓愈

博愛之謂仁，行而宜之之謂義，由是而之焉之謂道，足乎己無待於外之謂德。仁與義爲定名，道與德爲虚位。故道有君子小人，而德有凶有吉。老子之小仁義，非毁之也，其見者小也。坐井而觀天，曰「天小」者，非天小也。彼以煦煦爲仁，孑孑爲義，其小之也則宜。其所謂道，道其所道，非吾所謂道也。其所謂德，德其所德，非吾所謂德也。凡吾所謂道德云者，合仁與義言之也，天下之公言也。老子之所謂道德云者，去仁與義言之也，一人之私言也。

周道衰，孔子没，火於秦，黄老於漢，佛於晋、魏、梁、隋之間。其言道德仁義者，不入於楊，則入於墨，不入於老，則入於佛。入於彼，必出於此。入者主之，出者奴之；入者附之，出者污之。噫！後之人其欲聞仁義道德之説，孰從而聽之？老者曰：「孔子，吾師之弟子也。」佛者曰：「孔子，吾師之弟子也。」爲孔子者，習聞其説，樂其誕而自小也，亦曰：「吾師亦嘗師之云爾。」不惟舉之於其口，而又筆之於其書。噫！後之人雖欲聞仁義道德之説，其孰從而求之？甚矣！人之好怪也！不求其端，不訊其末，惟怪之欲聞。

古之爲民者四，今之爲民者六，古之教者處其一，今之教者處其三。農之家一，而食粟之家六，工之家一，而用器之家六；賈之家一，而資焉之家六。奈之何民不窮且盜也！

古之時，人之害多矣。有聖人者立，然後教之以相生相養之道，爲之君，爲之師。驅其蟲蛇禽獸而處之中土。寒然後爲之衣，饑然後爲之食。木處而顛，土處而病也，然後爲之宫室。爲之工以贍其器用，爲之賈以通其有無，爲之醫藥以濟其夭死，爲之葬埋、祭祀以長其恩愛，爲之禮以次其先後，爲之樂以宣其湮鬱，爲之政以率其怠倦，爲之刑以鋤其强梗。相欺也，爲之符璽、斗、斛、權衡以信之；相奪也，爲之城郭、甲兵以守之。害至而爲之備，患生而爲之防。今其言曰：「聖人不死，大盜不止；剖斗折衡，而民不争。」嗚呼！其亦不思而已矣！如古之無聖人，人之類滅久矣。何也？無羽毛鱗介以居寒熱也，無爪牙以争食也。

是故君者，出令者也；臣者，行君之令而致之民者也；民者，出粟米麻絲、作器皿、通貨財以事其上者也。君不出令，則失其所以爲君；臣不行君之令而致之民，則失其所以爲臣；民不出粟米麻絲、作器皿、通貨財，以事其上，則誅。今其法曰：「必弃而君臣，去而父子，禁而相生相養之道。」以求其所謂「清浄」「寂滅」者。嗚呼！其亦幸而出於三代之後，不見黜於禹、湯、文、武、周公、孔子也。其亦不幸而不出於三代之前，不見正於禹、湯、文、武、周公、孔子也。

帝之與王，其號雖殊，其所以爲聖一也。夏葛而冬裘，渴飲而饑食，其事雖殊，其所以爲智一也。今其言曰：「曷不爲太古之無事？」是亦責冬之裘者曰：「曷不爲葛之之易也？」責饑之食者曰：「曷不爲飲之之易也？」傳曰：「古之欲明明德於天下者，先治其國。欲治其國者，先齊其家。欲齊其家者，先修其身。欲修其身者，先正其心。欲正其心者，先誠其意。」然則古之所謂正心而誠意者，將以有爲也。今也欲治其心，而外天下國家，滅其天常，子焉而不父其父，臣焉而不君其君，民焉而不事其事。孔子之作《春秋》也，諸侯用夷禮，則夷之，進於中國，則中國之。經曰：「夷狄之有君，不如諸夏之亡。」《詩》曰：「戎狄是膺，荊舒是懲。」今也，舉夷狄之法，而加之先王之教之上，幾何其不胥而爲夷也！

夫所謂先王之教者，何也？博愛之謂仁，行而宜之之謂義，由是而之焉之謂道，足乎己無待於外之謂德。其文，《詩》、《書》、《易》、《春秋》；其法，禮、樂、刑、政；其民，士、農、工、賈；其位，君臣、父子、師友、賓主、昆弟、夫婦；其服，麻、絲；其居，宮、室；其食，粟米、果蔬、魚肉。其爲道易明，而其爲教易行也。是故以之爲己，則順而祥；以之爲人，則愛而公；以之爲心，則和而平；以之爲天下國家，無所處而不當。是故生則得其情，死則盡其常。郊焉而天神假，廟焉而人鬼饗。曰：「斯道也，何道也？」曰：「斯吾所謂道也，非向所謂老與佛之道也。堯以是傳之舜，舜以是傳之禹，禹以是傳之湯，湯以是傳之文、武、周公，文、武、周公傳之孔子，孔子傳之孟軻，軻之死，不得其傳焉。荀與揚也，擇焉而不精，語焉而不詳。由周公而上，上而爲君，故其事行。由周公而下，下而爲臣，故其説長。」然則如之何而可也？曰：「不塞不流，不止不行。人其人，火其書，廬其居，明先王之道以道之，鰥寡孤獨廢疾者有養也。其亦庶乎其可也。」

師説

韓愈

古之學者必有師。師者，所以傳道、受業、解惑也。人非生而知之者，孰能無惑？惑而不從師，其爲惑也，終不解矣。

生乎吾前，其聞道也，固先乎吾，吾從而師之。生乎吾後，其聞道也，亦先乎吾，吾從而師之。吾師道也，夫庸知其年之先後生於吾乎？是故無貴無賤，無長無少，道之所存，師之所存也。

嗟乎！師道之不傳也久矣，欲人之無惑也難矣。古之聖人，其出人也遠矣，猶且從師而問焉，今之衆人，其下聖人也亦遠矣，而耻學於師。是故聖益聖，愚益愚。聖人之所以爲聖，愚人之所以爲愚，其皆出於此乎？

愛其子，擇師而教之；於其身也，則耻師焉，惑矣！彼童子之師，授之書而習其句讀者也，非吾所謂傳其道、解其惑者也。句讀之不知，惑之不解，或師焉，或不焉，小學而大遺，吾未見其明也。

巫醫、樂師、百工之人，不耻相師。士大夫之族，曰師、曰弟子云者，則群聚而笑之。

問之，則曰：「彼與彼年相若也，道相似也。」位卑則足羞，官盛則近諛。嗚呼！師道之不復，可知矣。巫醫、樂師、百工之人，君子不齒，今其智乃反不能及，其可怪也歟！

聖人無常師。孔子師郯子、萇弘、師襄、老聃。郯子之徒，其賢不及孔子。孔子曰：

「三人行，則必有我師。」是故弟子不必不如師，師不必賢於弟子，聞道有先後，術業有專攻，如是而已。

李氏子蟠，年十七，好古文，六藝經傳皆通習之，不拘於時，學於余。余嘉其能行古道，作《師說》以貽之。

岳陽樓記

范仲淹

慶曆四年春，滕子京謫守巴陵郡。越明年，政通人和，百廢具興。乃重修岳陽樓，增其舊制，刻唐賢、今人詩賦於其上，屬予作文以記之。

予觀夫巴陵勝狀，在洞庭一湖。銜遠山，吞長江，浩浩湯湯，橫無際涯；朝暉夕陰，氣象萬千。此則岳陽樓之大觀也，前人之述備矣。然則北通巫峽，南極瀟湘，遷客騷人，多會於此，覽物之情，得無異乎？

若夫霪雨霏霏，連月不開，陰風怒號，濁浪排空，日星隱耀，山岳潛形，商旅不行，檣傾楫摧，薄暮冥冥，虎嘯猿啼。登斯樓也，則有去國懷鄉，憂讒畏譏，滿目蕭然，感極而悲者矣。

至若春和景明，波瀾不驚，上下天光，一碧萬頃，沙鷗翔集，錦鱗游泳，岸芷汀蘭，鬱鬱青青。而或長煙一空，皓月千里，浮光耀金，靜影沉璧，漁歌互答，此樂何極！登斯樓也，則有心曠神怡，寵辱皆忘，把酒臨風，其喜洋洋者矣。

嗟夫！予嘗求古仁人之心，或异二者之爲。何哉？不以物喜，不以己悲；居廟堂之高，則憂其民，處江湖之遠，則憂其君。是進亦憂，退亦憂，然則何時而樂耶？其必曰「先天下之憂而憂。後天下之樂而樂」歟。噫！微斯人，吾誰與歸！

時六年九月十五日。

義田記

錢公輔

范文正公，蘇人也。平生好施與，擇其親而貧、疏而賢者，咸施之。方貴顯時，置負郭常稔之田千畝，號曰「義田」，以養濟群族之人。日有食，歲有衣，嫁娶凶葬皆有贍。擇族之長而賢者主其計，而時共出納焉。日食，人一升；歲衣，人一縑。嫁女者五十千，再嫁者三十千；娶婦者三十千，再娶者十五千；葬者如再嫁之數，葬幼者十千。族之聚者九十口，歲入給稻八百斛，以其所入，給其所聚，沛然有餘而無窮。屏而家居俟代者與焉，仕而居官者罷其給。此其大較也。

初，公之未貴顯也，嘗有志於是矣，而力未逮者二十年。既而爲西帥，及參大政，於是始有禄賜之入，而終其志。公既殁，後世子孫修其業，承其志，如公之存也。公雖位充禄厚，而貧終其身。殁之日身無以爲斂，子無以爲喪，惟以施貧活族之義，遺其子而已。

昔晏平仲敝車羸馬，桓子曰：「是隱君之賜也。」晏子曰：「自臣之貴，父之族，無不乘車者；母之族，無不足於衣食者；妻之族，無凍餒者；齊國之士，待臣而舉火者三百餘人。如此，而爲隱君之賜乎？彰君之賜乎？」於是齊侯以晏子之觴，而觴桓子。予嘗愛晏子好仁，齊侯知賢，而桓子服義也。又愛晏子之仁有等級，而言有次第也。先父族，次母族，次妻族，而後及其疏遠之賢。孟子曰：「親親而仁民，仁民而愛物。」晏子爲近之。今觀文正之義田，賢於平仲。其規模遠舉，又疑過之。

嗚呼！世之都三公位，享萬鐘禄，其邸第之雄、車輿之飾、聲色之多、妻孥之富，止乎一己而已，而族之人不得其門者，豈少也哉？况於施賢乎！其下爲卿爲大夫，爲士，廩稍之充、奉養之厚，止乎一己而已，而族之人，操壺瓢爲溝中瘠者，又豈少哉？况於他人乎！是皆公之罪人也。

公之忠義滿朝廷，事業滿邊隅，功名滿天下，後世必有史官書之者，予可無録也。獨高其義，因以遺其世云。

醉翁亭記

歐陽修

環滁皆山也。其西南諸峰，林壑尤美。望之蔚然而深秀者，琅琊也。山行六七里，漸聞水聲潺潺，而瀉出於兩峰之間者，釀泉也。峰迴路轉，有亭翼然臨於泉上者，醉翁亭也。作亭者誰？山之僧智仙也。名之者誰？太守自謂也。太守與客來飲於此，飲少輒醉，而年又最高，故自號曰醉翁也。醉翁之意不在酒，在乎山水之間也。山水之樂，得之心而寓之酒也。

若夫日出而林霏開，云歸而岩穴暝，晦明變化者，山間之朝暮也。野芳發而幽香，佳木秀而繁陰，風霜高潔，水落而石出者，山間之四時也，朝而往，暮而歸，四時之景不同，而樂亦無窮也。

至於負者歌於涂，行者休於樹，前者呼，後者應，傴僂提携，往來而不絶者，滁人游也。臨溪而漁，溪深而魚肥，釀泉爲酒，泉香而酒洌。山殺野蔌，雜然而前陳者，太守宴也。宴酣之樂，非絲非竹，射者中，弈者勝，觥籌交錯，起坐而喧嘩者，衆賓歡也。蒼顔白髮，頽然乎其間者，太守醉也。

已而夕陽在山，人影散亂，太守歸而賓客從也。樹林陰翳，鳴聲上下，游人去而禽鳥樂也。然而禽鳥知山林之樂，而不知人之樂；人知從太守游而樂，而不知太守之樂其樂也。醉能同其樂，醒能述以文者，太守也。太守謂誰？廬陵歐陽修也。

心術

蘇洵

爲將之道，當先治心。泰山崩於前而色不變，麋鹿興於左而目不瞬，然後可以制利害，可以待敵。

凡兵上義，不義，雖利勿動。非一動之爲利害，而他日將有所不可措手足也。夫惟義可以怒士，士以義怒，可與百戰。

凡戰之道：未戰養其財，將戰養其力，既戰養其氣，既勝養其心。謹烽燧，嚴斥堠，使耕者無所顧忌，所以養其財；豐犒而優游之，所以養其力；小勝益急，小挫益勵，所以養其氣；用人不盡其所欲爲，所以養其心。故士常蓄其怒、懷其欲而不盡。怒不盡則有餘勇，欲不盡則有餘貪。故雖并天下，而士不厭兵，此黄帝之所以七十戰而兵不殆也。不養其心，一戰而勝，不可用矣。

凡將欲智而嚴，凡士欲愚。智則不可測，嚴則不可犯，故士皆委己而聽命，夫安得不愚？夫惟士愚，而後可與之皆死。

凡兵之動，知敵之主，知敵之將，而後可以動於險。鄧艾縋兵於蜀中，非劉禪之庸，則百萬之師可以坐縛，彼固有所侮而動也。故古之賢將，能以兵嘗敵，而又以敵自嘗，故去就可以決。

凡主將之道，知理而後可以舉兵，知勢而後可以加兵，知節而後可以用兵。知理則不屈，知勢則不沮，知節則不窮。見小利不動，見小患不避，小利小患，不足以辱吾技也，夫然後有以支大利大患。夫惟養技而自愛者，無敵於天下。故一忍可以支百勇，一静可以制百動。

兵有長短，敵我一也。敢問：「吾之所長，吾出而用之，彼將不與吾校；吾之所短，吾蔽而置之，彼將强與吾角，奈何？」曰：「吾之所短，吾抗而暴之，使之疑而却。吾之所長，吾陰而養之，使之狎而墮其中。此用長短之術也。」

善用兵者，使之無所顧、有所恃。無所顧，則知死之不足惜；有所恃，則知不至於必敗。尺棰當猛虎，奮呼而操擊；徒手遇蜥蜴，變色而却步，人之情也。知此者，可以將矣。袒裼而案劍，則烏獲不敢逼；冠胄衣甲，據兵而寢，則童子彎弓殺之矣。故善用兵者以形固，夫能以形固，則力有餘矣。

留侯論

蘇軾

古之所謂豪杰之士，必有過人之節，人情有所不能忍者。匹夫見辱，拔劍而起，挺身而鬥，此不足爲勇也。天下有大勇者，卒然臨之而不驚，無故加之而不怒，此其所挾持者甚大，而其志甚遠也。

夫子房受書於圯上之老人也，其事甚怪。然亦安知其非秦之世，有隱君子者出而試之？觀其所以微見其意者，皆聖賢相與警戒之義，而世不察，以爲鬼物，亦已過矣。且其意不在書。

當韓之亡、秦之方盛也，以刀鋸鼎鑊待天下之士，其平居無罪夷滅者，不可勝數。雖有賁、育，無所獲施。夫持法太急者，其鋒不可犯，而其勢未可乘。子房不忍忿忿之心，以匹夫之力，而逞於一擊之間。當此之時，子房之不死者，其間不能容髮，蓋亦危矣。

千金之子，不死於盜賊。何者？其身之可愛，而盜賊之不足以死也。子房以蓋世之才，不爲伊尹、太公之謀，而特出於荊軻、聶政之計，以僥幸於不死，此圯上老人之所爲深惜者也。是故倨傲鮮腆而深折之，彼其能有所忍也，然後可以就大事，故曰：「孺子可教也。」

楚莊王伐鄭，鄭伯肉袒牽羊以逆，。王曰：「其君能下人，必能信用其民矣。」遂捨之。句踐之困於會稽，而歸臣妾於吴者，三年而不倦。且夫有報人之志，而不能下人者，是匹夫之剛也。夫老人者，以爲子房才有餘，而憂其度量之不足，故深折其少年剛鋭之氣，使之忍小忿而就大謀。何則？非有平生之素，卒然相遇於草野之間，而命以僕妾之役，油然而不怪者，此固秦皇之所不能驚，而項籍之所不能怒也。

觀夫高祖之所以勝、而項籍之所以敗者，在能忍與不能忍之間而已矣。項籍唯不能忍，是以百戰百勝，而輕用其鋒；高祖忍之，養其全鋒而待其敝，此子房教之也。當淮陰破齊，而欲自王，高祖發怒，見於詞色。由是觀之，猶有剛强不能忍之氣，非子房其誰全之？

太史公疑子房以爲魁梧奇偉，而其狀貌乃如婦人女子，不稱其志氣。嗚呼！此其所以爲子房歟！

前赤壁賦

蘇軾

壬戌之秋，七月既望，蘇子與客泛舟游於赤壁之下。清風徐來，水波不興。舉酒屬客，誦明月之詩，歌「窈窕」之章。少焉，月出於東山之上，徘徊於斗、牛之間。白露橫江，水光接天。縱一葦之所如，凌萬頃之茫然。浩浩乎如馮虛御風，而不知其所止，飄飄乎如遺世獨立，羽化而登仙。

於是飲酒樂甚，扣舷而歌之。歌曰：「桂棹兮蘭槳，擊空明兮溯流光。渺渺兮予懷，望美人兮天一方。」客有吹洞簫者，倚歌而和之。其聲嗚嗚然，如怨，如慕，如泣，如訴，餘音裊裊，不絕如縷，舞幽壑之潛蛟，泣孤舟之嫠婦。蘇子愀然，正襟危坐而問客曰：「何爲其然也？」客曰：「『月明星稀，烏鵲南飛』，此非曹孟德之詩乎？西望夏口，東望武昌，山川相繆，鬱乎蒼蒼，此非孟德之困於周郎者乎？方其破荊州，下江陵，順流而東也，舳艫千里，旌旗蔽空，釃酒臨江，橫槊賦詩，固一世之雄也，而今安在哉？況吾與子漁樵於江渚之上，侶魚蝦而友麋鹿，駕一葉之扁舟，舉匏樽以相屬。寄蜉蝣於天地，渺滄海之一粟，哀吾生之須臾，羨長江之無窮，挾飛仙以遨游，抱明月而長終。知不可乎驟得，托遺響於悲風。」

蘇子曰：「客亦知夫水與月乎？逝者如斯，而未嘗往也；盈虛者如彼，而卒莫消長也。蓋將自其變者而觀之，則天地曾不能以一瞬，自其不變者而觀之，則物與我皆無盡也。而又何羨乎？且夫天地之間，物各有主，苟非吾之所有，雖一毫而莫取。惟江上之清風，與山間之明月，耳得之而爲聲，目遇之而成色，取之無禁，用之不竭，是造物者之無盡藏也，而吾與子之所共適。」

客喜而笑，洗盞更酌，殽核既盡，杯盤狼藉，相與枕藉乎舟中，不知東方之既白。

上樞密韓太尉書

蘇轍

太尉執事：轍生好爲文，思之至深。以爲文者氣之所形，然文不可以學而能，氣可以養而致。孟子曰：「我善養吾浩然之氣。」今觀其文章，寬厚宏博，充乎天地之間，稱其氣之小大。太史公行天下，周覽四海名山大川，與燕、趙間豪俊交游，故其文疏蕩，頗有奇氣。此二子者，豈嘗執筆學爲如此之文哉？其氣充乎其中而溢乎其貌，動乎其言而見乎其文，而不自知也。

轍生十有九年矣。其居家所與游者，不過其鄰里鄉黨之人；所見不過數百里之間，無高山大野可登覽以自廣。百氏之書，雖無所不讀，然皆古人之陳迹，不足以激發其志氣。恐遂汨没，故决然捨去，求天下奇聞壯觀，以知天地之廣大。過秦、漢之故都，恣觀終南、嵩、華之高，北顧黄河之奔流，慨然想見古之豪杰。至京師，仰觀天子宫闕之壯，與倉廩、府庫、城池、苑囿之富且大也，而後知天下之巨麗。見翰林歐陽公，聽其議論之宏辯，觀其容貌之秀偉，與其門人賢士大夫游，而後知天下之文章聚乎此也。太尉以才略冠天下，天下之所恃以無憂，四夷之所憚以不敢發，入則周公、召公，出則方叔、召虎。而轍也未之見焉。

且夫人之學也，不志其大，雖多而何爲？轍之來也，於山見終南、嵩、華之高，於水見黄河之大且深，於人見歐陽公，而猶以爲未見太尉也。故願得觀賢人之光耀，聞一言以自壯，然後可以盡天下之大觀而無憾者矣。

轍年少，未能通習吏事。向之來，非有取於斗升之禄，偶然得之，非其所樂。然幸得賜歸待選，使得優游數年之間，將以益治其文，且學爲政。太尉苟以爲可教而辱教之，又幸矣！

賣柑者言

劉基

杭有賣果者，善藏柑，涉寒暑不潰，出之燁然，玉質而金色。置於市，賈十倍，人争鬻之。予貿得其一，剖之，如有烟撲口鼻，視其中，則乾若敗絮。予怪而問之曰：「若所市於人者，將以實籩豆，奉祭祀，供賓客乎？將衒外以惑愚瞽乎？甚矣哉，爲欺也！」

賣者笑曰：「吾業是有年矣。吾賴是以食吾軀。吾售之，人取之，未聞有言，而獨不足子所乎？世之爲欺者不寡矣，而獨我也乎？吾子未之思也。今夫佩虎符、坐皋比者，洸洸乎干城之具也，果能授孫、吴之略耶？峨大冠、拖長紳者，昂昂乎廟堂之器也。果能建伊、皋之業耶？盜起而不知禦，民困而不知救，吏奸而不知禁，法斁而不知理，坐糜廩粟而不知耻。觀其坐高堂，騎大馬，醉醇醴，而飫肥鮮者，孰不巍巍乎可畏、赫赫乎可象也？又何往而不金玉其外，敗絮其中也哉？今子是之不察，而以察吾柑！」

予默然無應。退而思其言，類東方生滑稽之流。豈其忿世嫉邪者耶？而托於柑以諷耶？

稽山書院尊經閣記

王守仁

經，常道也。其在於天，謂之命，其賦於人，謂之性，其主於身謂之心。心也，性也，命也，一也。通人物，達四海，塞天地，互古今，無有乎弗具，無有乎弗同，無有乎或變者也，是常道也。其應乎感也，則爲惻隱，爲羞惡，爲辭讓，爲是非。其見於事也，則爲父子之親，爲君臣之義，爲夫婦之别，爲長幼之序，爲朋友之信。是惻隱也、羞惡也、辭讓也、是非也，是親也、義也、序也、别也、信也，皆所謂心也、性也、命也。通人物，達四海，塞天地，亘古今，無有乎弗具，無有乎弗同，無有乎或變者也，是常道也。

以言其陰陽消長之行，則謂之《易》；以言其紀綱政事之施，則謂之《書》；以言其歌咏性情之發，則謂之《詩》；以言其條理節文之著，則謂之《禮》；以言其欣喜和平之生，則謂之《樂》；以言其誠僞邪正之辨，則謂之《春秋》。是陰陽消長之行也，以至於誠僞邪正之辨也，一也，皆所謂心也、性也、命也。通人物，達四海，塞天地，亘古今，無有乎弗具，無有乎弗同，無有乎或變者也，夫是之謂六經。六經者非他，吾心之常道也。

是故《易》也者，志吾心之陰陽消息者也；《書》也者，志吾心之紀綱政事者也；《詩》也者，志吾心之歌咏性情者也；《禮》也者，志吾心之條理節文者也；《樂》也者，志吾心之欣喜和平者也；《春秋》也者，志吾心之誠僞邪正者也。君子之於六經也，求之吾心之陰陽消息而時行焉，所以尊《易》也；求之吾心之紀綱政事而時施焉，所以尊《書》也；求之吾心之歌咏性情而時發焉，所以尊《詩》也；求之吾心之條理節文而時著焉，所以尊《禮》也；求之吾心之欣喜和平而時生焉，所以尊《樂》也；求之吾心之誠僞邪正而時辨焉，所以尊《春秋》也。

蓋昔聖人之扶人極、憂後世，而述六經也，猶之富家者之父祖，慮其産業庫藏之積，其子孫者，或至於遺亡散失，卒困窮而無以自全也，而記籍其家之所有以貽之，使之世守其産業庫藏之積而享用焉，以免於困窮之患。故六經者，吾心之記籍也，而六經之實，則具於吾心，猶之産業庫藏之實積，種種色色，具存於其家，其記籍者，特名狀數目而已。而世之學者，不知求六經之實於吾心，而徒考索於影響之間，牽制於文義之末，硜硜然以爲是六經矣，是猶富家之子孫，不務守視、享用其産業庫藏之實積，日遺亡散失，至爲窶人丐夫，而猶囂囂然指其記籍曰：「斯吾産業庫藏之積也。」何以异於是？

嗚呼！六經之學，其不明於世，非一朝一夕之故矣。尚功利，崇邪説，是謂亂經。習訓詁，傳記誦，没溺於淺聞小見，以塗天下之耳目，是謂侮經。侈淫詞，競詭辯，飾奸心盗行，逐世壟斷，而猶自以爲通經，是謂賊經。若是者，是并其所謂記籍者，而割裂弃毁之矣，寧復知所以爲尊經也乎？

越城舊有稽山書院，在卧龍西岡，荒廢久矣。郡守渭南南君大吉，既敷政於民，則慨然悼末學之支離，將進之以聖賢之道，於是使山陰令吴君瀛拓書院而一新之，又爲尊經之閣於其後，曰：「經正則庶民興，庶民興斯無邪慝矣。」閣成，請予一言，以諗多士。予既不獲辭，則爲記之若是。嗚呼！世之學者，得吾説而求諸其心焉，其亦庶乎知所以爲尊經也已。

象祠記

王守仁

靈博之山，有象祠焉。其下諸苗夷之居者，咸神而祠之。宣尉安君，因諸苗夷之請，新其祠屋，而請記於予。予曰：「毀之乎，其新之也？」曰：「新之。」「新之也，何居乎？」曰：「斯祠之肇也，蓋莫知其原，然吾諸蠻夷之居是者，自吾父、吾祖溯曾、高而上，皆尊奉而禋祀焉，舉而不敢廢也。」予曰：「胡然乎？有鼻之祀，唐之人蓋嘗毀之。象之道，以爲子則不孝，以爲弟則傲。斥於唐，而猶存於今，壞於有鼻，而猶盛於茲土也，胡然乎？」

我知之矣。君子之愛若人也，推及於其屋之烏，而況於聖人之弟乎哉？然則祠者爲舜，非爲象也。意象之死，其在干羽既格之後乎？不然，古之驁桀者豈少哉？而象之祠獨延於世。吾於是蓋有以見舜德之至，入人之深，而流澤之遠且久也。

象之不仁，蓋其始焉耳，又烏知其終之不見化於舜也？《書》不云乎，「克諧以孝，烝烝乂，不格奸」，「瞽瞍亦允若」，則已化而爲慈父。象猶不弟，不可以爲諧。進治於善，則不至於惡。不底於奸，則必入於善。信乎，象蓋已化於舜矣。《孟子》曰：「天子使吏治其國。」象不得以有爲也。斯蓋舜愛象之深而慮之詳，所以扶持輔導之者之周也。

不然，周公之聖，而管、蔡不免焉。斯可以見象之見化於舜，故能任賢使能，而安於其位，澤加於其民，既死而人懷之也。諸侯之卿，命於天子，蓋《周官》之制，其殆仿於舜之封象歟？

吾於是蓋有以信人性之善，天下無不可化之人也。然則唐人之毁之也，據象之始也，今之諸苗之奉之也，承象之終也。斯義也，吾將以表於世，使知人之不善，雖若象焉，猶可以改，而君子之修德，及其至也，雖若象之不仁，而猶可以化之也。

黄生借書説

袁枚

黄生允修借書。隨園主人授以書，而告之曰：「書非借不能讀也，子不聞藏書者乎？七略、四庫，天子之書，然天子讀書者有幾？汗牛塞屋，富貴家之書，然富貴人讀書者有幾？其他祖父積、子孫弃者無論焉。非獨書爲然，天下物皆然。非夫人之物而强假焉，必慮人逼取，而惴惴焉摩玩之不已，曰：『今日存明日去，吾不得而見之矣。』若業爲吾所有，必高束焉，庋藏焉，曰『姑俟异日觀』云爾。」

「余幼好書，家貧難致。有張氏藏書甚富。往借，不與，歸而形諸夢。其切如是。故有所覽輒省記。通籍後，俸去書來，落落大滿，素蟫灰絲，時蒙卷軸。然後嘆借者之用心專，而少時之歲月爲可惜也。」

今黄生貧類予，其借書亦類予；惟予之公書與張氏之吝書若不相類。然則予固不幸而遇張乎，生固幸而遇予乎？知幸與不幸，則其讀書也必專，而其歸書也必速。

爲一說，使與書俱。

道家

太上感應篇

佚名

太上曰：「禍福無門，惟人自召；善惡之報，如影隨形。」

是以天地有司過之神，依人所犯輕重，以奪人算。算減則貧耗，多逢憂患；人皆惡之，刑禍隨之，吉慶避之，惡星災之；算盡則死。

又有三台北斗神君，在人頭上，録人罪惡，奪其紀算。又有三屍神，在人身中，每到庚申日，輒上詣天曹，言人罪過。月晦之日，灶神亦然。凡人有過，大則奪紀，小則奪算。其過大小，有數百事，欲求長生者，先須避之。

是道則進，非道則退。不履邪徑，不欺暗室；積德累功，慈心於物；忠孝友悌，正己化人；矜孤恤寡，敬老懷幼；昆蟲草木，猶不可傷。宜憫人之凶，樂人之善；濟人之急，救人之危。見人之得，如己之得；見人之失，如己之失。不彰人短，不炫己長；遏惡揚善，推多取少。受辱不怨，受寵若驚；施恩不求報，與人不追悔。

所謂善人，人皆敬之，天道佑之，福禄隨之，衆邪遠之，神靈衛之；所作必成，神仙可冀。欲求天仙者，當立一千三百善；欲求地仙者，當立三百善。

苟或非義而動，背理而行；以惡爲能，忍作殘害；陰賊良善，暗侮君親；慢其先生，叛其所事；誑諸無識，謗諸同學；虛誣詐僞，攻訐宗親；剛强不仁，狠戾自用；是非不當，向背乖宜；虐下取功，諂上希旨；受恩不感，念怨不休；輕蔑天民，擾亂國政；賞及非義，刑及無辜；殺人取財，傾人取位；誅降戮服，貶正排賢；凌孤逼寡，弃法受賂；以直爲曲，以曲爲直；入輕爲重，見殺加怒；知過不改，知善不爲；自罪引他，壅塞方術；訕謗聖賢，侵凌道德。

射飛逐走，發蟄驚棲；填穴覆巢，傷胎破卵；願人有失，毁人成功；危人自安，减人自益；以惡易好，以私廢公，竊人之能，蔽人之善；形人之醜，訐人之私；耗人貨財，離人骨肉；侵人所愛，助人爲非；逞志作威，辱人求勝；敗人苗稼，破人婚姻。

苟富而驕，苟免無耻；認恩推過，嫁禍賣惡；沽買虛譽，包貯險心；挫人所長，護己所短；乘威迫脅，縱暴殺傷；無故剪裁，非禮烹宰；散弃五穀，勞擾衆生；破人之家，取其財寶；决水放火，以害民居；紊亂規模，以敗人功；損人器物，以窮人用。

見他榮貴，願他流貶；見他富有，願他破散；見他色美，起心私之；負他貨財，願他身死；干求不遂，便生咒恨；見他失便，便説他過；見他體相不具而笑之，見他才能可稱而抑之。

埋蠱厭人，用藥殺樹；恚怒師傅，抵觸父兄；强取强求，好侵好奪；擄掠致富，巧詐求遷；賞罰不平，逸樂過節；苛虐其下，恐嚇於他；怨天尤人，呵風罵雨；鬥合争訟，妄逐朋黨；用妻妾語，違父母訓；得新忘故，口是心非；貪冒於財，欺罔其上；造作惡語，讒毁平人；毁人稱直，罵神稱正；弃順效逆，背親向疏；指天地以證鄙懷，引神明而鑒猥事。

施與後悔，假借不還；分外營求，力上施設；淫欲過度，心毒貌慈；穢食餧人，左道惑衆；短尺狹度，輕秤小升；以僞雜真，採取奸利；壓良爲賤，謾驀愚人；貪婪無厭，咒詛求直。

嗜酒悖亂，骨肉忿争；男不忠良，女不柔順；不和其室，不敬其夫；每好矜誇，常行妒忌；無行於妻子，失禮於舅姑；輕慢先靈，違逆上命；作爲無益，懷挾外心；自咒咒他，偏憎偏愛。

越井越灶，跳食跳人；損子墮胎，行多隱僻；晦臘歌舞，朔旦號怒；對北涕唾及溺，對灶吟咏及哭；又以灶火燒香，穢柴作食；夜起裸露，八節行刑；唾流星，指虹霓；輒指三光，久視日月；春月燎獵，對北惡罵，無故殺龜打蛇。

如是等罪，司命隨其輕重，奪其紀算，算盡則死；死有餘責，乃殃及子孫，又諸横取人財者，乃計其妻子家口以當之，漸至死喪，若不死喪，則有水火盗賊、遺亡器物、疾病口舌諸事，以當妄取之值，又枉殺人者，是易刀兵而相殺也，取非義之財者，譬如漏脯救饑，鴆酒止渴；非不暫飽，死亦及之。

夫心起於善，善雖未爲，而吉神已隨之；或心起於惡，惡雖未爲，而凶神已隨之。其有曾行惡事，後自改悔，諸惡莫作，衆善奉行，久久必獲吉慶；所謂轉禍爲福也。故吉人語善、視善、行善，一日有三善，三年天必降之福，凶人語惡、視惡、行惡，一日有三惡，三年天必降之禍，胡不勉而行之？

《太上感應篇》終

文昌帝君陰騭文

佚名

帝君曰：「吾一十七世爲士大夫，身未嘗虐民酷吏。救人之難，濟人之急，憫人之孤，容人之過。廣行陰騭，上格蒼穹。人能如我存心，天必錫汝以福。」

於是訓於人曰：「昔於公治獄，大興駟馬之門。竇氏濟人，高折五枝之桂。救蟻，中狀元之選；埋蛇，享宰相之榮。欲廣福田，須憑心地。行時時之方便，作種種之陰功。利物利人，修善修福。正直代天行化，慈祥爲國救民。存平等心，擴寬大量，忠主孝親，敬兄信友。和睦夫婦，教訓子孫，毋慢師長，毋侮聖言。或奉真朝斗，或拜佛念經。報答四恩，廣行三教。談道義而化奸頑，講經史而曉愚昧。濟急如濟涸轍之魚，救危如救密羅之雀。矜孤恤寡，敬老憐貧。舉善薦賢，饒人責己。措衣食，周道路之饑寒；施棺槨，免屍骸之暴露。造漏澤之仁園，興啓蒙之義塾。家富，提携親戚；歲饑，賑濟鄰朋。斗秤須要公平，不可輕出重入。奴婢待之寬恕，豈宜備責苛求。印造經文，創修寺院。舍藥材以拯疾苦，施茶水以解渴煩；或買物而放生，或持齋而戒殺。舉步常看蟲蟻，禁火莫燒山林。點夜燈以照人行；造河船以濟人渡，勿登山而網禽鳥，勿臨水而毒魚蝦，勿宰耕牛，勿弃字紙。勿謀人之財産，勿妒人之技能。勿淫人之妻女，勿唆人之争訟。勿壞人之名利，勿破人之婚姻。勿因私仇，使人兄弟不和。勿因小利，使人父子不睦。勿倚權勢而辱善良，勿恃富豪而欺窮困。依本分而致謙恭，守規矩而遵法度。諧和宗族，解釋冤怨。善人則親近之，助德行於身心。惡人則遠避之，杜災殃於眉睫。常須隱惡揚善，不可口是心非。恒記有益之語，罔彈非禮之言。剪礙道之荊榛，除當途之瓦石。修數百年崎嶇之路，造千萬人來往之橋。垂訓以格人非，捐資以成人美。作事須循天理，出言要順人心。見先哲於羹墻，慎獨知於衾影。諸惡莫作，衆善奉行。永無惡曜加臨，常有吉神擁護。近報則在自己，遠報則在兒孫。百福駢臻，千祥云集，豈不從陰騭中得來者哉！」

《文昌帝君陰騭文》終

文昌帝君元旦勸孝文

佚名

帝君垂訓曰：今日是元旦，爲人間第一日，吾當説人間第一事。何謂第一事？孝者百行之原，精而極之，可以參贊化育，故謂之第一事。赤子離了母胎，在孩抱時便知得，故謂之第一事。捨此一事，并無功業。捨此而立言，則爲無本之言。捨此而能功蓋天下，到底不從性分中流出，必作僞以欺國，負本以滅身。天地是孝德結成，日月是孝光發亮。孝之道，言不可得而盡也。

爲人子者，事富貴之父母易，事貧賤之父母難；事康健之父母易，事衰老之父母難；事具慶之父母易，事寡獨之父母難。

夫富貴之父母，出入有人扶持，居止有人陪從；其願常恰，其心常歡；故易事也。若貧賤之父母，捨却白髮夫妻，誰爲言笑？離了青年子媳，孰與追隨？人子一日在外，父母一日孤凄。爲人子者，善體其情，能頃刻離左右也乎？

健康之父母，行動可以自如，取携可以自便；朝作暮息，可以任意；訪親問舊，可以娱情；故易事也。若衰老之父母，兒子便是手足，不在面前，手足欲舉而不能；媳婦便是腹心，不在膝下，腹心有求而不遂，時而忿忿於内，時而戚戚於懷，爲人子者，善體其情，能頃刻離左右也乎？

具慶之父母，日則有以作伴，夜則有以相温；晝無所事，相與論短談長；夜不成眠，互爲知寒道冷；故易事也。若寡獨之父母，兒女雖有團圓之樂，夫妻已成離别之悲；家庭之内，獨行踽踽凉凉；形影之間，惟有悽悽楚楚；爲人子者，善體其情，能頃刻離左右也乎？

嗚呼！試問身從何來？親爲生我之本。孝爲何事？人所自有之心。見我此章，而不動心者，非人也。見我此章，而不墮淚者，非人也。逆子忤媳，見我此章，而不化爲孝子順婦者，與禽獸何异？人人得而誅之者也。

《文昌帝君元旦勸孝文》終

文昌帝君戒淫文

佚名

孽海茫茫，首惡無非色欲；塵寰擾擾，易犯唯有淫邪。拔山蓋世之雄，坐此亡身辱國；繡口錦心之士，因兹敗節隳名；始爲一念之差，遂至畢生莫贖。何乃淫風日熾，天理淪亡；以當悲當憾之行，反爲得計；而衆怒衆賤之事，恬不知羞，刊淫詞，談麗色，目注道左嬌姿，腸斷簾中窈窕。若貞節或淑德，可敬可嘉，乃計誘而使無完行。若坤女，若僕妾，宜憐宜憫，竟勢迫而玷辱終身。既令親族含羞，尤使子孫蒙垢。嗟乎！總以心昏氣濁，賢遠佞親；豈知天地難容，人神共忿。或妻女酬償，或子孫受報。絶嗣之墳墓，無非好色狂徒；妓女之祖宗，盡是貪花浪子。當富則玉樓削籍，應貴則金榜除名。笞杖徒流大辟，生遭五等之刑；地獄餓鬼畜生，殁受三途之苦。從前恩愛，至此成空；昔日風流，而今安在？與其後悔已無從，何不早思而勿犯？謹勸青年志士，社會名流，發覺悟之心，破色魔之障。芙蓉白面，不過帶肉骷髏；芍藥紅妝，乃是殺人利刃。縱對如玉如花之貌，當存若姊若妹之心。未犯者宜防失足，曾行者及早回頭。更望輾轉流傳，迭相化導；必使在在齊歸覺路，人人共出迷津。由是首惡既除，衆邪自消；靈台無滯，世澤垂榮矣。

《文昌帝君戒淫文》終

俞净意公遇灶神記

〔明〕羅禎

明嘉靖時，江西俞公，諱都，字良臣，多才博學，十八歲爲諸生，每試必列高等；年及壯，家貧授徒，與同庠生十餘人結文昌社，惜字放生，戒淫殺口過，行之有年。前後應試七科，皆不中。生五子四子病夭，其第三子甚聰秀，左足底有雙痣，夫婦寶之，八歲戲於里中，遂失蹤，不知所之。生四女公存其一。妻以哭兒女故，二目皆盲。公潦倒終年，貧窘益甚，自反無大過，慘膺天罰。年四十外，每歲臘月終，自寫黄疏，禱於灶神，求其上達，如是數年，亦無報應。至四十七歲時，除夕與瞽妻、一女夜坐，舉室蕭然，凄凉相吊。忽聞叩門聲，公秉燭視之，見一角巾皂服之士，鬚髮半蒼，長揖就坐，口稱姓張：「自遠路而歸，聞君家愁嘆，特來相慰！」

公心异其人，執禮甚恭，因言生平讀書積行，至今功名不遂，妻子不全，衣食不繼，且以曆焚灶疏爲張誦之。

張曰：「予知君家事久矣。君意惡太重，專務虚名，滿紙怨尤，瀆陳上帝，恐受罰不止此也！」

公大驚曰：「聞冥冥之中，纖善必録。予誓行善事，恪奉規條久矣，豈盡屬虚名？」

張曰：「即如君規條中惜字一款，君之生徒與知交輩，多用書文舊冊糊窗裹物，甚至以之拭桌，且藉口曰勿污，而旋焚之；君日日親見，略不戒諭一語，但遇途間字紙，拾歸付火，有何益哉？社中每月放生，君隨班奔逐，因人成事，倘諸人不舉，君亦浮沉而已，其實慈悲之念，并無動於衷也。且君家蝦蟹之類亦登於庖，彼獨非生命耶？若『口過』一節，君語言敏妙，談者常傾倒於君；君彼時出口，心亦自知傷厚，但於朋談慣熟中，隨風訕笑，不能禁止，舌鋒所及，怒觸鬼神陰惡之注，不知凡幾！乃猶以篤厚自居，汝誰欺？欺天乎！邪淫雖無實跡，君見人家美女子，心熟視之，心即摇摇不能遣，但無邪緣相湊耳。君自反省，當其境能如魯男子乎？遂謂終身無邪色，可對天地鬼神，真妄也！此君之規條誓行者尚然如此，何况其餘？君連歲所焚之疏，悉陳於天，上帝命日游使者察君善惡，數年無一實善可記；但於私居獨處中，見君之貪念、淫念、嫉妒念、褊急念、高己卑人念、憶往期來念、恩仇報復念，憧憧於胸，不勝記述。凡此種種意惡，固結於中，神注已久，天罰日甚；君逃禍不暇，何由祈福哉？」

公驚愕惶悚，伏地流淚曰：「君既通幽冥事，定系尊神，願求救度。」

張曰：「君讀書明理，亦知慕善而樂；當其聞一善言時，不勝激動；見一善事時，不勝鼓舞。但旋過旋忘，信根原自不深，恒性是以不固，故平生善行善言，都是敷衍了事，何嘗有一事著實！且滿腔意惡，起伏纏綿，獨欲責天美報，如種遍地荊棘，癡癡然望收嘉禾，豈不謬哉！君從今後，凡有淫、貪、嗔、癡、忘想諸雜念，先具猛力，一切摒除，收拾乾乾淨淨，一個念頭，只理會善一邊去；若有力能行的善事，不圖報，不務名，不論大小難易，實實在在耐心行去；若力量不能行的，亦要誠誠懇懇，使此善意圓滿。第一要忍耐心，第二要永遠心；切不可自惰，切不可自欺，久久行之，自有意外效驗。君家事我，甚見虔潔，特以此意報之，速速勉持，可回天意！」

言畢即進公室內，公即起隨之，至灶下忽不見，方悟爲司命之神，因焚香叩謝。即於次日元旦，拜禱天地，誓改前非，實行善事，自別其號曰「淨意道人」，志誓去諸妄也。

初行之日，雜念紛乘，非疑則惰，忽忽時日，依舊浮沉。因於家堂所供觀音大士前，叩頭流血，敬發誓願：善念真純，善力精進，倘有絲毫自寬，永墮地獄。每日清晨，虔誦大慈大悲聖號一百聲以祈陰相。從此一言一動、一念一時，皆如鬼神在旁，不敢欺肆。凡一切有濟於人、有利於物者，不論事之巨細、身之忙閑、人之知不知，力之繼不繼，皆歡喜行持，委曲成就而後止。隨緣方便，廣植陰功，且以敦倫勤學、守謙忍辱，與夫因果報應之言，逢人化導，唯恐不足。每月晦日，即計一月所行、所言者，就灶神處具疏以告之。

持之既熟，動則萬善相隨，静則一念不起。如是三年，年五十歲，乃萬曆年甲戌會試。張江陵爲首輔，輟闈後，訪於同鄉爲子擇師，人交口薦公，遂聘赴京師，公挈眷以行。經敬公德品，爲爰列入國學。萬曆四年丙子，附京鄉試，遂登科。次年中進士。

一日謁内監楊公，楊令五子出拜，皆其覓諸四方、爲己嗣以娱老者。内一子年十六，公若熟其貌，問其籍，江右人，小時誤入糧船，獨依稀記姓氏閭裏。公甚訝之，命脱左足，雙痣宛然，公大呼曰：「是我兒也！」楊亦驚愕，即送其子，隨公還寓。公奔告夫人，夫人撫子大慟，血淚迸流；子亦啼，捧母之面而舐其目，其母雙目複明。

公悲喜交集，遂不願爲官，辭江陵回籍。張高其義，厚贈而還。公居鄉，爲善益力；其子娶妻，連生七子皆育，悉嗣書香焉。公手書《遇灶神記》，并實行必過事以訓子孫，身享康壽八十八歲，人皆以爲實行善事回天之報云。

同里後學羅禎記。

《俞净意公遇灶神記》終

心相篇

〔北宋〕陳希夷

心者貌之根，審心而善惡自見。
行者心之發，觀行而禍福可知。

出納不公平，難得兒孫長育。
語言多反復，應知心腹無依。

消沮閉藏，必是奸貪之輩。
披肝露膽，决爲英杰之人。

心和氣平，可卜孫榮兼子貴。
才偏性執，不遭大禍必奇窮。

轉眼無情，貧寒夭促。

時談念舊，富貴期頤。

重富欺貧，焉可托妻寄子。
敬老慈幼，必然裕後光前。

輕口出違言，壽元短折。
忘恩思小怨，科第難成。

小富小貴易盈，刑灾準有。（前程有限）
大富大貴不動，厚福無疆。

欺蔽陰私，縱有榮華兒不享。
公平正直，雖無子息死爲神。

開口説輕生，臨大節，决然規避。
逢人稱知己，即深交，究竟平常。

處大事，不辭勞怨，堪爲棟梁之材。
遇小故，輒避嫌疑，豈是腹心之寄。

與物難堪，不測亡身還害子。
待人有地，無端得福更延年。

迷花戀酒，閫中妻妾參商。
利己損人，膝下兒孫悖逆。

賤買田園，决生敗子。
尊崇師傅，定産賢郎。

愚魯人，説話尖酸刻薄，既貧窮，必損壽元。
聰明子，語言木訥優容，享安康，且膺封誥。

患難中能守者，若讀書，可作朝廷柱石之臣。

安樂中若忘者，縱低才，豈非金榜青云之客。
鄙吝勤勞，亦有大富小康之别，宜觀其量。
奢侈靡麗，寧無奇人浪子之分，必視其才。

弗以見小爲守成，惹禍破家難免。
莫認惜福爲慳吝，輕財仗義盡多。

處事遲而不急，大器晚成。
見機決而能藏，高才早發。

有能吝教，己無成，子亦無成。
見過隱規，身可托，家亦可托。

知足與自滿不同，一則矜而受灾，一則謙而獲福。
大才與庸才自别，一則誕而多敗，一則實而有成。

忮求念勝，圖名利，到底遜人。
惻隱心多，遇艱難，中途獲救。

不分德怨，料難至乎遐年。
較量錙銖，豈足期乎大受。

過剛者圖謀易就，灾傷豈保全無。
太柔者作事難成，平福亦能安受。

樂處生悲，一生辛苦。
怒時反笑，至老奸邪。

好矜己善，弗再望乎功名。
樂摘人非，最足傷乎性命。

責人重而責己輕，弗與同謀共事。

功歸人而過歸己，盡堪救患扶灾。

處家孝弟無虧，簪纓奕世。
與世吉凶同患，血食千年。

曲意周全知有後。
任情激搏必凶亡。

易變臉，薄福之人奚較。
耐久朋，能容之士可宗。
好與人争，滋培淺而前程有限。
必求自反，蓄積厚而事業能伸。

少年飛揚浮動，顔子之限難過。
壯歲冒昧昏迷，不惑之期怎免。
喜怒不擇輕重，一事無成。

笑罵不審是非，知交斷絕。

濟急拯危，亦有時乎貧乏，福自天來。
解紛排難，恐亦涉乎囹圄，名揚海内。（神必佑之）

餓死豈在紋描，抛衣撒飯。
瘟亡不由運數，罵地咒天。

甘受人欺，有子自然大發。
常思退步，一身終得安閑。

舉止不失其常，非貴亦須大富，壽可知矣。
喜怒不形於色，成名還立大功，奸亦右之。

無事失措倉皇，光如閃電。
有難怡然不動，安若泰山。

積功累仁，百年必報。
大出小入，數世其昌。

人事可憑，天道不爽。

如何飧刀飲劍，君子剛愎自用，小人行險僥幸。
如何投河自縊，男人才短蹈危，女子氣盛見逼。
如何短折亡身，出薄言，做薄事，存薄心，種種皆薄。
如何凶災惡死，多陰毒，積陰私，有陰行，事事皆陰。
如何暴疾而殁，色欲空虛。
如何毒瘡而終，肥甘凝膩。
如何老後無嗣，性情孤潔。
如何盛年喪子，心地欺瞞。
如何多遭火盜，刻剝民財。
如何時犯官府，調停失當。（强梁作膽）
何知端揆首輔，常懷濟物之心。

何知拜將封侯，獨挾蓋世之氣。
何知玉堂金馬，動容清麗。
何知建牙擁節，氣概凌霄。
何知丞簿下吏，量平膽薄。
何知明經教職，志近行拘。
何知苗而不秀，非惟愚蠢更荒唐。
何知秀而不實，蓋謂自賢兼短行。
若論婦人，先須靜默。
從來淑女，不貴才能。

有威嚴，當膺一品之封。
少修飾，准掌萬金之重。

多言好勝，縱然有嗣必傷身。，
盡孝兼慈，不特助夫還旺子。
貧苦中毫無怨詈，兩國褒封。

富貴時常惜衣糧，滿堂榮慶。

奴婢成群，定是寬宏待下。
貲財盈篋，决然勤儉持家。

悍婦多因性妒，老後無歸。
奚婆定是情乖，少年浪走。
爲甚欺夫，顯然淫行。
緣何無子，暗裏傷人。
合觀前論，曆試無差。
勉教後來，猶期善變。
信乎骨格步位，相輔而行。
允矣血氣精神，由之而顯。
知其善而守之，錦上添花。
知其惡而弗爲，禍轉爲福。

《心相篇》終

道德經

〔春秋〕老子　撰

第一章

道可道，非常道。名可名，非常名。無名天地之始；有名萬物之母。故常無欲，以觀其妙；常有，欲以觀其徼。此兩者，同出而异名，同謂之玄，玄之又玄，衆妙之門。

第二章

天下皆知美之爲美，斯惡已；皆知善之爲善，斯不善已，故有無相生，難易相成，長短相較，高下相傾，音聲相和，前後相隨。恒也。

是以聖人處無爲之事，行不言之教。萬物作焉而不辭，生而不有，爲而不恃，功成而弗居。夫唯弗居，是以不去。

第三章

不尚賢，使民不争；不貴難得之貨，使民不爲盜；不見可欲，使民心不亂。是以聖人之治，虚其心，實其腹；弱其志，强其骨，常使民無知無欲，使夫智者不敢爲也。爲無爲，則無不治。

第四章

道冲，而用之，或不盈。淵兮，似萬物之宗。挫其鋭，解其紛，和其光，同其塵。湛兮似或存。吾不知誰之子，象帝之先。

第五章

天地不仁，以萬物爲芻狗；聖人不仁，以百姓爲芻狗。天地之間，其猶橐籥乎？虚而不屈，動而愈出。多言數窮，不如守中。

第六章

穀神不死，是謂玄牝。玄牝之門，是謂天地根。綿綿若存，用之不勤。

第七章

天長地久。天地所以能長且久者，以其不自生，故能長生。是以聖人後其身而身先，外其身而身存。非以其無私邪？故能成其私。

第八章

上善若水。水善利萬物而不争，處衆人之所惡，故幾於道。居善地，心善淵，與善仁，言善信，正善治，事善能，動善時。夫唯不争，故無尤。

第九章

持而盈之，不如其已；揣而鋭之，不可長保。金玉滿堂，莫之能守；富貴而驕，自遺其咎。功成身退，天之道也哉。

第十章

營魄抱一，能無離乎？摶氣致柔，能嬰兒乎？滌除玄覽，能無疵乎？愛民治國，能無知乎？天門開闔，能爲雌乎？明白四達，能無爲乎？生之畜之，生而不有，爲而不恃，長而不宰，是謂玄德。

第十一章

三十輻，共一轂，當其無，有車之用；埏埴以爲器，當其無，有器之用；鑿户牖以爲室，當其無，有室之用。故有之以爲利，無之以爲用。

第十二章

五色令人目盲，五音令人耳聾，五味令人口爽，馳騁畋獵，令人心發狂，難得之貨，令人行妨。是以聖人爲腹不爲目，故去彼取此。

第十三章

寵辱若驚，貴大患若身。何謂寵辱若驚？寵爲下，得之若驚，失之若驚，是謂寵辱若驚。何謂貴大患若身？吾所以有大患者，爲吾有身，及吾無身，吾有何患？故貴以身爲天下，若可寄天下；愛以身爲天下，若可托天下。

第十四章

視之不見，名曰夷；聽之不聞，名曰希；摶之不得，名曰微。此三者，不可致詰，故混而爲一。其上不皦，其下不昧。繩繩兮不可名，復歸於無物。是謂無狀之狀，無物之象，是謂惚恍。迎之不見其首，隨之不見其後。執古之道，以御今之有。能知古始，是謂道紀。

第十五章

古之善爲士者，微妙玄通，深不可識。夫唯不可識，故强爲之容：豫兮若冬涉川，猶兮若畏四鄰，儼兮其若客，涣兮若冰之將釋，敦兮其若樸，曠兮其若谷，渾兮其若濁。孰能濁以止，靜之徐清？孰能安以久，動之徐生？保此道者不欲盈，夫唯不盈，故能蔽而新成。

第十六章

致虛極，守靜篤。萬物并作，吾以觀複。夫物芸芸，各復歸其根。歸根曰靜，靜曰覆命。覆命曰常，知常曰明。不知常，妄作凶。知常容，容乃公，公乃王，王乃天，天乃道，道乃久，没身不殆。

第十七章

太上，下知有之，其次，親而譽之，其次，畏之，其次，侮之。信不足焉，有不信焉。悠兮其貴言，功成事遂，百姓皆謂：我自然。

第十八章

大道廢，有仁義；智慧出，有大僞；六親不和，有孝慈；國家昏亂，有忠臣。

第十九章

絶聖弃智，民利百倍；絶仁弃義，民復孝慈；絶巧弃利，盜賊無有。此三者，以爲文不足，故令有所屬：見素抱樸，少私寡欲，絶學無憂。

第二十章

唯之與阿，相去幾何？善之與惡，相去若何？人之所畏，不可不畏。荒兮，其未央哉！衆人熙熙，如享太牢，如春登臺。我獨泊兮，其未兆，如嬰兒之未孩；儽儽兮，若無所歸。衆人皆有餘，而我獨若遺，我愚人之心也哉，沌沌兮！俗人昭昭，我獨若昏。俗人察察，我獨悶悶。澹兮其若海，飂兮若無止。衆人皆有以，而我獨頑似鄙。我獨異於人，而貴食母。

第二十一章

孔德之容，惟道是從。道之爲物，惟恍惟惚。惚兮恍兮，其中有象；恍兮惚兮，其中有物；窈兮冥兮，其中有精；其精甚真，其中有信。自今及古，其名不去，以閲衆甫。吾何以知衆甫之狀哉？以此。

第二十二章

曲則全，枉則直，窪則盈，敝則新，少則得，多則惑。是以聖人抱一爲天下式。不自見，故明；不自是，故彰；不自伐，故有功；不自矜，故長。夫唯不争，故天下莫能與之争。古之所謂曲則全者，豈虛言哉！誠全而歸之。

第二十三章

希言，自然。故飄風不終朝，驟雨不終日。孰爲此者？天地。天地尚不能久，而况於人乎？故從事於道者，同於道；德者，同於德；失者，同於失。同於道者，道亦樂得之；同於德者，德亦樂得之；同於失者，失亦樂得之。信不足焉，有不信焉。

第二十四章

企者不立，跨者不行。自見者不明，自是者不彰，自伐者無功，自矜者不長。其在道也，曰：餘食贅行。物或惡之，故有道者不處。

第二十五章

有物混成，先天地生。寂兮寥兮，獨立而不改，周行而不殆，可以爲天下母。吾不知其名，字之曰道，强爲之名曰大。大曰逝，逝曰遠，遠曰反。故道大，天大，地大，人亦大。域中有四大，而王居其一焉。人法地，地法天，天法道，道法自然。

第二十六章

重爲輕根，静爲躁君。是以聖人終日行不離輜重。雖有榮觀，燕處超然。奈何萬乘之主，而以身輕天下？輕則失本，躁則失君。

第二十七章

善行無轍迹，善言無瑕謫，善數不用籌策，善閉無關楗而不可開，善結無繩約而不可解。是以聖人常善救人，故無弃人；常善救物，故無弃物，是謂襲明。故善人者，不善人之師；不善人者，善人之資。不貴其師，不愛其資，雖智大迷。是謂要妙。

第二十八章

知其雄，守其雌，爲天下谿。爲天下谿，常德不離，復歸於嬰兒。知其白，守其黑，爲天下式。爲天下式，常德不忒，復歸於無極。知其榮，守其辱，爲天下谷，常德乃足，復歸於樸。樸散則爲器，聖人用之，則爲官長。故大制不割。

第二十九章

將欲取天下而爲之，吾見其不得已。天下神器，不可爲也，不可執也。爲者敗之，執者失之。是以聖人無爲，故無敗；無執，故無失。故物或行或隨，或歔或吹，或强或羸，或載或隳。是以聖人去甚，去奢，去泰。

第三十章

以道佐人主者，不以兵强天下。其事好還。師之所處，荊棘生焉。大軍之後，必有凶年。善有果而已，不以取强。果而勿矜，果而勿伐，果而勿驕。果而不得已，果而勿强。物壯則老，是謂不道，不道早已。

第三十一章

夫佳兵者，不祥之器，物或惡之，故有道者不處。君子居則貴左，用兵則貴右。兵者不祥之器，非君子之器，不得已而用之，恬淡爲上。勝而不美，而美之者，是樂殺人。夫樂殺人者，則不可以得志於天下矣。吉事尚左，凶事尚右。偏將軍居左，上將軍居右，言以喪禮處之。殺人之衆，以哀悲泣之，戰勝，以喪禮處之。

第三十二章

道常無名。樸，雖小，天下莫能臣也。侯王若能守之，萬物將自賓。天地相合，以降甘露，民莫之令而自均。始制有名，名亦既有，夫亦將知止，知止所以不殆。譬道之在天下，猶川谷之於江海。

第三十三章

知人者智，自知者明。勝人者有力，自勝者强。知足者富，强行者有志。不失其所者久，死而不亡者壽。

第三十四章

大道泛兮，其可左右。萬物恃之而生而不辭，功成不名有。衣養萬物而不爲主，常無欲，可名於小；萬物歸焉而不爲主，可名爲大。以其終不自爲大，故能成其大。

第三十五章

執大象，天下往。往而不害，安平太。樂與餌，過客止。道之出口，淡乎其無味，視之不足見，聽之不足聞，用之不可既。

第三十六章

將欲歙之，必固張之；將欲弱之，必固强之；將欲廢之，必固興之；將欲奪之，必固與之。是謂微明。柔弱勝剛强。魚不可脱於淵，國之利器不可以示人。

第三十七章

道常無爲而無不爲。侯王若能守之，萬物將自化。化而欲作，吾將鎮之以無名之樸。無名之樸，夫亦將無欲。不欲以静，天下將自定。

第三十八章

上德不德，是以有德；下德不失德，是以無德。上德無爲而無以爲；下德无爲而有以爲。上仁爲之而無以爲；上義爲之而有以爲。上禮爲之而莫之應，則攘臂而扔之。故失道而後德，失德而後仁，失仁而後義，失義而後禮。夫禮者，忠信之薄，而亂之首。前識者，道之華，而愚之始。是以大丈夫處其厚，不居其薄；處其實，不居其華。故去彼取此。

第三十九章

昔之得一者。天得一以清，地得一以寧，神得一以靈，谷得一以盈，萬物得一以生，侯王得一以爲天下正。其致之也，天無以清，將恐裂；地無以寧，將恐廢；神無以靈，將恐歇；谷無以盈，將恐竭；萬物無以生，將恐滅；侯王無以貴高，將恐蹶。故貴以賤爲本，高以下爲基.夫是以侯王自稱孤、寡、不谷.此非以賤爲本邪？非乎？故至譽無譽。不欲琭琭如玉，珞珞如石。

第四十章

反者道之動，弱者道之用。天下萬物生於有，有生於無。

第四十一章

上士聞道，勤而行之；中士聞道，若存若亡；下士聞道，大笑之。不笑，不足以爲道。故建言有之：明道若昧，進道若退，夷道若纇，上德若谷，大白若辱，廣德若不足，建德若偷，質真若渝，大方無隅，大器晚成，大音希聲，大象無形。道隱無名。夫唯道，善貸且成。

第四十二章

道生一，一生二，二生三，三生萬物。萬物負陰而抱陽，冲氣以爲和。人之所惡，唯孤、寡、不谷，而王公以爲稱。故物或損之而益，或益之而損。人之所教，我亦教之。强梁者不得其死，吾將以爲教父。

第四十三章

天下之至柔，馳騁天下之至堅。無有入無間，吾是以知無爲之有益。不言之教，無爲之益，天下希及之。

第四十四章

名與身孰親？身與貨孰多？得與亡孰病？是故甚愛必大費，多藏必厚亡。知足不辱，知止不殆，可以長久。

第四十五章

大成若缺，其用不弊。大盈若冲，其用不窮。大直若屈，大巧若拙，大辯若訥。躁勝寒，静勝熱。清静爲天下正。

第四十六章

天下有道，却走馬以糞；天下無道，戎馬生於郊。禍莫大於不知足，咎莫大於欲得。故知足之足，常足矣。

第四十七章

不出户，知天下；不窺牖，見天道。其出彌遠，其知彌少。是以聖人，不行而知，不見而名，不爲而成。

第四十八章

爲學日益，爲道日損。損之又損，以至於無爲，無爲而無不爲。取天下常以無事，及其有事，不足以取天下。

第四十九章

聖人無常心，以百姓心爲心，善者，吾善之，不善者，吾亦善之，德善，信者，吾信之，不信者，吾亦信之，德信，聖人在天下，歙歙焉，爲天下渾其心，百姓皆注其耳目，聖人皆孩之，

第五十章

出生入死。生之徒，十有三，死之徒，十有三。人之生，動之於死地，亦十有三。夫何故？以其生生之厚。蓋聞善攝生者，陸行不遇兕虎，入軍不被甲兵；兕無所投其角，虎無所措其爪，兵無所容其刃。夫何故？以其無死地。

第五十一章

道生之，德畜之，物形之，勢成之。是以萬物莫不尊道而貴德。道之尊，德之貴，夫莫之命而常自然。故道生之，德畜之。長之育之，亭之毒之，養之覆之。生而不有，爲而不恃，長而不宰，是謂玄德。

第五十二章

天下有始，以爲天下母。既得其母，以知其子；既知其子，復守其母，没身不殆。塞其兑，閉其門，終身不勤。開其兑，濟其事，終身不救。見小曰明，守柔曰强。用其光，復歸其明，無遺身殃，是爲習常。

第五十三章

使我介然有知，行於大道，唯施是畏。大道甚夷，而民好徑。朝甚除，田甚蕪，倉甚虛；服文綵，帶利劍，厭飲食，財貨有餘，是謂盜誇。非道也哉！

第五十四章

善建者不拔，善抱者不脱，子孫以祭祀不輟。修之於身，其德乃真；修之於家，其德乃餘；修之於鄉，其德乃長；修之於國，其德乃豐；修之於天下，其德乃普。故以身觀身，以家觀家，以鄉觀鄉，以國觀國，以天下觀天下。吾何以知天下然哉？以此。

第五十五章

含德之厚，比於赤子。毒蟲不螫，猛獸不據，攫鳥不搏。骨弱筋柔而握固。未知牝牡之合而朘作，精之至也。終日號而不嗄，和之至也。知和曰常，知常曰明，益生曰祥。心使氣曰强。物壯則老，謂之不道，不道早已。

第五十六章

知者不言，言者不知。塞其兑，閉其門；挫其鋭，解其紛；和其光，同其塵；是謂玄同。故不可得而親，不可得而疏；不可得而利，不可得而害；不可得而貴，不可得而賤。故爲天下貴。

第五十七章

以正治國，以奇用兵，以無事取天下。吾何以知其然哉？以此。天下多忌諱，而民彌貧；民多利器，國家滋昏；人多伎巧，奇物滋起；法令滋彰，盜賊多有。故聖人云：我無爲而民自化，我好静而民自正，我無事而民自富，我無欲而民自樸。

第五十八章

其政悶悶，其民淳淳；其政察察，其民缺缺。禍兮福之所倚，福兮禍之所伏。孰知其極？其無正。正復爲奇，善復爲妖。人之迷，其日固久。是以聖人方而不割，廉而不劌，直而不肆，光而不耀。

第五十九章

治人事天，莫若嗇。夫唯嗇，是謂早服；早服謂之重積德；重積德則無不克，無不克則莫知其極；莫知其極，可以有國；有國之母，可以長久。是謂深根固柢，長生久視之道。

第六十章

治大國，若烹小鮮。以道蒞天下，其鬼不神；非其鬼不神，其神不傷人；非其神不傷人，聖人亦不傷人。夫兩不相傷，故德交歸焉。

第六十一章

大國者下流。天下之交，天下之牝。牝常以静勝牡，以静爲下。故大國以下小國，則取小國；小國以下大國，則取於大國。故或下以取，或下而取。大國不過欲兼畜人，小國不過欲入事人。夫兩者各得其所欲，大者宜爲下。

第六十二章

道者，萬物之奥。善人之寶，不善人之所保。美言可以市尊，美行可以加人。人之不善，何弃之有？故立天子，置三公，雖有拱璧以先駟馬，不如坐進此道。古之所以貴此道者何？不曰：以求得，有罪以免邪？故爲天下貴。

第六十三章

爲無爲，事無事，味無味。大小多少，報怨以德。圖難於其易，爲大於其細；天下難事，必作於易，天下大事，必作於細。是以聖人終不爲大，故能成其大。夫輕諾必寡信，多易必多難。是以聖人猶難之，故終無難矣。

第六十四章

其安易持，其未兆易謀。其脆易泮，其微易散。爲之於未有，治之於未亂。合抱之木，生於毫末；九層之台，起於壘土；千里之行，始於足下。爲者敗之，執者失之。是以聖人無爲故無敗，無執故無失。民之從事，常於幾成而敗之。愼終如始，則無敗事。是以聖人欲不欲，不貴難得之貨；學不學，復衆人之所過，以輔萬物之自然而不敢爲。

第六十五章

古之善爲道者，非以明民，將以愚。民之難治，以其智多。故以智治國，國之賊；不以智治國，國之福。知此兩者，亦稽式。常知稽式，是謂玄德。玄德深矣遠矣，與物反矣，然後乃至大順。

第六十六章

江海所以能爲百谷王者，以其善下之，故能爲百谷王。是以欲上民，必以言下之。欲先民，必以身後之。是以聖人處上而民不重，處前而民不害。是以天下樂推而不厭。以其不争，故天下莫能與之争。

第六十七章

天下皆謂我道大，似不肖。夫唯大，故似不肖，若肖，久矣其細也夫！我有三寶，持而保之。一曰慈，二曰儉，三曰不敢爲天下先。慈故能勇，儉故能廣，不敢爲天下先，故能成器長。今捨慈且勇，捨儉且廣，捨後且先，死矣！夫慈以戰則勝，以守則固。天將救之，以慈衛之。

第六十八章

善爲士者不武，善戰者不怒，善勝敵者不與，善用人者爲之下，是謂不争之德，是謂用人之力，是謂配天之極。

第六十九章

用兵有言：「吾不敢爲主而爲客，不敢進寸而退尺。」是謂行無行，攘無臂，執無兵，乃無敵。禍莫大於輕敵，輕敵幾喪吾寶，故抗兵相若，哀者勝矣。

第七十章

吾言甚易知，甚易行。天下莫能知，莫能行。言有宗，事有君。夫唯無知，是以不我知。知我者希，則我者貴，是以聖人被褐懷玉。

第七十一章

知不知？上，不知知，病。夫唯病病，是以不病。聖人不病，以其病病，是以不病。

第七十二章

民不畏威，則大威至矣。無狎其所居，無厭其所生。夫唯不厭，是以不厭。是以聖人自知不自見，自愛不自貴。故去彼取此。

第七十三章

勇於敢則殺，勇於不敢則活，此兩者，或利或害。天之所惡，孰知其故？天之道，不争而善勝，不言而善應，不召而自來，繟然而善謀。天網恢恢，疏而不失。

第七十四章

民不畏死，奈何以死懼之？若使民常畏死，而爲奇者，吾得執而殺之，孰敢？常有司殺者殺。夫代司殺者殺，是代大匠斫。夫代大匠斫者，稀有不傷其手矣。

第七十五章

民之饑，以其上食稅之多，是以饑。民之難治，以其上之有爲，是以難治。民之輕死，以其上生生之厚，是以輕死。夫唯無以生爲者，是賢於貴生。

第七十六章

人之生也柔弱，其死也堅强。萬物草木之生也柔脆，其死也枯槁。故堅强者死之徒，柔弱者生之徒。是以兵强則不勝，木强則折。强大處下，柔弱處上。

第七十七章

天之道，其猶張弓與？高者抑之，下者舉之；有餘者損之，不足者補之。天之道，損有餘而補不足。人之道，則不然，損不足以奉有餘。孰能有餘以奉天下？唯有道者。是以聖人爲而不恃，功成而不處，其不欲見賢。

第七十八章

天下莫柔弱於水，而攻堅强者莫之能勝，以其無以易之。弱之勝强，柔之勝剛，天下莫不知，莫能行。是以聖人云：受國之垢，是謂社稷主；受國不祥，是謂天下王。正言若反。

第七十九章

和大怨，必有餘怨，安可以爲善？是以聖人執左契，而不責於人。有德司契，無德司徹。天道無親，常與善人。

第八十章

小國寡民。使有什伯之器而不用，使民重死而不遠徙。雖有舟輿，無所乘之；雖有甲兵，無所陳之；使人復結繩而用之。甘其食，美其服，安其居，樂其俗。鄰國相望，雞犬之聲相聞，民至老死，不相往來。

第八十一章

信言不美，美言不信。善者不辯，辯者不善。知者不博，博者不知。聖人不積，既以爲人，己愈有；既以與人，己愈多。天之道，利而不害；聖人之道，爲而不爭。

《道德經》終

佛家

地藏菩薩本願經·閻浮衆生業感品

〔唐〕實叉難陀 譯

爾時地藏菩薩摩訶薩，白佛言：「世尊！我承佛如來威神力故，遍百千萬億世界，分是身形，救拔一切業報衆生。若非如來大慈力故，即不能作如是變化。我今又蒙佛付囑，至阿逸多成佛以來，六道衆生，遣令度脱。唯然，世尊！願不有慮。」

爾時佛告地藏菩薩：「一切衆生，未解脱者，性識無定，惡習結業，善習結果。爲善爲惡，逐境而生。輪轉五道，暫無休息，動經塵劫，迷惑障難。如魚游網，將是長流。脱入暫出，又復遭網。以是等輩，吾當憂念。汝既畢是往願，累劫重誓，廣度罪輩。吾復何慮。」説是語時，會中有一菩薩摩訶薩，名定自在王。白佛言：「世尊！地藏菩薩，累劫以來，各發何願？今蒙世尊，殷勤贊嘆。唯願世尊，略而説之。」

爾時世尊，告定自在王菩薩：「諦聽！諦聽！」善思念之，吾當爲汝，分別解説。乃往過去無量阿僧祇那由他不可説劫，爾時有佛，號一切智成就如來、應供、正遍知、明行足、善逝、世間解、無上士、調禦丈夫、天人師、佛、世尊、其佛壽命六萬劫。未出家時，爲小國王，與一鄰國王爲友。同行十善，饒益衆生。其鄰國內，所有人民，多造衆惡。二王議計，廣設方便。一王發願：早成佛道，當度是輩，令使無餘。一王發願：若不先度罪苦，令是安樂，得至菩提，我終未願成佛。

佛告定自在王菩薩：「一王發願，早成佛者，即一切智成就如來是。一王發願，永度罪苦衆生，未願成佛者，即地藏菩薩是。」

復於過去，無量阿僧祇劫，有佛出世，名清淨蓮華目如來。其佛壽命四十劫。像法之中，有一羅漢，福度衆生。因次教化，遇一女人，字曰光目，設食供養。羅漢問之，欲願何等？光目答言：「我以母亡之日，資福救拔。未知我母，生處何趣。」羅漢愍之，爲入定觀。見光目女母，墮在惡趣，受極大苦。羅漢問光目言：「汝母在生，作何行業？今在惡趣，受極大苦。」光目答言：「我母所習，唯好食啖，魚鱉之屬。所食魚鱉，多食其子。或炒或煮，恣情食啖。計其命數，千萬復倍。尊者慈愍，如何哀救？」羅漢愍之，爲作方便，勸光目言：「汝可志誠，念清淨蓮華目如來，兼塑畫形像，存亡獲報。」

光目聞已？即捨所愛，尋畫佛像，而供養之。復恭敬心，悲泣瞻禮。忽於夜後，夢見佛身，金色晃耀，如須彌山，放大光明。而告光目：「汝母不久，當生汝家。纔覺饑寒，即當言說。」

其後家內，婢生一子。未滿三日，而乃言說。稽首悲泣，告於光目：「生死業緣，果報自受。吾是汝母，久處暗冥。自別汝來，累墮大地獄。蒙汝福力，方得受生，爲下賤人，又復短命，壽年十三，更落惡道。汝有何計？令吾脱免。」光目聞説，知母無疑。哽咽悲啼，而白婢子：「既是我母，合知本罪，作何行業？墮於惡道。」婢子答言：以殺害毀罵二業受報。若非蒙福，救拔吾難。以是業故，未合解脱。光目問言：地獄罪報，其事云何？婢子答言：罪苦之事，不忍稱説。百千歲中，卒白難竟！

光目聞已，啼淚號泣，而白空界：願我之母，永脱地獄。畢十三歲，更無重罪，及歷惡道。十方諸佛，慈哀愍我。聽我爲母，所發廣大誓願。若得我母，永離三涂，及斯下賤，乃至女人之身，永劫不受者。願我自今日後，對清浄蓮華目如來像前，却後百千萬億劫中，應有世界，所有地獄，及三惡道。諸罪苦衆生。誓願救拔，令離地獄惡趣，畜生餓鬼等。如是罪報等人，盡成佛竟。我然後方成正覺。發誓願已，具聞清浄蓮華目如來，而告之曰：「光目！汝大慈愍，善能爲母發如是大願。吾觀汝母，十三歲畢，捨此報已，生爲梵志，壽年百歲。過是報後，當生無憂國土，壽命不可計劫。後成佛果，廣度人天，數如恒河沙。」

佛告定自在王：「爾時羅漢福度光目者，即無盡意菩薩是。光目母者，即解脱菩薩是。光目女者，即地藏菩薩是，過去久遠劫中，如是慈愍，發恒河沙願，廣度衆生。未來世中，若有男子女人，不行善者，行惡者，乃至不信因果者，邪淫妄語者，兩舌惡口者，毁謗大乘者；如是諸業衆生，必墮惡趣。若遇善知識，勸令一彈指間，歸依地藏菩薩。是諸衆生，即得解脱三惡道報。若能志心歸敬，及瞻禮贊嘆，香華衣服，種種珍寶，或復飲食，如是奉事者。未來百千萬億劫中，常在諸天，受勝妙樂。若天福盡，下生人間，猶百千劫，常爲帝王，能憶宿命因果本末。定自在王！如是地藏菩薩，有如此不可思議大威神力，廣利衆生。汝等諸菩薩，當記是經，廣宣流布。」定自在王白佛言：「世尊！願不有慮。我等千萬億菩薩摩訶薩，必能承佛威神，廣演是經，於閻浮提，利益衆生。」定自在王菩薩白世尊已，合掌恭敬，作禮而退。

爾時四方天王，俱從座起，合掌恭敬，白佛言：「世尊！地藏菩薩於久遠劫來，發如是大願。云何至今，猶度未絶？更發廣大誓言。唯願世尊，爲我等説。」

佛告四天王：「善哉！善哉！吾今爲汝，及未來現在天人衆等，廣利益故。説地藏菩薩，於娑婆世界，閻浮提内，生死道中，慈哀救拔，度脱一切罪苦衆生，方便之事。」四天王言：唯然，世尊！願樂欲聞。」

佛告四天王：「地藏菩薩，久遠劫來，迄至於今，度脱衆生，猶未畢願。慈愍此世罪苦衆生。復觀未來無量劫中，因蔓不斷。以是之故，又發重願。如是菩薩，於娑婆世界，閻浮提中，百千萬億方便，而爲教化。四天王！地藏菩薩，若遇殺生者，説宿殃短命報。

若遇竊盗者，説貧窮苦楚報。

若遇邪淫者，說雀鴿鴛鴦報。
若遇惡口者，說眷屬鬥諍報。
若遇毀謗者，說無舌瘡口報，
若遇嗔恚者，說醜陋癃殘報。
若遇慳吝者，說所求違願報。
若遇飲食無度者，說饑渴咽病報。
若遇畋獵恣情者，說驚狂喪命報。
若遇悖逆父母者，說天地灾殺報。
若遇燒山林木者，說狂迷取死報。
若遇前後父母惡毒者，說返生鞭撻現受報。
若遇網捕生雛者，說骨肉分離報。
若遇毀謗三寶者，說盲聾瘖瘂報。
若遇輕法慢教者，說永處惡道報。
若遇破用常住者，說億劫輪回地獄報。
若遇污梵誣僧者，說永在畜生報。
若遇湯火斬斫傷生者，說輪回遞償報。

若遇破戒犯齋者，說禽獸饑餓報。
若遇非理毀用者，說所求闕絶報。
若遇吾我貢高者，說卑使下賤報。
若遇兩舌鬥亂者，說無舌百舌報。
若遇邪見者，說邊地受生報。

如是等閻浮提衆生，身口意業，惡習結果，百千報應，今粗略說。如是等閻浮提衆生，業感差别，地藏菩薩，百千方便，而教化之。是諸衆生，先受如是等報，後墮地獄，動經劫數，無有出期。是故汝等，護人護國，無令是諸衆業，迷惑衆生。」四天王聞已，涕淚悲嘆，合掌而退。

佛説十善業道經節要

净公　節選

如是我聞：一時，佛在娑竭羅龍宫，與八千大比丘衆、三萬二千菩薩摩訶薩俱。

爾時，世尊告龍王言：一切衆生心想异故，造業亦异，由是故有諸趣輪轉。龍王！汝見此會及大海中，形色種類各别不耶？如是一切，靡不由心，造善不善，身業、語業、意業所致。而心無色，不可見取，但是虚妄，諸法集起，畢竟無主、無我我所。雖各隨業，所現不同，而實於中無有作者。故一切法皆不思議，自性如幻。智者知已，應修善業，以是所生藴、處、界等，皆悉端正，見者無厭。

龍王！汝觀佛身，從百千億福德所生，諸相莊嚴，光明顯曜，蔽諸大衆。設無量億自在梵王，悉不復現；其有瞻仰如來身者，豈不目眩！汝又觀此諸大菩薩，妙色嚴净，一切皆由修集善業福德而生。又諸天、龍八部衆等大威勢者，亦因善業福德所生。今大海中所有衆生，形色粗鄙，或大或小，皆由自心種種想念，作身、語、意諸不善業，是故隨業，各自受報。汝今當應如是修學，亦令衆生了達因果，修習善業。汝當於此正見不動，勿復墮在斷常見中！於諸福田，歡喜、敬養，是故汝等亦得人天尊敬、供養。

龍王！當知菩薩有一法，能斷一切諸惡道苦。何等爲一？謂於晝夜，常念、思惟、觀察善法，令諸善法念念增長，不容毫分不善間雜。是即能令諸惡永斷，善法圓滿，常得親近諸佛菩薩及余聖衆。言善法者：謂人天身、聲聞菩提、獨覺菩提、無上菩提，皆依此法以爲根本而得成就，故名善法。此法即是十善業道。何等爲十？謂能永離殺生、偷盜、邪行、妄語、兩舌、惡口、綺語、貪欲、嗔恚、邪見。

龍王！若離殺生，即得成就十離惱法。何等爲十？一、於諸衆生，普施無畏；二、常於衆生，起大慈心；三、永斷一切嗔恚習氣；四、身常無病；五、壽命長遠；六、恒爲非人之所守護；七、常無惡夢，寢覺快樂；八、滅除怨結，衆怨自解；九、無惡道怖；十、命終生天；是爲十。若能回向阿耨多羅三藐三菩提者，後成佛時，得佛隨心自在壽命。

復次，龍王！若離偷盜，即得十種可保信法。何等爲十？一、資財盈積，王、賊、水、火，及非愛子，不能散滅；二、多人愛念；三、人不欺負；四、十方贊美；五、不憂損害；六、善名流布；七、處衆無畏；八、財、命、色、力安樂，辯才具足無缺；九、常懷施意；十、命終生天；是爲十。若能回向阿耨多羅三藐三菩提者，後成佛時，得證清淨大菩提智，。

復次，龍王！若離邪行，即得四種智所贊法。何等爲四？一、諸根調順；二、永離喧掉；三、世所稱嘆；四、妻莫能侵；是爲四。若能回向阿耨多羅三藐三菩提者，後成佛時，得佛丈夫隱密藏相。

復次，龍王！若離妄語，即得八種天所贊法。何等爲八？一、口常清凈、優鉢华香；二、爲諸世間之所信伏；三、發言成證，人天敬愛；四、常以愛語，安慰衆生；五、得勝意樂，三業清凈；六、言無誤失，心常歡喜；七、發言尊重，人天奉行；八、智慧殊勝，無能制伏；是爲八。若能回向阿耨多羅三藐三菩提者，後成佛時，即得如來真實語。

復次，龍王！若離兩舌，即得五種不可壞法。何等爲五？一、得不壞身，無能害故；二、得不壞眷屬，無能破故；三、得不壞信，順本業故；四、得不壞法行，所修堅固故；五、得不壞善知識，不誑惑故；是爲五。若能回向阿耨多羅三藐三菩提者，後成佛時，得正眷屬，諸魔外道不能沮壞。

復次，龍王！若離惡口，即得成就八種凈業。何等爲八？一、言不乖度；二、言皆利益；三、言必契理；四、言詞美妙；五、言可承領；六、言則信用；七、言無可譏；八、言盡愛樂；是爲八。若能回向阿耨多羅三藐三菩提者，後成佛時，具足如來梵音聲相。

復次，龍王！若離綺語，即得成就三種决定。何等爲三？一、定爲智人所愛；二、定能以智，如實答問；三、定於人天，威德最勝，無有虚妄；是爲三。若能回向阿耨多羅三藐三菩提者，後成佛時，即得如來諸所授記，皆不唐捐。

復次，龍王！若離貪欲，即得成就五種自在。何等爲五？一、三業自在，諸根具足故；二、財物自在，一切怨賊不能奪故；三、福德自在，隨心所欲，物皆備故；四、王位自在，珍奇妙物，皆奉獻故；五、所獲之物，過本所求，百倍殊勝，由於昔時不慳嫉故；是爲五。若能回向阿耨多羅三藐三菩提者，後成佛時，三界特尊，皆共敬養。

復次，龍王！若離嗔恚，即得八種喜悦心法。何等爲八？一、無損惱心；二、無嗔恚心；三、無諍訟心；四、柔和質直心；五、得聖者慈心；六、常作利益，安衆生心；七、身相端嚴，衆共尊敬；八、以和忍故，速生梵世；是爲八。若能回向阿耨多羅三藐三菩提者，後成佛時，得無礙心，觀者無厭。

復次，龍王！若離邪見，即得成就十功德法。何等爲十？一、得真善意樂、真善等侶；二、深信因果，寧殞身命，終不作惡；三、惟歸依佛，非餘天等；四、直心正見，永離一切吉凶疑網；五、常生人天，不更惡道；六、無量福慧，轉轉增勝；七、永離邪道，行於聖道；八、不起身見，捨諸惡業；九、住無礙見；十、不墮諸難；是爲十。若能回向阿耨多羅三藐三菩提者，後成佛時，速證一切佛法，成就自在神通。

爾時，世尊復告龍王言：若有菩薩，依此善業，於修道時，能離殺害而行施故，常富財寶，無能侵奪；長壽無夭，不爲一切怨賊損害。離不與取而行施故，常富財寶，無能侵奪；最勝無比，悉能備集諸佛法藏。離非梵行而行施故，常富財寶，無能侵奪；其家貞順；母及妻子，無有能以欲心視者。

離虛誑語而行施故，常富財寶，無能侵奪；離衆毀謗，攝持正法；如其誓願，所作必果。

離離間語而行施故，常富財寶，無能侵奪；眷屬和睦，同一志樂，恒無乖諍。

離粗惡語而行施故，常富財寶，無能侵奪；一切衆會，歡喜歸依；言皆信受，無違拒者。

離無義語而行施故，常富財寶，無能侵奪；言不虛設，人皆敬受；能善方便，斷諸疑惑。

離貪求心而行施故，常富財寶，無能侵奪；一切所有，悉以惠捨；信解堅固，具大威力。

離忿怒心而行施故，常富財寶，無能侵奪；速自成就，無礙心智；諸根嚴好，見皆敬愛。

離邪倒心而行施故，常富財寶，無能侵奪；恒生正見敬信之家；見佛聞法，供養衆僧；常不忘失大菩提心。是爲大士修菩薩道時，行十善業，以施莊嚴，所獲大利如是。

龍王！舉要言之：行十善道，以戒莊嚴故，能生一切佛法義利，滿足大願；

忍辱莊嚴故，得佛圓音，具衆相好；

精進莊嚴故，能破魔怨，入佛法藏；

定莊嚴故，能生念、慧、慚、愧、輕安；
慧莊嚴故，能斷一切分別妄見；
慈莊嚴故，於諸衆生，不起惱害；
悲莊嚴故，憫諸衆生，常不厭捨；
喜莊嚴故，見修善者，心無嫌嫉；
捨莊嚴故，於順違境，無愛恚心；
四攝莊嚴故，常勤攝化一切衆生；
念處莊嚴故，善能修習四念處觀；
正勤莊嚴故，悉能斷除一切不善法，成一切善法；
神足莊嚴故，恒令身心輕安、快樂；
五根莊嚴故，深信堅固，精勤匪懈，常無迷妄，寂然調順，斷諸煩惱；
力莊嚴故，衆怨盡滅，無能壞者；
覺支莊嚴故，常善覺悟一切諸法；
正道莊嚴故，得正智慧常現在前；
止莊嚴故，悉能滌除一切結使；
觀莊嚴故，能如實知，諸法自性；

方便莊嚴故，速得成滿，爲無爲樂。

龍王！當知此十善業，乃至能令十力、無畏、十八不共、一切佛法，皆得圓滿。是故汝等應勤修學！龍王！譬如一切城邑、聚落，皆依大地而得安住；一切藥草、卉木、叢林，亦皆依地而得生長。此十善道亦復如是：一切人、天依之而立，一切聲聞、獨覺菩提，諸菩薩行，一切佛法，咸共依此十善大地，而得成就。

佛說此經已，娑竭羅龍王及諸大衆：一切世間天人阿修羅等，皆大歡喜，信受奉行。

《佛說十善業道經》終

佛說八大人覺經

〔後漢〕安世高 譯

爲佛弟子，常於晝夜，至心誦念八大人覺。

第一覺悟：世間無常；國土危脆，四大苦空，五陰無我，生滅變异，虚僞無主。心是惡源，形爲罪藪，如是觀察，漸離生死。

第二覺知：多欲爲苦；生死疲勞，從貪欲起；少欲無爲，身心自在。

第三覺知：心無厭足，惟得多求，增長罪惡；菩薩不爾，常念知足，安貧守道，惟慧是業。

第四覺知：懈怠墮落；常行精進，破煩惱惡，摧伏四魔，出陰界獄。

第五覺悟：愚癡生死；菩薩常念，廣學多聞，增長智慧，成就辯才，教化一切，悉以大樂。

第六覺知：貧苦多怨，横結惡緣；菩薩布施，等念怨親，不念舊惡，不憎惡人。

第七覺悟：五欲過患；雖爲俗人，不染世樂，常念三衣、瓦鉢法器，志願出家，守道清白，梵行高遠，慈悲一切。

第八覺知：生死熾然，苦惱無量；發大乘心，普濟一切，願代衆生受無量苦。令諸衆生，畢竟大樂。

如此八事：乃是諸佛、菩薩大人之所覺悟，精進行道，慈悲修慧，乘法身船，至涅槃岸；復還生死，度脱衆生，以前八事，開導一切，令諸衆生，覺生死苦，捨離五欲，修心聖道，若佛弟子。誦此八事，於念念中，滅無量罪，進趣菩提，速登正覺，永斷生死，常住快樂。

《佛説八大人覺經》終

佛説盂蘭盆經

〔西晉〕竺法護 譯

聞如是：一時佛在舍衛國祇樹給孤獨園。大目犍連始得六通，欲度父母，報乳哺之恩。即以道眼觀視世間。見其亡母，生餓鬼中，不見飲食，皮骨連立。目連悲哀，即以鉢盛飯，往餉其母。母得鉢飯，便以左手障鉢，右手搏食，食未入口，化成火炭，遂不得食。目連大叫，悲號涕泣，馳還白佛，具陳如此。

佛言：「汝母罪根深結，非汝一人力所奈何。汝雖孝順，聲動天地、天神地祇、邪魔外道、道士、四天王神，亦不能奈何，當須十方衆僧威神之力乃得解脱。吾今當説救濟之法，令一切難，皆離憂苦。」

佛告目連：「十方衆僧，七月十五日，僧自恣時，當爲七世父母及現在父母厄難中者，具飯、百味五果、汲灌盆器、香油錠燭、床敷卧具、盡世甘美以著盆中，供養十方大德衆僧。當此之日，一切聖衆，或在山間禪定、或得四道果、或在樹下經行、或六通自在教化聲聞緣覺、或十地菩薩大人，權現比丘，在大衆中，皆同一心，受鉢和羅飯，具清淨戒，聖衆之道，其德汪洋。其有供養此等自恣僧者，現世父母、六親眷屬，得出三塗之苦應時解脱，衣食自然；若七世父母生天，自在化生，入天華光。」

時，佛敕十方衆僧，皆先爲施主家咒願：願七世父母行禪定意，然後受食。初受食時，先安在佛前。塔寺中佛前，衆僧咒願竟，便自受食。

時，目連比丘及大菩薩衆，皆大歡喜。目連悲啼泣聲釋然除滅。

時，目連母即於是日，得脱一劫餓鬼之苦。

目連複白佛言：「弟子所生母，得蒙三寶功德之力，衆僧威神力故。若未來世，一切佛弟子，亦應奉盂蘭盆，救度現在父母，乃至七世父母，可爲爾否？」

佛言：「大善快問！我正欲説，汝今複問。善男子！若比丘比丘尼、國王太子、大臣宰相、三公百官、萬民庶人，行慈孝者，佛歡喜日，僧自恣日，以百味飯食，安盂蘭盆中，施十方自恣僧，福樂無極。是佛弟子修孝順者，應念念中，常憶父母，乃至七世父母。年年七月十五日，常以孝慈，憶所生父母，爲作盂蘭盆，施佛及僧，以報父母長養慈愛之恩。若一切佛弟子，應常奉持是法。」

時目連比丘、四輩弟子，歡喜奉行。

《佛説盂蘭盆經》終

佛説阿彌陀經

〔東晋〕鳩摩羅什 譯

如是我聞，一時佛在舍衛國，祇樹給孤獨園。與大比丘僧，千二百五十人俱，皆是大阿羅漢，衆所知識：長老舍利弗、摩訶目犍連、摩訶迦葉、摩訶迦旃延、摩訶俱絺羅、離婆多、周利盤陀伽、難陀、阿難陀、羅睺羅、憍梵波提、賓頭盧頗羅墮、迦留陀夷、摩訶劫賓那、薄拘羅、阿那樓馱，如是等諸大弟子。并諸菩薩摩訶薩：文殊師利法王子、阿逸多菩薩、乾陀訶提菩薩、常精進菩薩，與如是等諸大菩薩，及釋提桓因等，無量諸天大衆俱。

爾時，佛告長老舍利弗：從是西方，過十萬億佛土，有世界名曰極樂。其土有佛，號阿彌陀，今現在説法。

舍利弗，彼土何故名爲極樂？其國衆生，無有衆苦，但受諸樂，故名極樂。又舍利弗，極樂國土，七重欄楯，七重羅網，七重行樹，皆是四寶周匝圍繞，是故彼國名爲極樂。

又舍利弗，極樂國土有七寶池，八功德水充滿其中，池底純以金沙布地。四邊階道，金、銀、琉璃、玻璃合成。上有樓閣，亦以金、銀、琉璃、玻璃、硨磲、赤珠、瑪瑙而嚴飾之。池中蓮花，大如車輪，青色青光，黄色黄光，赤色赤光，白色白光，微妙香潔。舍利弗，極樂國土，成就如是功德莊嚴。

又舍利弗，彼佛國土，常作天樂，黄金爲地。晝夜六時，雨天曼陀羅花。其土衆生，常以清旦，各以衣裓盛衆妙花，供養他方十萬億佛。即以食時，還到本國，飯食經行。舍利弗，極樂國土，成就如是功德莊嚴。

復次舍利弗：彼國常有種種奇妙雜色之鳥。白鶴、孔雀、鸚鵡、舍利、迦陵頻伽、共命之鳥。是諸衆鳥，晝夜六時，出和雅音，其音演暢五根、五力、七菩提分、八聖道分，如是等法。其土衆生，聞是音已，皆悉念佛、念法、念僧。舍利弗，汝勿謂此鳥，實是罪報所生。所以者何？彼佛國土，無三惡道。舍利弗，其佛國土，尚無惡道之名，何况有實？是諸衆鳥，皆是阿彌陀佛欲令法音宣流，變化所作。舍利弗，彼佛國土，微風吹動諸寶行樹及寶羅網，出微妙音。譬如百千種樂，同時俱作。聞是音者，自然皆生念佛、念法、念僧之心。舍利弗，其佛國土，成就如是功德莊嚴。

舍利弗，於汝意云何？彼佛何故號阿彌陀？舍利弗，彼佛光明無量，照十方國，無所障礙，是故號爲阿彌陀。又舍利弗，彼佛壽命，及其人民，無量無邊阿僧祇劫，故名阿彌陀。舍利弗，阿彌陀佛成佛以來，於今十劫。又舍利弗，彼佛有無量無邊聲聞弟子，皆阿羅漢，非是算數之所能知。諸菩薩衆，亦復如是。舍利弗，彼佛國土，成就如是功德莊嚴。

又舍利弗，極樂國土，衆生生者，皆是阿鞞跋致。其中多有一生補處，其數甚多，非是算數所能知之，但可以無量無邊阿僧祇説。舍利弗，衆生聞者，應當發願，願生彼國。所以者何？得與如是諸上善人，俱會一處。

舍利弗，不可以少善根、福德、因緣，得生彼國。舍利弗，若有善男子、善女人，聞説阿彌陀佛，執持名號，若一日、若二日、若三日、若四日、若五日、若六日、若七日，一心不亂。其人臨命終時，阿彌陀佛，與諸聖衆，現在其前。是人終時，心不顛倒，即得往生阿彌陀佛極樂國土。舍利弗，我見是利，故説此言。若有衆生聞是説者，應當發願，生彼國土。

舍利弗，如我今者，贊嘆阿彌陀佛，不可思議功德之利，東方亦有阿閦鞞佛、須彌相佛、大須彌佛、須彌光佛、妙音佛，如是等恒河沙數諸佛，各於其國，出廣長舌相，遍覆三千大千世界，説誠實言：汝等衆生，當信是稱贊不可思議功德一切諸佛所護念經。

舍利弗，南方世界，有日月燈佛、名聞光佛、大焰肩佛、須彌燈佛、無量精進佛，如是等恒河沙數諸佛，各於其國出廣長舌相，遍覆三千大千世界，説誠實言：汝等衆生，當信是稱贊不可思議功德一切諸佛所護念經。

舍利弗，西方世界，有無量壽佛、無量相佛、無量幢佛、大光佛、大明佛、寶相佛、净光佛，如是等恒河沙數諸佛，各於其國出廣長舌相，遍覆三千大千世界，説誠實言：汝等衆生，當信是稱讚不可思議功德一切諸佛所護念經。

舍利弗，北方世界，有焰肩佛、最勝音佛、難沮佛、日生佛、網明佛，如是等恒河沙數諸佛，各於其國出廣長舌相，遍覆三千大千世界，説誠實言：汝等衆生，當信是稱讚不可思議功德一切諸佛所護念經。

舍利弗，下方世界，有獅子佛、名聞佛、名光佛、達摩佛、法幢佛、持法佛，如是等恒河沙數諸佛，各於其國出廣長舌相，遍覆三千大千世界，説誠實言：汝等衆生，當信是稱讚不可思議功德一切諸佛所護念經。

舍利弗，上方世界，有梵音佛、宿王佛、香上佛、香光佛、大焰肩佛、雜色寶花嚴身佛、娑羅樹王佛、寶華德佛、見一切義佛、如須彌山佛，如是等恒河沙數諸佛，各於其國出廣長舌相，遍覆三千大千世界，説誠實言：汝等衆生，當信是稱讚不可思議功德一切諸佛所護念經。

舍利弗，於汝意云何？何故名爲一切諸佛所護念經？

舍利弗，若有善男子、善女人，聞是經受持者，及聞諸佛名者，是諸善男子、善女人，皆爲一切諸佛之所護念，皆得不退轉於阿耨多羅三藐三菩提，是故舍利弗，汝等皆當信受我語及諸佛所説。

舍利弗，若有人已發願、今發願、當發願，欲生阿彌陀佛國者，是諸人等，皆得不退轉於阿耨多羅三藐三菩提，於彼國土若已生、若今生、若當生。是故舍利弗，諸善男子、善女人，若有信者，應當發願，生彼國土。

舍利弗，如我今者稱讚諸佛不可思議功德，彼諸佛等，亦稱讚我不可思議功德，而作是言：釋迦牟尼佛，能爲甚難稀有之事，能於娑婆國土，五濁惡世，劫濁、見濁、煩惱濁、衆生濁、命濁中，得阿耨多羅三藐三菩提，爲諸衆生説是一切世間難信之法。舍利弗，當知我於五濁惡世行此難事，得阿耨多羅三藐三菩提，爲一切世間説此難信之法，是爲甚難。

佛説此經已，舍利弗及諸比丘、一切世間天、人、阿修羅等，聞佛所説，歡喜信受，作禮而去。

《佛説阿彌陀經》終

佛説大乘無量壽莊嚴清浄平等覺經（第四至第九）

夏蓮居老居士 輯

法藏因地第四

佛告阿難：過去無量不可思議無央數劫，有佛出世，名世間自在王如來、應供、等正覺、明行足、善逝、世間解、無上士、調禦丈夫、天人師、佛世尊。在世教授四十二劫，時爲諸天及世人説經講道。

有大國主名世饒王。聞佛説法，歡喜開解，尋發無上真正道意。弃國捐王，行作沙門。號曰法藏。修菩薩道，高才勇哲，與世超异，信解明記，悉皆第一。又有殊勝行願，及念慧力。增上其心，堅固不動。修行精進，無能逾者。往詣佛所，頂禮長跪，向佛合掌，即以伽他贊佛，發廣大願。頌曰：

如來微妙色端嚴　一切世間無有等
光明無量照十方　日月火珠皆匿曜
世尊能演一音聲　有情各各隨類解
又能現一妙色身　普使衆生隨類見

願我得佛清净聲　法音普及無邊界
宣揚戒定精進門　通達甚深微妙法
智慧廣大深如海　内心清净絶塵勞
超過無邊惡趣門　速到菩提究竟岸
無明貪嗔皆永無　惑盡過亡三昧力
亦如過去無量佛　爲彼群生大導師
能救一切諸世間　生老病死衆苦惱
常行布施及戒忍　精進定慧六波羅
未度有情令得度　已度之者使成佛
假令供養恒沙聖　不如堅勇求正覺
願當安住三摩地　恒放光明照一切
感得廣大清净居　殊勝莊嚴無等倫
輪回諸趣衆生類　速生我刹受安樂
常運慈心拔有情　度盡無邊苦衆生
我行決定堅固力　唯佛聖智能證知
縱使身止諸苦中　如是願心永不退

至心精進第五

法藏比丘説此偈已，而白佛言：我今爲菩薩道，已發無上正覺之心，取願作佛，悉令如佛。願佛爲我廣宣經法。我當奉持，如法修行。拔諸勤苦生死根本，速成無上正等正覺。欲令我作佛時，智慧光明，所居國土，教授名字，皆聞十方。諸天人民及蜎蠕類，來生我國，悉作菩薩。我立是願，都勝無數諸佛國者，寧可得否？

世間自在王佛，即爲法藏而説經言：譬如大海一人斗量，經歷劫數尚可窮底。人有至心求道，精進不止，會當克果，何願不得。汝自思惟，修何方便，而能成就佛刹莊嚴。如所修行，汝自當知。清浄佛國，汝應自攝。法藏白言：斯義宏深，非我境界。惟願如來應正遍知，廣演諸佛無量妙刹。若我得聞，如是等法，思惟修習，誓滿所願。

世間自在王佛知其高明，志願深廣，即爲宣説二百一十億諸佛刹土，功德嚴浄、廣大圓滿之相，應其心願悉現與之。説是法時，經千億歲。爾時法藏聞佛所説，皆悉睹見，起發無上殊勝之願。於彼天人善惡，國土粗妙，思惟究竟。便一其心，選擇所欲，結得大願，精勤求索，恭慎保持。修習功德，滿足五劫。於彼二十一俱胝佛土，功德莊嚴之事，明了通達，如一佛刹。所攝佛國，超過於彼。

即攝受已，復詣世自在王如來所，稽首禮足，繞佛三匝，合掌而住。白言世尊：我已成就莊嚴佛土，清净之行。佛言：善哉！今正是時。汝應具説，令衆歡喜。亦令大衆，聞是法已，得大善利。能於佛刹，修習攝受，滿足無量大願。

發大誓願第六

法藏白言：唯願世尊，大慈聽察。

我若證得無上菩提，成正覺已，所居佛刹，具足無量不可思議功德莊嚴。無有地獄、餓鬼、禽獸、蜎飛蠕動之類。所有一切衆生，以及焰摩羅界，三惡道中，來生我刹，受我法化，悉成阿耨多羅三藐三菩提，不復更墮惡趣。得是願，乃作佛。不得是願，不取無上正覺。（一、國無惡道願。二、不墮惡趣願。）

我作佛時，十方世界，所有衆生，令生我刹，皆具紫磨真金色身；三十二種大丈夫相；端正净潔，悉同一類。若形貌差别，有好醜者，不取正覺。（三、身悉金色願。四、三十二相願。五、身無差别願。）

我作佛時，所有衆生，生我國者，自知無量劫時宿命。所作善惡，皆能洞視，徹聽，知十方去來現在之事。不得是願，不取正覺。（六、宿命通願。七、天眼通願。八、天耳通願。）

我作佛時，所有衆生，生我國者，皆得他心智通。若不悉知億那由他百千佛刹，衆生心念者，不取正覺。（九、他心通願。）

我作佛時，所有衆生，生我國者，皆得神通自在，波羅蜜多。於一念頃，不能超過億那由他百千佛刹，周遍巡歷，供養諸佛者，不取正覺。（十、神足通願。十一、遍供諸佛願。）

我作佛時，所有衆生，生我國者，遠離分別，諸根寂靜。若不决定成等正覺，證大涅槃者，不取正覺。（十二、定成正覺願。）

我作佛時，光明無量，普照十方，絶勝諸佛，勝於日月之明千萬億倍。若有衆生，見我光明，照觸其身，莫不安樂，慈心作善，來生我國。若不爾者，不取正覺。（十三、光明無量願。十四、觸光安樂願。）

我作佛時，壽命無量，國中聲聞天人無數，壽命亦皆無量。假令三千大千世界衆生，悉成緣覺，於百千劫，悉共計校，若能知其量數者，不取正覺。（十五、壽命無量願。十六、聲聞無數願。）

我作佛時，十方世界，無量刹中，無數諸佛，若不共稱嘆我名，説我功德國土之善者，不取正覺。（十七、諸佛稱嘆願。）

我作佛時，十方衆生，聞我名號，至心信樂。所有善根，心心回向，願生我國。乃至十念，若不生者，不取正覺。唯除五逆，誹謗正法。（十八、十念必生願。）

我作佛時，十方衆生，聞我名號，發菩提心，修諸功德，奉行六波羅蜜，堅固不退。復以善根回向，願生我國。一心念我，晝夜不斷。臨壽終時，我與諸菩薩衆，迎現其前。經須臾間，即生我刹，作阿惟越致菩薩。不得是願，不取正覺。（十九、聞名發心願。二十、臨終接引願。）

我作佛時，十方衆生，聞我名號，系念我國，發菩提心，堅固不退。植衆德本，至心回向，欲生極樂，無不遂者。若有宿惡，聞我名字，即自悔過，爲道作善，便持經戒，願生我刹，命終不復更三惡道，即生我國。若不爾者，不取正覺。（二十一、悔過得生願。）

我作佛時，國無婦女。若有女人，聞我名字，得清净信，發菩提心，厭患女身，願生我國。命終即化男子，來我刹土。十方世界諸衆生類，生我國者，皆於七寶池蓮華中化生。若不爾者，不取正覺。（二十二、國無女人願。二十三、厭女轉男願。二十四、蓮華化生願。）

我作佛時，十方衆生，聞我名字，歡喜信樂，禮拜歸命。以清净心，修菩薩行。諸天世人，莫不致敬。若聞我名，壽終之後，生尊貴家，諸根無缺。常修殊勝梵行。若不爾者，不取正覺。（二十五、天人禮敬願。二十六、聞名得福願。二十七、修殊勝行願。）

我作佛時，國中無不善名。所有衆生，生我國者，皆同一心，住於定聚。永離熱惱，心得清凉。所受快樂，猶如漏盡比丘。若起想念，貪計身者，不取正覺。（二十八、國無不善願。二十九、住正定聚願。三十、樂如漏盡願。三十一、不貪計身願。）

我作佛時，生我國者，善根無量，皆得金剛那羅延身，堅固之力。身頂皆有光明照耀。成就一切智慧，獲得無邊辯才。善談諸法秘要。説經行道，語如鐘聲。若不爾者，不取正覺。（三十二、那羅延身願。三十三、光明慧辯願。三十四、善談法要願。）

我作佛時，所有衆生，生我國者，究竟必至一生補處。除其本願，爲衆生故，被弘誓鎧，教化一切有情，皆發信心，修菩提行，行普賢道。雖生他方世界，永離惡趣。或樂説法，或樂聽法，或現神足，隨意修習，無不圓滿。若不爾者，不取正覺。（三十五、一生補處願。三十六、教化隨意願。）

我作佛時，生我國者，所須飲食、衣服、種種供具，隨意即至，無不滿願。十方諸佛，應念受其供養。若不爾者，不取正覺。（三十七、衣食自至願。三十八、應念受供願。）

我作佛時，國中萬物，嚴浄、光麗，形色殊特。窮微極妙，無能稱量。其諸衆生，雖具天眼，有能辨其形色、光相、名數，及總宣説者，不取正覺。（三十九、莊嚴無盡願。）

我作佛時，國中無量色樹，高或百千由旬。道場樹高，四百萬里。諸菩薩中，雖有善根劣者，亦能了知。欲見諸佛浄國莊嚴，悉於寶樹間見。猶如明鏡，睹其面像。若不爾者，不取正覺。（四十、無量色樹願。四十一、樹現佛刹願。）

我作佛時，所居佛刹，廣博嚴浄，光瑩如鏡，徹照十方，無量無數不可思議諸佛世界。衆生睹者，生希有心。若不爾者，不取正覺。（四十二、徹照十方願。）

我作佛時，下從地際，上至虚空，宫殿樓觀，池流華樹，國土所有一切萬物，皆以無量寶香合成。其香普熏十方世界。衆生聞者，皆修佛行。若不爾者，不取正覺。（四十三、寶香普熏願。）

我作佛時，十方佛刹諸菩薩衆，聞我名已，皆悉逮得清浄解脱、普等三昧，諸深總持。住三摩地，至於成佛。定中常供無量無邊一切諸佛，不失定意。若不爾者，不取正覺。（四十四、普等三昧願。四十五、定中供佛願。）

我作佛時，他方世界諸菩薩衆，聞我名者，證離生法，獲陀羅尼。清浄歡喜，得平等住。修菩薩行，具足德本。應時不獲一二三忍。於諸佛法，不能現證不退轉者，不取正覺。（四十六、獲陀羅尼願。四十七、聞名得忍願。四十八、現證不退願。）

必成正覺第七

佛告阿難：爾時法藏比丘説此願已，以偈頌曰：

我建超世志　必至無上道
斯願不滿足　誓不成等覺
復爲大施主　普濟諸窮苦
令彼諸群生　長夜無憂惱
出生衆善根　成就菩提果
我若成正覺　立名無量壽
衆生聞此號　俱來我刹中
如佛金色身　妙相悉圓滿
亦以大悲心　利益諸群品
離欲深正念　净慧修梵行
願我智慧光　普照十方刹
消除三垢冥　明濟衆厄難
悉捨三途苦　滅諸煩惱暗
開彼智慧眼　獲得光明身
閉塞諸惡道　通達善趣門
爲衆開法藏　廣施功德寶

如佛無礙智　所行慈愍行
常作天人師　得爲三界雄
説法獅子吼　廣度諸有情
圓滿昔所願　一切皆成佛
斯願若克果　大千應感動
虚空諸天神　當雨珍妙華

佛告阿難：法藏比丘，説此頌已，應時普地六種震動。天雨妙華，以散其上。自然音樂空中贊言，決定必成無上正覺。

積功累德第八

阿難：法藏比丘於世自在王如來前，及諸天人大衆之中，發斯弘誓願已，住真實慧，勇猛精進，一向專志莊嚴妙土，所修佛國，開廓廣大，超勝獨妙，建立常然，無衰無變。於無量劫，積植德行，不起貪嗔癡欲諸想，不著色聲香味觸法。但樂憶念過去諸佛，所修善根。行寂静行，遠離虚妄。依真諦門，植衆德本。不計衆苦，少欲知足。專求白法，惠利群生。志願無倦，忍力成就。於諸有情，常懷慈忍，和顔愛語，勸諭策進。恭敬三寶，奉事師長。無有虚僞諂曲之心。莊嚴衆行，軌範具足。觀法如化，三昧常寂。善護口業，不譏他過。善護身業，不失律儀。善護意業，清净無染。所有國城、聚落、眷屬、珍寶，都無所著。恒以布施、持戒、忍辱、精進、禪定、智慧，六度之行，教化安立衆生，住於無上真正之道。

由成如是諸善根故，所生之處，無量寶藏，自然發應。或爲長者、居士、豪姓尊貴，或爲刹利國王、轉輪聖帝，或爲六欲天主，乃至梵王。於諸佛所，尊重供養，未曾間斷。如是功德，説不能盡。身口常出無量妙香，猶如栴檀、優鉢羅華。其香普熏無量世界。隨所生處，色相端嚴。三十二相、八十種好，悉皆具足。手中常出無盡之寶，莊嚴之具，一切所須，最上之物，利樂有情。由是因緣，能令無量衆生，皆發阿耨多羅三藐三菩提心。

圓滿成就第九

佛告阿難：法藏比丘，修菩薩行，積功累德，無量無邊。於一切法，而得自在。非是語言分別之所能知。所發誓願圓滿成就，如實安住，具足莊嚴、威德廣大、清净佛土。阿難聞佛所説，白世尊言：法藏菩薩成菩提者，爲是過去佛耶？未來佛耶？爲今現在他方世界耶？

世尊告言：彼佛如來，來無所來，去無所去。無生無滅，非過現未來。但以酬願度生，現在西方，去閻浮提百千俱胝那由他佛刹，有世界名曰極樂。法藏成佛號阿彌陀。成佛以來，於今十劫。今現在說法。有無量無數菩薩、聲聞之衆，恭敬圍繞。

《佛說大乘無量壽莊嚴清静平等覺經》（第四至第九）終

大方廣佛華嚴經・普賢行願品

〔唐〕三藏般若法師 譯

爾時，普賢菩薩摩訶薩，稱贊如來勝功德已，告諸菩薩及善財言：善男子！如來功德，假使十方一切諸佛，經不可説不可説佛刹極微塵數劫，相續演説，不可窮盡！若欲成就此功德門，應修十種廣大行願。何等爲十？一者、禮敬諸佛。二者、稱贊如來。三者、廣修供養。四者、懺悔業障。五者、隨喜功德。六者、請轉法輪。七者、請佛住世。八者、常隨佛學。九者、恒順衆生。十者、普皆回向、善財白言：「大聖！云何禮敬乃至回向？」普賢菩薩告善財言：「善男子！言禮敬諸佛者，所有盡法界、虛空界，十方三世一切佛刹，極微塵數諸佛世尊，我以普賢行願力故，深心信解，如對目前，悉以清净身語意業，常修禮敬。一一佛所，皆現不可説不可説佛刹極微塵數身。一一身，遍禮不可説不可説佛刹及微塵數佛。虛空界盡，我禮乃盡，以虛空界不可盡故，我此禮敬無有窮盡。如此乃至衆生界盡，衆生業盡，衆生煩惱盡，我禮乃盡。而衆生界乃至煩惱無有盡故，我此禮敬無有窮盡。念念相續，無有間斷，身語意業，無有疲厭。

復次，善男子！言稱贊如來者，所有盡法界、虛空界，十方三世一切刹土，所有極微一一塵中，皆有一切世間極微塵數佛；一一佛所，皆有菩薩海會圍繞。我當悉以甚深勝解，現前知見，各以出過辯才天女微妙舌根，一一舌根，出無盡音聲海，一一音聲，出一切言辭海，稱揚贊嘆一切如來諸功德海。窮未來際，相續不斷，盡於法界，無不周遍。如是虛空界盡，衆生界盡，衆生業盡，衆生煩惱盡，我贊乃盡。而虛空界乃至煩惱，無有盡故，我此贊嘆無有窮盡。念念相續，無有間斷，身語意業，無有疲厭。

復次，善男子！言廣修供養者，所有盡法界、虛空界，十方三世一切佛刹極微塵中，一一各有一切世界極微塵數佛，一一佛所，種種菩薩海會圍繞。我以普賢行願力故，起深信解，現前知見，悉以上妙諸供養具而爲供養。所謂華云、鬘云、天音樂云、天傘蓋云、天衣服云、天種種香、塗香、燒香、末香，如是等云，一一量如須彌山王。然種種燈，酥燈、油燈，諸香油燈，一一燈柱如須彌山，一一燈油如大海水。以如是等諸供養具，常爲供養。善男子！諸供養中，法供養最。所謂如説修行供養，利益衆生供養，攝受衆生供養，代衆生苦供養，勤修善根供養，不捨菩薩業供養，不離菩提心供養。善男子！如前供養無量功德，比法供養一念功德，百分不及一，千分不及一，百千俱胝那由他分、迦羅分、算分、數分、喻分、優波尼沙陀分，亦不及一。何以故？以諸如來尊重法故。以如説行，出生諸佛故。若諸菩薩行法供養，則得成就供養如來。如是修行，是真供養故。此廣大最勝供養，虛空界盡，衆生界盡，衆生業盡，衆生煩惱盡，我供乃盡，而虛空界乃至煩惱不可盡故，我此供養亦無有盡。念念相續，無有間斷，身語意業，無有疲厭。

復次，善男子！言懺悔業障者，菩薩自念：我於過去無始劫中，由貪嗔癡，發身口意，作諸惡業，無量無邊。若此惡業有體相者，盡虛空界不能容受。我今悉以清净三業，遍於法界極微塵刹一切諸佛菩薩衆前，誠心懺悔，後不復造，恒住净戒一切功德。如是虛空界盡，衆生界盡，衆生業盡，衆生煩惱盡，我懺乃盡，而虛空界乃至衆生煩惱不可盡故，我此懺悔無有窮盡。念念相續，無有間斷，身語意業，無有疲厭。

復次，善男子！言隨喜功德者，所有盡法界、虛空界，十方三世一切佛刹極微塵數諸佛如來，從初發心，爲一切智，勤修福聚，不惜身命，經不可説不可説佛刹極微塵數劫，一一劫中，捨不可説不可説佛刹極微塵數頭目手足。如是一切難行苦行，圓滿種種波羅蜜門，證入種種菩薩智地，成就諸佛無上菩提及般涅槃，分布舍利，所有善根，我皆隨喜。及彼十方一切世界，六趣四生，一切種類，所有功德，乃至一塵，我皆隨喜。十方三世一切聲聞及辟支佛，有學無學，所有功德，我皆隨喜。一切菩薩所修無量難行苦行，志求無上正等菩提，廣大功德，我皆隨喜。如是虛空界盡，衆生界盡，衆生業盡，衆生煩惱盡，我此隨喜，無有窮盡。念念相續，無有間斷，身語意業，無有疲厭。

復次，善男子！言請轉法輪者，所有盡法界、虛空界，十方三世一切佛刹極微塵中，一一各有不可説不可説佛刹極微塵數廣大佛刹。一一刹中，念念有不可説不可説佛刹極微塵數一切諸佛成等正覺，一切菩薩海會圍繞。而我悉以身口意業，種種方便，殷勤勸請，轉妙法輪。如是虛空界盡，衆生界盡，衆生業盡，衆生煩惱盡，我常勸請一切諸佛，轉正法輪，無有窮盡。念念相續，無有間斷，身語意業，無有疲厭。

復次，善男子！言請佛住世者，所有盡法界、虛空界，十方三世一切佛刹極微塵數諸佛如來，將欲示現般涅槃者，及諸菩薩、聲聞、緣覺，有學無學，乃至一切諸善知識，我悉勸請莫入涅槃。經於一切佛刹極微塵數劫，爲欲利樂一切衆生。如是虛空界盡，衆生界盡，衆生業盡，衆生煩惱盡，我此勸請，無有窮盡。念念相續，無有間斷，身語意業，無有疲厭。

復次，善男子！言常隨佛學者，如此娑婆世界毗盧遮那如來，從初發心，精進不退，以不可說不可說身命而爲布施。剝皮爲紙，析骨爲筆，刺血爲墨，書寫經典，積如須彌。爲重法故，不惜身命，何況王位、城邑、聚落、宫殿、園林，一切所有，及余種種難行苦行，乃至樹下成大菩提，示種種神通，起種種變化，現種種佛身，處種種衆會，或處一切諸大菩薩衆會道場，或處聲聞及辟支佛衆會道場，或處轉輪聖王、小王眷屬衆會道場，或處刹利及婆羅門、長者、居士衆會道場，乃至或處天龍八部、人非人等衆會道場。處於如是種種衆會，以圓滿音，如大雷震，隨其樂欲，成熟衆生，乃至示現入於涅槃，如是一切，我皆隨學。如今世尊毗盧遮那，如是盡法界、虛空界，十方三世一切佛刹所有塵中一切如來，皆亦如是，於念念中，我皆隨學。如是虛空界盡，衆生界盡，衆生業盡，衆生煩惱盡，我此隨學，無有窮盡。念念相續，無有間斷，身語意業，無有疲厭。

復次，善男子！言恒順衆生者，謂盡法界、虛空界，十方刹海所有衆生，種種差別。所謂卵生、胎生、濕生、化生；或有依於地、水、火、風而生住者；或有依空及諸卉木而生住者，種種生類，種種色身，種種形狀，種種相貌，種種壽量，種種族類，種種名號，種種心性，種種知見，種種欲樂，種種意行，種種威儀，種種衣服，種種飲食，處於種種村營、聚落、城邑、宮殿。乃至一切天龍八部、人非人等，無足、二足、四足、多足、有色、無色、有想、無想、非有想、非無想，如是等類，我皆於彼，隨順而轉。種種承事，種種供養。如敬父母，如奉師長及阿羅漢，乃至如來，等無有异。於諸病苦，爲作良醫。於失道者，示其正路。於闇夜中，爲作光明。於貧窮者，令得伏藏。菩薩如是平等饒益一切衆生。何以故？菩薩若能隨順衆生，則爲隨順供養諸佛。若於衆生尊重承事，則爲尊重承事如來。若令衆生生歡喜者，則令一切如來歡喜。何以故？諸佛如來以大悲心而爲體故。因於衆生，而起大悲；因於大悲，生菩提心；因菩提心，成等正覺。譬如曠野砂磧之中，有大樹王，若根得水，枝葉華果悉皆繁茂。生死曠野菩提樹王，亦復如是。一切衆生而爲樹根，諸佛菩薩而爲華果，以大悲水饒益衆生，則能成就諸佛菩薩智慧華果。何以故？若諸菩薩以大悲水饒益衆生，則能成就阿耨多羅三藐三菩提故。是故菩提屬於衆生。若無衆生，一切菩薩終不能成無上正覺。善男子！汝於此義，應如是解。以於衆生心平等故，則能成就圓滿大悲。以大悲心隨衆生故，則能成就供養如來。菩薩如是隨順衆生，虛空界盡，衆生界盡，衆生業盡，衆生煩惱盡，我此隨順無有窮盡。念念相續，無有間斷，身語意業，無有疲厭。

復次，善男子！言普皆回向者，從初禮拜乃至隨順所有功德，皆悉回向，盡法界、虛空界一切衆生。願令衆生，常得安樂，無諸病苦。欲行惡法，皆悉不成。所修善業，皆速成就。關閉一切諸惡趣門，開示人天涅槃正路。若諸衆生，因其積集諸惡業故，所感一切極重苦果，我皆代受，令彼衆生，悉得解脱，究竟成就無上菩提。菩薩如是所修回向，虛空界盡，衆生界盡，衆生業盡，衆生煩惱盡，我此回向，無有窮盡。念念相續，無有間斷，身語意業，無有疲厭。

善男子！是爲菩薩摩訶薩十種大願，具足圓滿。若諸菩薩，於此大願，隨順趣入，則能成熟一切衆生，則能隨順阿耨多羅三藐三菩提，則能成滿普賢菩薩諸行願海。

是故善男子！汝於此義，應如是知。若有善男子、善女子，以滿十方無量無邊不可説不可説佛刹極微塵數一切世界，上妙七寶，及諸人天最勝安樂，布施爾所一切世界所有衆生，供養爾所一切世界諸佛菩薩，經爾所佛刹極微塵數劫，相續不斷，所得功德；若復有人，聞此願王，一經於耳，所有功德，比前功德，百分不及一，千分不及一，乃至優波尼沙陀分亦不及一。或復有人，以深信心，於此大願，受持讀誦，乃至書寫一四句偈，速能除滅五無間業。所有世間身心等病，種種苦惱，乃至佛刹極微塵數一切惡業，皆得消除。一切魔軍、夜叉、羅刹、若鳩槃茶、若毗舍闍、若部多等，飲血啖肉諸惡鬼神，皆悉遠離。或時發心，親近守護。是故若人誦此願者，行於世間，無有障礙。如空中月，出於云翳。諸佛菩薩之所稱贊，一切人天皆應禮敬，一切衆生悉應供養。此善男子，善得人身，圓滿普賢所有功德。不久當如普賢菩薩，速得成就微妙色身，具三十二大丈夫相。若生人天，所在之處，常居勝族，悉能破壞一切惡趣，悉能遠離一切惡友，悉能制服一切外道，悉能解脱一切煩惱。如獅子王摧伏群獸，堪受一切衆生供養。又復是人臨命終時，最後刹那，一切諸根悉皆散壞；一切親屬悉皆捨離；一切威勢悉皆退失；輔相大臣、宮城内外、象馬車乘、珍寶伏藏，如是一切無復相隨。唯此願王，不相捨離，於一切時，引導其前。一刹那中，即得往生極樂世界。到已即見阿彌陀佛、文殊師利菩薩、普賢菩薩、觀自在菩薩、彌勒菩薩等。此諸菩薩，色相端嚴，功德具足，所共圍繞。其人自見生蓮華中，蒙佛授記。得授記已，經於無數百千萬億那由他劫，普於十方不可説不可説世界，以智慧力，隨衆生心而爲利益。不久當坐菩提道場，降服魔軍，成等正覺，轉妙法輪。能令佛刹極微塵數世界衆生，發菩提心，隨其根性，教化成熟，乃至盡於未來劫海，廣能利益一切衆生。

善男子！彼諸衆生，若聞、若信此大願王，受持讀誦，廣爲人説，所有功德，除佛世尊，餘無知者。是故汝等，聞此願王，莫生疑念，應當諦受。受已能讀，讀已能誦，誦已能持，乃至書寫，廣爲人說。是諸人等，於一念中，所有行願，皆得成就；所獲福聚，無量無邊！能於煩惱大苦海中，拔濟衆生，令其出離，皆得往生阿彌陀佛極樂世界。」

爾時，普賢菩薩摩訶薩，欲重宣此義，普觀十方，而說偈言：

「所有十方世界中，三世一切人獅子，我以清净身語意，一切遍禮盡無餘。
普賢行願威神力，普現一切如來前，一身復現刹塵身，一一遍禮刹塵佛。
於一塵中塵數佛，各處菩薩衆會中，無盡法界塵亦然，深信諸佛皆充滿。
各以一切音聲海，普出無盡妙言辭，盡於未來一切劫，贊佛甚深功德海。
以諸最勝妙華鬘，伎樂塗香及傘蓋，如是最勝莊嚴具，我以供養諸如來。
最勝衣服最勝香，末香燒香與燈燭，一一皆如妙高聚，我悉供養諸如來。
我以廣大勝解心，深信一切三世佛，悉以普賢行願力，普遍供養諸如來。
我昔所造諸惡業，皆由無始貪嗔癡，從身語意之所生，一切我今皆懺悔。
十方一切諸衆生，二乘有學及無學，一切如來與菩薩，所有功德皆隨喜。
十方所有世間燈，最初成就菩提者，我今一切皆勸請，轉於無上妙法輪。
諸佛若欲示涅槃，我悉至誠而勸請，唯願久住刹塵劫，利樂一切諸衆生。
所有禮贊供養福，請佛住世轉法輪，隨喜懺悔諸善根，回向衆生及佛道。

我隨一切如來學，修習普賢圓滿行，供養一切諸如來，及與現在十方佛。
未來一切天人師，一切意樂皆圓滿，我願普隨三世學，速得成就大菩提。
所有十方三世刹，廣大清浄妙莊嚴，衆會圍繞諸如來，悉在菩提樹王下。
十方所有諸衆生，願離憂患常安樂，獲得甚深正法利，滅除煩惱盡無餘。
我爲菩提修行時，一切趣中成宿命，常得出家修浄戒，無垢無破無穿漏。
天龍夜叉鳩槃茶，乃至人與非人等，所有一切衆生語，悉以諸音而説法。
勤修清浄波羅蜜，恒不忘失菩提心，滅除障垢無有餘，一切妙行皆成就。
於諸惑業及魔境，世間道中得解脱，猶如蓮花不著水，亦如日月不住空。
悉除一切惡道苦，等與一切群生樂，如是經於刹塵劫，十方利益恒無盡。
我常隨順諸衆生，盡於未來一切劫，恒修普賢廣大行，圓滿無上大菩提。
所有與我同行者，於一切處同集會，身口意業皆同等，一切行願同修學。
所有益我善知識，爲我顯示普賢行，常願與我同集會，於我常生歡喜心。
願常面見諸如來，及諸佛子衆圍繞，於彼皆興廣大供，盡未來劫無疲厭。
願持諸佛微妙法，光顯一切菩提行，究竟清浄普賢道，盡未來劫常修習。
我於一切諸有中，所修福智恒無盡，定慧方便及解脱，獲諸無盡功德藏。
一塵中有塵數刹，一一刹有難思佛，一一佛處衆會中，我見恒演菩提行。

普盡十方諸刹海，一一毛端三世海，佛海及與國土海，我遍修行經劫海。
一切如來語清净，一言具衆音聲海，隨諸衆生意樂音，一一流佛辯才海。
三世一切諸如來，於彼無盡語言海，恒轉理趣妙法輪，我深智力普能入。
我能深入於未來，盡一切劫爲一念，三世所有一切劫，爲一念際我皆入。
我於一念見三世，所有一切人獅子，亦常入佛境界中，如幻解脱及威力。
於一毛端極微中，出現三世莊嚴刹，十方塵刹諸毛端，我皆深入而嚴净。
所有未來照世燈，成道轉法悟群有，究竟佛事示涅槃，我皆往詣而親近。
速疾周遍神通力，普門遍入大乘力，智行普修功德力，威神普覆大慈力。
遍净莊嚴勝福力，無著無依智慧力，定慧方便威神力，普能積集菩提力。
清净一切善業力，摧滅一切煩惱力，降服一切諸魔力，圓滿普賢諸行力。
普能嚴净諸刹海，解脱一切衆生海，善能分别諸法海，能甚深入智慧海。
普能清净諸行海，圓滿一切諸願海，親近供養諸佛海，修行無倦經劫海。
三世一切諸如來，最勝菩提諸行願，我皆供養圓滿修，以普賢行悟菩提。
一切如來有長子，彼名號曰普賢尊，我今回向諸善根，願諸智行悉同彼。
願身口意恒清净，諸行刹土亦復然，如是智慧號普賢，願我與彼皆同等。
我爲遍净普賢行，文殊師利諸大願，滿彼事業盡無餘，未來際劫恒無倦。

我所修行無有量，獲得無量諸功德，安住無量諸行中，了達一切神通力。
文殊師利勇猛智，普賢慧行亦復然，我今回向諸善根，隨彼一切常修學。
三世諸佛所稱嘆，如是最勝諸大願，我今回向諸善根，爲得普賢殊勝行。
願我臨欲命終時，盡除一切諸障礙，面見彼佛阿彌陀，即得往生安樂刹。
我既往生彼國已，現前成就此大願，一切圓滿盡無餘，利樂一切衆生界。
彼佛衆會咸清净，我時於勝蓮華生，親睹如來無量光，現前授我菩提記。
蒙彼如來授記已，化身無數百俱胝，智力廣大遍十方，普利一切衆生界。
乃至虚空世界盡，衆生及業煩惱盡，如是一切無盡時，我願究竟恒無盡。
十方所有無邊刹，莊嚴衆寶供如來，最勝安樂施天人，經一切刹微塵劫。
若人於此勝願王，一經於耳能生信，求勝菩提心渴仰，獲勝功德過於彼。
即常遠離惡知識，永離一切諸惡道，速見如來無量光，具此普賢最勝願。
此人善得勝壽命，此人善來人中生，此人不久當成就，如彼普賢菩薩行。
往昔由無智慧力，所造極惡五無間，誦此普賢大願王，一念速疾皆消滅。
族姓種類及容色，相好智慧咸圓滿，諸魔外道不能摧，堪爲三界所應供。
速詣菩提大樹王，坐已降服諸魔衆，成等正覺轉法輪，普利一切諸含識。
若人於此普賢願，讀誦受持及演説，果報唯佛能證知，决定獲勝菩提道。

若人誦持普賢願，我説少分之善根，一念一切悉皆圓，成就衆生清浄願。我此普賢殊勝行，無邊勝福皆回向，普願沈溺諸衆生，速往無量光佛刹。」

爾時，普賢菩薩摩訶薩，於如來前，説此普賢廣大願王清浄偈已。善財童子，踴躍無量，一切菩薩，皆大歡喜。如來贊言：「善哉！善哉！」爾時，世尊與諸聖者菩薩摩訶薩，演説如是不可思議解脱境界勝法門時，文殊師利菩薩而爲上首。諸大菩薩，及所成熟六千比丘，彌勒菩薩而爲上首。賢劫一切諸大菩薩，無垢普賢菩薩而爲上首。一生補處住灌頂位諸大菩薩，及餘十方種種世界，普來集會。一切刹海極微塵數菩薩摩訶薩衆、大智舍利弗、摩訶目犍連等而爲上首。諸大聲聞，并諸人天一切世主、天、龍、夜叉、乾闥婆、阿修羅、迦樓羅、緊那羅、摩侯羅伽、人非人等一切大衆，聞佛所説，皆大歡喜，信受奉行。

《大方廣佛華嚴經·普賢行願品》終

楞嚴經・大勢至念佛圓通章

〔唐〕天竺沙門般剌密諦 譯

大勢至法王子，與其同倫五十二菩薩，即從座起，頂禮佛足，而白佛言：「我憶往昔，恒河沙劫，有佛出世，名無量光。十二如來，相繼一劫。其最後佛，名超日月光。彼佛教我，念佛三昧。譬如有人，一專爲憶，一人專忘；如是二人，若逢不逢，或見非見。二人相憶，二憶念深，如是乃至，從生至生，同於形影，不相乖异。十方如來，憐念衆生，如母憶子。若子逃逝，雖憶何爲？子若憶母，如母憶時，母子歷生，不相違遠。若衆生心，憶佛念佛，現前當來，必定見佛。去佛不遠，不假方便，自得心開。如染香人，身有香氣，此則名曰，香光莊嚴。我本因地，以念佛心，入無生忍。今於此界，攝念佛人，歸於净土。佛問圓通，我無選擇，都攝六根，净念相繼，得三摩地，斯爲第一。」

《楞嚴經・大勢至念佛圓通章》終

蓮池大師《戒殺放生文》

依《蓮池大師全集》本及《安士全書》附録本參校

世人食肉，咸謂理所應然，乃恣意殺生，廣積怨業，相習成俗，不自覺知。昔人有言，可爲痛哭流涕長太息者是也。計其迷執，略有七條，開列如左，餘可例推云。

凡有知者必同體，人之食肉，大是怪事。然不以爲怪者，良由家世襲而爲常，鄰里比而成俗。習行既久，不覺其非，反以爲是，又奚怪乎？今有殺人而食者，人必大駭而亟誅之。何也？不習行故也。使殺人無禁，行之數年，以人肉而供庖厨者遍於天下矣。故曰舉世習行而不覺其非，可爲痛哭流涕長太息者是也。

一曰生日不宜殺生。哀哀父母，生我劬勞，己身始誕之辰，乃父母垂亡之日也。是日也，正宜戒殺持齋，廣行善事。庶使先亡考妣，早獲超昇，現在椿萱，增延福壽。何得頓忘母難，殺害生靈，上貽累於親，下不利於己。此舉世習行而不覺其非，可爲痛哭流涕長太息者一也。

唐太宗萬乘之主，生日尚不爲樂。田舍翁多收十斛粟，乃賀客盈門，歡宴累日。不知其可也。今世有生日飯僧誦經，修諸善事者，其賢乎哉！

二曰生子不宜殺生。凡人無子則悲，有子則喜。不思一切禽畜，亦各愛其子。慶我子生，令他子死，於心安乎？夫嬰孩始生，不爲積福，而反殺生造業，亦太愚矣。此舉世習行而不覺其非，可爲痛哭流涕長太息者二也。

一獵人暮夜大醉，視其幼子爲獐，礪刃將殺之，妻泣諫不聽，竟剖其腹，出其腸，已而安寢。天明，呼其子與入市鬻獐肉。妻哭曰：「昨汝所殺者子也。」其人舉身自擲，五内崩裂。噫！人畜雖殊，愛子之心一也，安可殺歟！

三曰祭先不宜殺生。亡者忌辰，及春秋祭掃，俱當戒殺，以資冥福。殺生以祭，徒增業耳。夫八珍羅於前，安能起九泉之遺骨而使之食乎？無益而有害，智者不爲矣。此舉世習行而不覺其非，可爲痛哭流涕長太息者三也。

或曰：「梁武帝以面爲犧牲，世譏其使祖宗不血食。」噫！血食未必珍，蔬食未必惡。爲人子者，貴乎慎修其身，而不覆先宗祀，斯善矣。奚取於祀之必用血也？禴祭勝於殺牛，《易》垂明訓。牲養猶爲不孝，聖有嘉謨。奚取於祀之必用血也？

四曰婚禮不宜殺生。世間婚禮，自問名納采以至成婚，殺生不知其幾。夫婚者生人之始也，生之始而行殺，理既逆矣。又婚禮，吉禮也，吉日而用兇事，不亦慘乎？此舉世習行而不覺其非，可爲痛哭流涕長太息者四也。

凡人結婚，必祝願夫妻偕老。爾願偕老，禽獸願先亡乎？嫁女之家，三日不息燭，思相離也。爾以相離爲苦，禽獸以相離爲樂乎？信乎婚之不宜殺矣！

五曰宴客不宜殺生。良辰美景，賢主佳賓，蔬食菜羹，不妨清致。何須廣殺生命，窮極肥甘，笙歌饜飫於杯盤，宰割怨號於砧几。嗟乎！有人心者，能不悲乎？此舉世習行而不覺其非，可爲痛哭流涕長太息者五也。

若知盤中之物，從砧几怨號中來，則以彼極苦，爲我極歡，雖食，亦不下咽矣。可不悲乎？

六曰祈禳不宜殺生。世人有疾，殺生祀神以祈福祐，不思己之祀神，欲免死而求生也，殺他命而延我命，逆天悖理，莫甚於此矣。夫正直者爲神，神其有私乎？命不可延，而殺業具在。種種淫祀，亦復類是。此舉世習行而不覺其非，可爲痛哭流涕長太息者六也。

《藥師經》云：「殺種種衆生，解奏神明，呼諸魍魎，請乞福祐，欲冀延年，終不可得。」所謂命不可延，殺業具在也。種種淫祀，如殺生求子、殺生求財、殺生求官等，及其得子、得財、得官，皆本人分定，非鬼神所爲也。偶爾滿願，遽謂有靈，信之彌堅，行之愈篤。邪見熾然，莫可救療，悲夫！

七曰營生不宜殺生。世人爲衣食故，或畋獵，或漁捕，或屠宰牛羊豬犬等，以資生計。而我觀不作此業者，亦衣亦食，未必其凍餒而死也。殺生營生，神理所殛。以殺昌裕，百無一人。種地獄之深因，受來生之惡報，莫斯爲甚矣。何苦而不別求生計乎？此舉世習行而不覺其非，可爲痛哭流涕長太息者七也。

親見屠羊者垂死而口作羊鳴，賣鱔者將亡而頭如鱔嚙。此二事近在鄰居，即非傳説。我勸世人，若無生計，寧丐食耳。造殺而生，不如忍饑而死也。籲！可不戒哉？

如上所列，甚拂常情。達人覽之，必以爲確論。倘能全戒，善莫加焉。其或不然，量力除減，或去四五，或禁二三。除一事則消一業，減一殺則杜一怨。若未能斷絶腥膻，且先應市買現物，不加親殺，亦免大愆。積養慈心，漸入佳境。得斯文者，更望輾轉流通，遞相勸化。能勸一人不殺，如救百萬生靈。勸至十人百人，以及千萬億衆，陰功浩大，善果無窮。但肯信行，决不相賺。

每年寫十二月分，粘貼屋壁。一月不殺，則於月下書「不殺」二字。一月不殺，下善也。一年不殺，中善也。一生不殺，上善也。世代不殺，善之又善者也。願人人戒殺，户户持齋，則諸佛生歡，萬神加護，干戈由是永息，刑罰可以無施，地獄爲之頓空，苦海因而長别矣。

戒殺祝願

若能一月不殺，至月盡夜，或次月朔旦，對佛像前，至心禮拜，白言：「弟子某甲，一心歸命西方極樂世界阿彌陀佛。我遵先佛明誨，今行不殺，已及一月。以此功德，願我罪業消除，怨愆解釋。所修善根，日益增長。命終之際，身心安穩，正念分明，蒙佛接引，生極樂國七寶池内蓮華之中。華開見佛，得無生忍，具足佛慧，以大神力，凡我曠劫所殺怨命，以及十方被殺衆生，悉得度脱，成無上道。願佛慈悲，哀憐攝受。」發願已，念佛或百聲、千聲、萬聲，隨意多少。

放生文

蓋聞世間至重者生命，天下最慘者殺傷。是故逢擒則奔，蟣虱猶知避死；將雨而徙，螻蟻尚且貪生。

至亘有二：一者，世人於金寶、官爵、妻子，以至己身，皆其所亘。然不可得兼，則重之中必取其尤重者。是以爲救己身，不吝金寶；爲救己身，不惜官爵；爲救己身，不顧妻子，故云至重。二者，凡厥有生，皆能作佛，則生爲佛種，故云至重。最慘者，如捶打等，雖皆苦事，未至斷命，惟殺最慘。

是故逢擒則奔，蟣虱猶知避死；將雨而徙，螻蟻尚且貪生。因命至重，爲全命故。因殺至慘，爲逃殺故。是以蟣虱螻蟻，皆知避死貪生。微命尚然，大者可知也。

何乃網於山，罟於淵，多方掩取；曲而鈎，直而矢，百計搜羅。

一切衆生既皆避死貪生，何乃昧此良心，行諸毒事。網擒山獸，罟覓淵魚，俯水垂鈎，仰空發矢，以至暗施陷阱，密設牢籠。百計多方，莫能盡舉，良可嘆也！

使其膽落魂飛，母離子散。

如上網罟鈎矢，見之驚怖，則魂膽飛揚；中之喪亡，則母兒離散。如人遭亂世，兵火臨身，一何异乎？

或囚籠檻，則如處囹圄；或被刀砧，則若臨剮戮。

幽縶之，則禁錮不异囹圄。宰割之，則痛苦同於剮戮。設以身處，當何如其爲情也？

憐兒之鹿，舐瘡痕而寸斷柔腸；畏死之猿，望弓影而雙垂悲淚。

憐兒之鹿者：許真君少時好畋獵，一日射中一鹿，鹿母爲舐瘡痕，良久不活，鹿母亦死。真君剖其腹視之，腸寸寸斷，蓋爲憐子死，悲傷過甚，至於斷腸。真君大恨，悔過，折弓矢，入山修道，後證仙品，拔宅飛昇。此證上文母子離散意。

畏死之猿者：楚王與養由基出獵，遇猿，令射之。猿望見由基，即淚下。蓋猿臂柔捷，能接飛矢，由基神射，矢到之處，臂不及接，知其必死而悲也。此證上文魂膽飛揚意。

恃我强而陵彼弱，理恐非宜；食他肉而補己身，心將安忍？

觀上二事，則知殺生甚所不應。且世人謂禽獸之肉，人所應食，不知皆是强陵弱耳。不然，猛虎食人，亦將曰人之肉，虎所應食乎？螳螂食蟬，雀食螳螂，鷹鸇食雀，弱之肉，强之食，此理甚明，當不疑也。又世人謂蔬食者瘠，肉食者肥。爲肥己身，不念他苦，人心安在哉！

由是昊天垂憫，古聖行仁。

由世迷故，殺氣動天，而天本好生，常示下民。下民不知，是以殺生太重，則雨旸不時，刀兵灾起。人修善事，則年歲豐登，海宇寧謐。世人殺生，是逆天也。古之聖人，因此上順天心，下悲物命，行仁救濟。事見下文。

解網著於成湯，畜魚興於子産。

解網者：商王成湯出遇獵人布四面網，祝曰：「從天來者，從地來者，從四方來者，皆入吾網。」湯爲解三面，上留其一，改祝曰：「欲左者左，欲右者右，欲上者上，欲下者下，不用命者乃入吾網。」

畜魚者：鄭大夫子産，人有饋之生魚者，子産不食，令校人畜之池中。觀此二事，則知放生非獨佛教，儒中君子無不奉行。

聖哉流水，潤枯槁以囊泉；悲矣釋迦，代危亡而割肉。

囊泉者：《金光明經》，流水長者子出見十千游魚，困涸水中，將欲危斃。用象囊水，傾注得全，復爲説法。魚命過，皆生天上。

割肉者：釋迦牟尼佛往昔爲菩薩時，遇鷹逐鴿，鴿見菩薩，投身避難。鷹語菩薩：

「爾欲救鴿，奈何令我饑餓而死？」菩薩問鷹：「汝須何食？」鷹答食肉。菩薩割臂肉償之。鷹欲肉與鴿等，菩薩割肉，彌割彌輕，至肉將盡，不能等鴿。鷹問生悔恨否？菩薩答言：「吾無一念悔恨，若此語不虛，當令吾肉生長如故！」立誓願已，身肉如故。鷹化天帝身，空中禮拜贊嘆。

天臺智者，鑿放生之池；大樹仙人，護棲身之鳥。

鑿池者：天臺智者大師，諱智顗，隋煬帝號爲智者，曾鑿池勸人放生。又不但智者，古來多有此事。今西湖亦古放生池也，世遠人亡，時更法壞，漁火星飛於水面矣，悲夫！護鳥者：古有仙人，常坐一大樹下，思禪入定。有鳥棲其懷中，恐驚鳥故，跏趺不動，候鳥別棲，然後出定。慈物之心一至於是。

贖鱗蟲而得度，壽禪師之遺愛猶存；救龍子而傳方，孫真人之慈風未泯。

贖鱗蟲者：永明大師，諱延壽。吴越王鎮杭，師爲余杭縣庫吏，屢以庫錢買魚蝦等物放之，後坐監守自盜，法當弃市。王頗知其放生也，諭行刑者觀其辭色以覆。師臨死地，面無戚容。人怪之，師曰：「吾於庫錢毫無私用，盡買放生命，莫知其數。今死，徑生西方極樂世界，不亦樂乎！」王聞而釋之。乃出家爲僧，修禪禮懺，得無礙辯才。師涅槃後，有僧入冥，見閻羅王時時出座禮一僧像。問之，則陽間永明壽禪師也，已生西方上品上生。王敬其德，故時禮耳。

救龍子者：孫真人未得仙時，出遇村童擒一蛇，困憊將死，真人買放水中。後默坐間，一青衣來請，隨而赴之，至一公府，則世所謂水晶宮也。王者延置上座，曰：「小兒昨者出游，非先生則幾死矣！」設宴畢，出種種珍寶爲謝。真人辭不受，曰：「吾聞龍宮多秘方，傳吾救世，賢於金玉多矣。」王遂出玉笈三十六方。真人由此醫術彌精，後證仙品。

一活蟻也，沙彌易短命爲長年，書生易卑名爲上第。一放龜也，毛寶以臨危而脱難，孔愉以微職而封侯。

活蟻二事：一短命長年者，昔有沙彌侍一尊宿，尊宿知沙彌七日命盡，令還家省母，囑云八日當返，欲其終於家也。八日返，師怪之，入三昧勘其事。乃還家時路見群蟻因水，作橋渡之，蟻得不死，由此高壽。二卑名上第者，宋郊、宋祁兄弟也，俱應試。郊嘗見群蟻爲水所浸，編竹橋渡之。時有胡僧睹其貌，驚曰：「公似曾活數百萬命者。」郊對：「貧儒何力致此？」僧云：「不然，凡有生者皆命也。」郊以活蟻對。僧云：「是已，公弟當大魁多士，然公亦不出弟下。」後唱名，祁果首選。朝廷謂不可以弟先兄，改祁第十，以郊爲第一。始信僧言不妄云。

放龜二事：一臨危脱難者，毛寶微時，路遇人携一龜，買而放之。後爲將，戰敗赴水，覺水中有物承足，遂得不溺。及登岸，則承足者，前所放龜也。二微職封侯者，孔愉本一卑官，亦曾放龜，龜浮水中，頻回首望愉，然後長逝。後愉以功當侯，鑄印時，印上龜紐，其首回顧。毁而更鑄，鑄之數四，模直首偏，回顧如舊。鑄者大怪，以告愉。愉忽憶放龜之時，龜首回顧，恍然悟封侯者，放龜之報也。

屈師縱鯉於元村，壽增一紀；隨侯濟蛇於齊野，珠報千金。

縱鯉者：屈師於元村遇一赤鯉，買放之。後夢龍王延至宫中，謂曰：「君本壽盡，以君救龍，增壽一紀。」

濟蛇者：隨侯往齊國，路見一蛇，困於沙磧，首有血出，以杖挑放水中而去。後回至蛇所，蛇銜一珠向侯，侯不敢取。夜夢脚踏一蛇，驚覺，乃得雙珠。

拯已溺之蠅，酒匠之死刑免矣；捨將烹之鱉，厨婢之篤疾瘳焉。

拯蠅者：一酒匠見蒼蠅投酒甕，即取放幹地，以灰擁其體，水從灰拔，蠅命得活，如此日久，救蠅數多。後爲盗誣，無能自白，獄將成。主刑者援筆欲判决，蠅輒集筆尖，揮去復集，判之莫得。因疑其寃，詳問之，則誣也。呼盗一訊而服，遂得釋歸。噫，亦异矣哉！

捨鱉者：程氏夫婦性嗜鱉，一日偶得巨鱉，囑婢修事。時暫出外，婢念手所殺鱉不知其幾，今此巨鱉心欲釋之，吾甘受棰撻耳，遂放池中。主回索鱉，對以走失，遂遭痛打。後感疫疾將死，家人舁至水閣，以俟盡命。夜忽有物從池中出，身負濕泥，塗於婢身，熱得涼解，疾乃蘇愈。主怪不死，詰之，具以實對。主不信，至夜潛窺，則向所失鱉也。闔門驚嘆，永不食鱉。

貿死命於屠家，張提刑魂超天界；易余生於釣艇，李景文毒解丹砂。

貿命屠家者：張提刑常詣屠肆，以錢贖物放之。後臨終時，語家人言：「吾以放生，積德深厚，今天宮來迎，當上生矣。」安然而逝。

易生釣艇者：李景文常就漁人貨其所獲，仍放水中。景文素好服食，常火煉丹砂餌之，積熱成疾，疽發於背，藥莫能療。昏寐之中，似有群魚濡沫其毒，清涼快人，疾遂得瘥。亦鱉報厨婢之類也。

孫良嗣解矰繳之危，卜葬而羽蟲交助；潘縣令設江湖之禁，去任而水族悲號。

解矰繳之危者：孫良嗣遇禽鳥被獲，輒買縱之。後死欲葬，貧莫能措。有鳥數百，銜泥疊疊。觀者驚嘆，以爲慈感所致。

設江湖之禁者：縣令潘公，禁百姓不得入江湖漁捕，犯者加罪。後去任，水中大作號呼之聲，如喪考妣。人共聞之，莫不嘆异。

信老免愚民之牲，祥符甘雨；曹溪守獵人之網，道播神州。

免牲者：信大師遇時亢旱，民殺牲請雨，師憫其愚，謂曰：「汝能去牲勿用，吾爲汝請。」民允之。師乃精誠以禱，甘雨驟降，遠近多感化者。

守網者：六祖既佩黃梅心印，以俗服隱於獵人。獵人令守網，祖瞰其亡也，獐兔之類，可放者輒放之，如是一十六年。後坐曹溪道場，廣度群品，燈分五宗，澤垂萬世焉。

雀解銜環報恩，狐能臨井授術。

雀銜環者：楊寶幼時，見黃雀爲梟搏墜地，復爲螻蟻所困，取而畜諸笥中，給以黃花，瘥乃放去。夜夢黃衣童子拜謝，贈玉環四枚，曰：「我王母使者，荷君濟命，願君子孫潔白，位列三公，亦如此環矣。」後四世貴顯。

狐臨井者：一僧素無賴，聞黃精能駐年，欲試其驗，置黃精於枯井，誘人入井，覆以磨盤。其人在井，遑迫無計。忽一狐臨井，語其人言：「君無憂，當教汝術。我狐之通天者，穴於冢上，卧其下，目注穴中，久之則飛出，仙經所謂神能飛形者是也，君其注視磨盤之孔乎。吾昔爲獵夫所獲，賴君贖命，故來報恩耳，幸毋忽也。」人用其計，旬餘從井飛出。僧大喜，以爲黃精之驗，乃别衆負黃精入井，約一月開視。至期視之，死矣。僧蓋不知前人得出者，狐之力也，悲夫！

乃至殘軀得命，垂白壁以聞經；難地求生，現黃衣而入夢。

白壁聞經者：予掛搭一庵，有人擒蜈蚣數條，以竹弓弓其首尾，予贖放之。余俱半死，惟一全活，急走而去。後共一友夜坐，壁有蜈蚣焉，以木尺從傍極力敲振，驅之使去，竟不去。予曰：「昔所放得非爾耶？爾其來謝予耶？果爾，吾當爲爾説法，爾諦聽毋動。」乃告之曰：「一切有情，惟心所造，心狠者化爲虎狼，心毒者化爲蛇蠍。爾除毒心，此形可脱也。」言畢令去，則不待驅逐，徐徐出窗外。友人在座，驚嘆希有。時隆慶四年事也。

黄衣入夢者：杭州湖墅干氏者，有鄰家被盜，女送鱔魚十尾，爲母問安。畜甕中，忘之矣。一夕夢黄衣尖帽者十人，長跪乞命。覺而疑之，卜諸術人，曰：「有生物求放耳。」遍索室内，則甕有巨鱔在焉，數之正十，大驚，放之。時萬歷九年事也。

施皆有報，事匪無征。諸放生者，或增福禄，或延壽算，或免急難，或起沈屙，或生天堂，或證道果，隨施獲報，皆有征據。然作善致祥，道人之心豈望報乎？不望報而報自至，因果必然，辭之亦不可得耳，放生者宜知之。

載在簡編，昭乎耳目。明有征也。如上所録，遠則載在簡編，有典有據；近則昭乎耳目，共見共聞。考古驗今，定非虚謬。

普願隨所見物，發慈悲心，捐不堅財，行方便事。此下普勸世人，隨所見生命，發慈悲心，由是捐捨世財，方便救濟。財不堅者，謂水得漂，火得焚，官得取，盜得劫，危脆無常，非堅物也。捐此作福，所謂以不堅財易堅財也。若無財者，只發慈悲心，亦是福德。或勸他人放生，或見人放生，贊嘆隨喜，增其善念，亦是福德。

或恩周多命，則大積陰功；若惠及一蟲，亦何非善事。

有力者恩周多命，固陰功也。無力者惠及一蟲，亦善事也。毋曰小善爲無益而勿爲也。世有不明此理者，必擇身細數多之生，方肯買放。路遇大生，目視而過。此則惟貪自己之福，非憫衆生之苦也。其福甚少，戒之戒之。

苟日增而月累，自行廣而福崇。

善無大小，惟貴久長。日日增之，月月累之，善多則行廣，行廣則福崇矣。

慈滿人寰，名通天府。

慈功久積，遍滿寰區，人情既孚，天心必眷。或謂穹蒼渺邈，何得相通？不知天王以六齋之日，巡狩人間，有善必知，無惡不察。又人行十善則天勝，人行十惡則修羅勝，故天帝時時欲人爲善。一人爲善，飛天神王報達天京。經有明文，非臆説也。

蕩空怨障，多祉萃於今生；培漬善根，餘慶及於他世。

放而不殺，與物無怨。非惟安樂今生，以此善根，當來之世，長壽永福。乃至成佛，萬類有情傾心歸附。皆餘慶也。

倘更助稱佛號，加諷經文。

遇生能放，雖是善功，但濟色身，未資慧命。更當稱揚阿彌陀佛萬德洪名，諷誦大乘諸品經典。然雖如是，但凡買生，火急須放，諷經不便，只以念佛相資。若隔宿買而來朝始放，或清晨買而午後猶存，必待陳設道場，會集男女，遷延時久，半致死亡。如是放生，虚文而已。

爲其回向西方，令彼永離惡道。念佛功德，願諸生命盡此報身，往生西方極樂世界，蓮華化生，入不退地，永離惡道，長息苦輪。惡道者，六道之中，三道爲惡，地獄、餓鬼、畜生是也。

則存心愈大，植德彌深。見苦放生，所存者善心也，今則是大菩提心矣，故云愈大。放生得福，所植者世間之德也，今則是出世之德矣，故云彌深。

道業資之速成，蓮臺生其勝品矣。心大德深，其事何驗？蓋利他者，菩薩之行也。以此行門，助修道業，譬如船得順風，必能速到涅槃彼岸矣。净業三福，慈心不殺，實居其一。今能不殺，又放其生。既能放生，又以法濟令生净土。如是用心，報滿之時，九品蓮臺高步無疑矣。普勸世人，幸勿以我德薄人微，而不信其語也。

放生祝願

放生已，對佛像前，至心禮拜，白言：「弟子某甲，一心歸命西方極樂世界阿彌陀佛。我遵先佛明誨，今行放生，已得若干。以此功德，願我罪業消除，怨愆解釋。所修善根，日益增長。命終之際，身心安穩，正念分明，蒙佛接引，生極樂國七寶池内蓮華之中。華開見佛，得無生忍，具足佛慧，以大神力，凡我所放一切生命，以及十方無盡有情，盡得度脱，成無上道。願佛慈悲，哀憐攝受。」發願已，念佛或百聲、千聲、萬聲，隨意多少。

《蓮池大師戒殺放生文》終

蓮池大師《西方發願文》

〔明〕蓮池大師

稽首西方安樂國，接引衆生大導師。

我今發願願往生，唯願慈悲哀攝受。

弟子某甲（衆等），普爲四恩三有、法界衆生，求於諸佛，一乘無上菩提道故，專心持念阿彌陀佛萬德洪名，期生净土。又以業重福輕，障深慧淺，染心易熾，净德難成。今於佛前，翹勤五體，披瀝一心，投誠懺悔。我及衆生，曠劫至今，迷本净心，縱貪嗔癡，染穢三業，無量無邊。所作罪垢，無量無邊。所結冤業，願悉消滅。從於今日，立深誓願，遠離惡法，誓不更造；勤修聖道，誓不退惰；誓成正覺，誓度衆生。阿彌陀佛，以慈悲願力，當證知我，當哀愍我，當加被我。願禪觀之中，夢寐之際，得見阿彌陀佛金色之身，得歷阿彌陀佛寶嚴之土，得蒙阿彌陀佛甘露灌頂，光明照身，手摩我頭，衣覆我體。使我宿障自除，善根增長。疾空煩惱，頓破無明。圓覺妙心，廓然開悟。寂光真境，常得現前。

至於臨欲命終，預知時至。身無一切病苦厄難，心無一切貪戀迷惑。諸根悦豫，正念分明。捨報安詳，如入禪定。阿彌陀佛，與觀音、勢至、諸聖賢衆，放光接引，垂手提携。樓閣幢幡，异香天樂，西方聖境，昭示目前。令諸衆生，見者聞者，歡喜感嘆，發菩提心。我於爾時，乘金剛臺，隨從佛後，如彈指頃，生極樂國。七寶池内，勝蓮華中。華開見佛，見諸菩薩，聞妙法音，獲無生忍。於須臾間，承事諸佛，親蒙授記。得授記已，三身四智，五眼六通，無量百千陀羅尼門，一切功德，皆悉成就。然後不違安養，回入娑婆。分身無數，遍十方刹。以不可思議自在神力，種種方便，度脱衆生。咸令離染，還得净心。同生西方，入不退地。如是大願，世界無盡，衆生無盡，業及煩惱一切無盡，我願無盡。願今禮佛、發願、修持功德，回施有情。四恩總報，三有齊資。法界衆生，同圓種智。

《蓮池大師西方發願文》終

蕅益大師《靈峰宗論》（選十四篇）

〔明〕蕅益大師

蕅益大師：示念佛法門

念佛法門，別無奇特，只深信力行爲要耳。佛云：若人但念彌陀佛，是名無上深妙禪。天臺云：四種三昧，同名念佛，念佛三昧，三昧中王。云棲云：一句阿彌陀佛，該羅八教，圓攝五宗。可惜今人，將念佛看做淺近勾當，謂愚夫愚婦工夫。所以信既不深，行亦不力，終日悠悠，净功莫克。設有巧設方便，欲深明此三昧者，動以參究誰字爲向上。殊不過現前一念能念之心，本自離過絶非，不消作意離絶。即現一句所念之佛，亦本自超情離計，何勞説妙談玄。只貴信得及，守得穩，直下念去，或晝夜十萬，或五萬三萬，以決定不缺爲準。畢此一生，誓無變改。若不得往生者，三世諸佛便爲誑語。一得往生，永無退轉，種種法門，咸得現前。切忌今日張三，明日李四。遇教下人，又思搭衣用鉢。此則頭頭不了，帳帳不清。豈知念得阿彌陀佛熟，三藏十二部極則教理，都在里許。千七百公案，向上機關，亦在里許。三千威儀，八萬細行，三聚净戒，亦在里許。真能念佛，放下身心世界，即大布施。真能念佛，不復起貪嗔癡，即大持戒。真能念佛，不計是非人我，即大忍辱。真能念佛，不稍間斷夾雜，即大精進。真能念佛，不復妄想馳逐，即大禪定。真能念佛，不爲他歧所惑，即大智慧。試自檢點，若身心世界猶未放下，貪嗔癡念猶自現起，是非人我猶自掛懷，間斷夾雜猶未除盡，妄想馳逐猶未永滅，種種他歧猶能惑志，便不爲真念佛也。要到一心不亂進境界，亦無他術。最初下手，須用數珠，記得分明，刻定課程，決定無缺。久久純熟，不念自念，然後記數亦得，不記亦得。若初心便要説好看話，要不著相，要學圓融自在，總是信不深，行不力。饒汝講得十二分教，下得千七百轉語，皆是生死岸邊事。臨命終時，决用不著，珍重。

蕅益大師：爲母發願回向文

菩薩戒比丘智旭，一心歸命，法界三寶。伏爲亡母優婆夷金大蓮，今六月初一日，弃世三周，敬然臂香七炷，供十方三寶、釋迦文佛，文殊普賢等諸大菩薩，阿彌陀佛，觀音勢至等諸大菩薩、地藏大士及十方諸大菩薩，現前清浄，真實善友，普同供養。伏蒙善友，爲我母誦種種經咒（列比丘沙彌及諸佛子，共十一人，禮懺二堂，持諸經十六部，諸咒品二萬三千一百，佛菩薩名四十三萬，自持諸經十二部。禮三世三千佛。文不録）。願母罪因苦果，凈盡無餘，智種福基，具足無減；悟法界藏身，入普賢行海。智旭又爲父母乃至歷劫親緣，亦爲現前善友，所有歷劫親緣，廣及法界衆生，悉爲歸依懺悔，發宏誓願，盡法界衆生，無始至今，一切殺罪，願得消除，自今以去，更不復造。若定業應受刀山劍樹等，智旭普皆代受，令彼安住大悲，一切盜罪消除，更不復造。定業應受考逼酬償等，智旭普皆代受，令彼成就大捨。一切淫罪消除，更不復造，定業應受鐵牀銅柱等，智旭普皆代受，令彼圓滿梵行。一切妄語罪消除，更不復造，定業應受拔舌犁耕等，智旭普皆代受，令彼證真實法。一切飲酒罪消除，更不復造，定業應受灰河沸屎等，智旭普皆代受，令彼得大智慧。一切貪罪消除，更不復造，定業應受積寒堅冰等，智旭普皆代受，令彼永獲清净。一切嗔罪消除，更不復造，定業應受猛火燒然等，智旭普皆代受，令彼發起大慈。一切癡罪消除，更不復造，定業應受盲聾頑鈍等，智旭普皆代受，令彼滿足菩提。一切塵沙等罪消除，更不復造，定業應受種種塵沙苦等，智旭普皆代受，令彼究竟涅槃。以此功德，伏願一切地獄等受安樂，一切餓鬼等獲飽滿，一切畜生等蒙解脱，一切修羅等證慈忍，一切人道等悟無生，一切天道等盡諸漏，一切聲聞等發大願，一切緣覺等起大悲，一切菩薩等滿菩提，一切如來等增法樂。又願現前四比丘，增長壽命，增長大悲，開發深智，昭明慧眼。四佛子，盡一切習，速圓梵行。三沙彌，戒根永净，拾諸嗔掉。又願智旭，生生處處，常得承事供養一切善友，善友成佛，爲影響衆，盡未來際，不念疲勞，仰唯法界三寶，大慈覆護，大悲拔濟，令我所願，疾得滿足，普與含生，同圓種智。

蕅益大師：爲父母普求拯拔啓

不肖智旭，生於萬歷己亥。是時嚴慈并年四十，止一子，撫育倍殷。旭年二十，先嚴捐館，未展一日孝養，徒切終天痛憾。嗣聞佛法，稔知世孝非真。廿四捨母逃逝，本期克時取果，總報四恩，詎謂業重障深，久滯凡地，至廿八慈母復弃。而旭於出世大孝，反躬無似，倍嬰罔極之悲，終墜憂虞之網，出家十夏，白業無成，扼腕捫心，可慚可懼。明歲六月一日，爲先慈金大蓮七周；十一月五日，爲先嚴鍾之鳳十五周之期，自力既微，應乞恩於師友，法施爲最。豈秘吝於庸愚，藉同體大悲，作無緣與拔？智旭儻此生解脱，誓處處同爲影響，或今身沉淪，願永永代受衆苦，又自持滅定業真言二千萬，金光明空品二千，梵網上卷一千，爲我父母，專懇同仁，互爲增上勝因，并入彌陀願海。

蕅益大師：陳罪求哀疏

稽首大孝能仁父，孝順爲宗梵網經。地藏目連達孝尊，修證孝慈諸聖衆。今然香炷懺前愆，願賜慈悲哀拔濟。假名菩薩戒，污道沙彌智旭，泣血稽顙，敬白常寂光土，一體三寶，耑懇大慈大悲，俯垂感應。言念罪旭，少年主張理學，妄詆三寶，過犯彌天，應墮無間，然世間忠孝，根於至性，罔敢或忘。後蒙三寶密加，返邪歸正，頓發出世心。圖其遠者大者，祈究竟報我君親，意謂尅期取證，決定無疑。詎料於今十六年，竟成虛度。修行至道，仰彌高而鑽彌堅；翦除惑業，根益深而枝益茂。死期將至，初志何成？扼腕撫心，厥罪曷罄。始願出家後，即能度脱歷劫親緣，今母逝十二年，父亡二十載，而天眼未開，茫然不知生處，是第一大負，負我生恩也。始願出家後，即能戒律永凈，定慧圓明，今根本戒外，違犯多端，襍亂散心，全無正定，名字聞慧，不登五品，是第二大負，負我性靈也。始見假善知識，亂宗門正印，願出家後，福慧莊嚴，遍降魔外。今但能自識邪正，而孱無道力，空言何補，是第三大負，負我宗門也。始見末運，僧體日卑，願以一身，力振其頹，今德薄行荒，不足爲人天表率，是第四大負，負我僧相也。始見末運，僧無律行，願以一身爲其倡始，今自檢律行，缺誤尤甚，不足爲他師範，是第五大負，負此名位也。始閱律時，稔知末世種種非法，誓集同志五人，若過五人，如法共住，令如來正法復興。而自既障深業重，不克與比丘列，復失方便，乖我良朋，是第六大負，負正法輪也。始見外寇猖獗，饑疫洊臻，國政乖張，元氣侵蝕，願修成道力，興隆正法，默扶皇運。今自救不了，坐視內寇邪魔，付之莫可如何，是第七大負，上負帝主弘護深恩，下負普爲衆生所發菩提心願也。嗚呼！負玆莫大七罪，復淹淹殘喘。九死一生，半體酸楚，已經十有余年。三日惡瘧，更纏三年之外，儻地獄前茅邪。抑過惡雖重，而一線菩提願力，護法苦心，稍感寂光悲智，令轉重報於生前。俾輕受邪，輾轉慚惶，未知攸底；悲形夢寐，嘆徹庭闈，僅賴一線心願未忘，而杯水欲救焚車，益增恐懼。然諸佛誠言，菩提心寶，不可思議，如少金剛，能穿大地；少獅乳，能徹海乳，一息苟存，敢不痛自努力！今值先嚴諱日，敬捐衣鉢微資，營供常住三寶；然香七炷，懺七大負；復四炷，啓請菩薩、比丘、沙彌（四人），同心修禮「慈悲永懺」，以此功德專申回向。伏祈鍾之鳳，暨大蓮優婆夷金氏，早敷净土之華，頓悟惟心之旨；惑業冰消於片念，苦輪永斷於未來。次祈比丘某深信微塵中之法界經卷，篤志專心求剖出，斷除識田内之沉細愛見，剛毅敏達建法幢；某直信觀心法門，真發菩提大願；沙彌某於一切事中，悉見第一義諦，一切時中，不忘無上道心；某入無邊無底之法海，超久習久染之凡情。次祈灾亂冰消，邪説鼠竄；皇仁蕩蕩，佛化旸旸。次祈智旭，病苦消除，戒身清净，福德成就，止觀圓明；襄盛世皇猷，護如來正法。又復以此功德，普施一切衆生，願盡除一切煩惑罪根，斷一切有漏襍業；捨一切生死苦報，離一切惡魔惡友；歸一切大乘三寶，見一切諸佛世尊；生一切莊嚴净土，開般若一切種智；證不可思議解脱，成無上清净法身。如是法界衆生，畢獲如是究竟勝利益已，智旭乃當克證無上菩提。

蕅益大師：戒淫文

人知殺生之業最慘，不知邪淫業尤慘也；人知殺生之報最酷，不知邪淫報尤酷也。蓋種種受生，肇端淫欲；種種造罪，托因有生：淫爲生本，生爲罪本。是故三途劇苦，人世餘殃。淫意纔萌，一切俱起；淫習難斷，如火燎原：於極臭處，謬爲香美；於極穢處，謬爲潔凈。隨處苟合，何异畜生？非道染觸，過於鷄犬！此在稍有良心者，便應痛絶。奈何聰明學識之士，甘此喪心無耻耶！

一念欲心，是鐵牀銅柱因；一念愛心，是積寒堅冰因。況具行非法，滅理亂常，塵沙刧數，不足盡其辜；千萬億言，不足數其惡，須發大慚懼、大誓願：

寧火炙刀劍，終不與一切男女欲心相觸；

寧碎身粉骨，終不與一切男女污穢交遘。

設忘正念，更犯前非，必遭毒害横灾，生身陷入地獄。以兹猛決，善自要心，時時懺除往業，切切悔過自新，庶白法可修。而又勤觀經論格言，以策廢忘；精修對治觀行，以除毒本。不然，縱有多智禪定現前，必落魔道，永無出期。矧世智辯聰，曾非大器，隨業直墜，百刼千生，受諸燒煮，尚不成魔，安能成佛？尚失人身，安能往生？請於静時，仔細思之，於對境努力防之。不然，諸佛無下手處，善友其奈爾何哉！

蕅益大師：占察行法願文

歸命慈威無等尊，拔苦與樂真出要，定力能除三劫灾，救世真士垂悲拯。弟子智旭痛念劫濁難逃，刀兵競起。雖云同分妄見，實非無因誤招。往業莫追，來事可諫。爰偕同志某等（十人）各捐净資，營修供養。三日方便，七日正修。如法結清净壇，頂禮占察行法。六時行道，五悔煉心。哀籲同體大悲，懇乞無緣拔濟。伏念衆生障垢雖至重至深，三寶洪慈終不厭不捨。苟一念知改過，必隨許以自新。况釋迦本師勇猛稱最，地藏大士誓願無忘。子幼弱父愛偏强，兒不肖母憐益甚。憫兹匍匐入井之愚，賜以身手衣褵之用。俾毫光照處，消兵戈爲瑞日祥雲。法雨沾時，轉邪孽爲道芽靈種。所願風調雨順，國泰民安。正教流通，魔邪竄絶。次祈比丘智旭身無病苦，心脱結纏。定與慧而等持，戒并乘而悉净。期主某法社雖復三年，攝護願如一日。某等各各真爲生死，發菩提心。克除習氣，臻修法門。三學圓成，二嚴克備。續佛慧命，普利人天。又祈外壇隨喜緇素，悟知一實，開顯三因。二觀圓修，三忍圓證。又祈外護助緣，廣及法界含識，若見若聞，若不聞見，等植良因，均沾勝益。又祈江北、江南乃至震旦域内，近日遭兵難者，種種債負消除，一一怨嫌解釋。脱幽冥之據苦，胎蓮萼以超升。恭乾法界三寶、地藏聖師，真實證知，真實攝受。

蕅益大師：化持地藏菩薩名號緣起

吾人最切要者，莫若自心。世間善明心要者，莫若佛法。然佛法非僧不傳，僧寶非戒不立。戒也者，其佛法綱維，明心要徑乎。慨自正教日替，習俗移人。髡首染衣，不知比丘戒爲何事。一二弘律學者，世諦流布，開遮持犯，茫無所曉。况增上威儀、增上净行、增上波羅提木叉乎。又况依四念處行道，增心增慧，以成三聚五支者乎。嗟嗟！三聚五支不明，謂大乘僧寶，吾不信也。僧既有名無義，謂傳持佛法、明瞭自心，吾尤不信也。堅净信菩薩憫之，以問釋尊。釋尊倍憫之，委責地藏大士。大士更深憫之，爰說《占察善惡業報經》。經云：「惡業多厚者，不得即學定慧，當先修懺法。」所以者何？此人宿習惡心猛利，現在必多造惡毁犯重禁。若不懺净而修定慧，則多障礙，不能克獲。或失心錯亂，或外邪所惱，或納受邪法增長惡見。故先修懺悔。若戒根清净及宿世重罪得微薄者，則離諸障。又云：「雖學信解修唯心識觀、真如實觀，而善根業薄，未能進趨，諸惡煩惱不得漸伏，其心疑怯怖畏及種種障礙，應一切時處常勤誦念我之名字。若得一心，善根增長，其意猛利。當觀我及諸佛法身，與己自身體性平等，無二無别，不生不滅，常樂我净，功德圓滿，是可歸依。又觀自身心相，無常苦無我不净，如幻如化，是可厭離。如是觀者，速得增長净信之心，所有諸障漸漸損減。此人名爲學習聞我名者。

若雜亂垢心誦我名字，不名爲聞。以不能生決定信解，但獲世間善報，不得廣大深妙利益。」嗟嗟！由此觀之，戒不清净，二觀決不易修；二觀不修，一實何由證契？而欲戒根清净，捨懺悔、持名豈更有方便哉？且持名一法，自其淺近言之，愚夫愚婦孰不能矢口。自其深遠言之，不達法身平等，雜亂垢心不得名爲聞矣。故知以二觀爲指南，能修二觀方爲聞菩薩名。以聞名爲方便，真實持名便是圓攝二觀。故名聞障净，障净戒得，戒得定慧發生，定慧而一，實證入矣，明心見性，是真僧寶，真傳佛法。吾輩生末葉，聞此真法，宜如何努力以自勉也。

蕅益大師：孝聞説

世出世法，皆以孝順爲宗。《梵網經》云：「孝順父母，師僧三寶，孝名爲戒。」蓋父母生我色身，師僧生我法身，三寶生我慧命，是故咸須孝順。而欲修孝順者，尤須念念與戒相應。如《曾子》云：「無故而殺一蟲蟻，非孝也；無故而折一草木，非孝也。」世孝尚爾，況出世大孝乎？以要言之，真能孝順父母師僧三寶，決不敢犯戒造惡。經言孝名爲戒者，正欲人以戒爲孝故也。夫世間孝，以朝夕色養爲最小，以不辱身不玷親爲中，以喻親於道爲大。出世孝亦如是，勤心供養三寶，興崇佛事，小孝也；脱離生死，不令佛子身久在三界淪溺，中孝也；發無上菩提心，觀一切衆生無始以來皆我父母，必欲度之令成佛道，此大孝也。舜盡世間大孝之道，玄德升聞於堯而爲天子。今出家兒，盡出世大孝之道，玄德聞於法界，必成無上菩提明矣。」

蕅益大師：謙光説

《易》曰：「謙，德之柄也。謙，尊而光，卑而不可逾。」此與當人不讓於師之旨無殊。經云：「心佛衆生，三無差別。」衆生與佛平等，不應輕於一切，故示以謙。佛與自心平等，不應諉能於佛，故策以不讓。不讓故無卑劣慢，謙故無增上慢，及我慢邪慢，此謙之實義也。欲契此實義，應諦觀現前一念心之自性，適言其有，覓不可得，適言其無，應用無盡。以爲在内，周遍六虚；以爲在外，覺滿身際；以爲即身，夢不俱寐，死不俱滅；以爲離身，除卻四大六根，畢竟便無形相。是知凡夫終日在妄之心性，即離過絶非之心性，不俟成佛而後離過絶非也。夫我心性本自離過絶非，何得讓能於佛，一切衆生心性亦罔不離過絶非，何得稍生忽慢。由不讓故，上合十方諸佛，與佛如來同一慈力；由不輕故，下合十方衆生，與諸衆生同一悲仰。是謂：「尊而光，卑而不可逾，君子之終也。」

蕅益大師：示吴劬庵

五戒即五常。不殺即仁，不盜即義，不邪淫即禮，不妄言即信，不飲酒即智。所以在天爲五星，在地爲五岳，在時爲五行，在人爲五臟。天有五星，地有五岳，時有五行，方生育萬物。人有五臟，方成立色體。然五常只能爲世間聖賢，維世正法。而五戒則超生脱死，乃至成就無上菩提。以儒門但總明戒相，未的確全示戒體故也。何名戒體？謂吾人現前一念良知之心，覺了不迷爲佛寶，佛者覺也。儒亦云「明明德」，而未知「明德」，即現前一念本覺之體。明明德即現前一念始覺之智。依於本覺而有始覺。以此始覺契乎本覺，始本不二名究竟覺。故此心性即佛也。吾人現前一念所知之境爲法寶。儒亦云：「範圍天地，曲成萬物，而未顯言。」一内而根身種子，外而山河國土，天地虚空，乃至百界千如，種種差别，皆是現前一念所現。故此心相，盡名法也。如此心外無境，境外無心，於其中間，無是非是。心境和合，從來不二，名和合僧也。儒亦云：「萬物皆備於我」，而未了物我同源。故此三義，皆未的確，况圓顯無剩哉！十方三世一切常住諸佛，無不徹證我一心三寶而成正覺。所説一切常住法藏，無不詮顯我一心三寶而成真軌。所化一切常住聖賢，無不觀察我一心三寶，而成二利。一心是理，常住是事。一心是性，常住是修。性修不二，理事不二，三寶圓顯，的示知歸。一心既彰，五戒斯具，所謂現前一念，能緣一切正報，而悲憫仁慈即是佛，所緣之正報即是法，心境不二即僧。故不殺，方爲歸依三寶也。現前一念，能緣一切依正，而奉公守義即佛，所緣之依正即法，心境不二即僧，故不盜，方爲歸依三寶也。現前一念，能緣一切正報而清心寡欲即佛，所緣即法，不二即僧，故不邪淫，方爲歸依三寶也。現前一念，能緣一切正報，而誠實無妄即佛，所緣即法，不二即僧，故不妄語，方爲歸依三寶也。現前一念能緣一切旨酒，深恐昏迷即佛，所緣酒即法，不二即僧，故不飲酒，方爲歸依三寶也。若以歸望戒，三歸爲能持，五戒爲所持。若以戒望歸，三寶爲所歸，五戒爲能歸。念念之間，圓顯法身向上，如如不動，則端拱太平。若動著則禍生不測矣。蕅益道人，已爲劬庵徹底拈示了也。還信否？信則穩步歸舍，疑則一任別參。

蕅益大師：持名念佛歷九品净四土説

若欲速脱輪回之苦，莫如持名念佛，求生極樂世界；若欲決定得生極樂世界，又莫如以信爲前導，願爲後鞭。信得決，願得切，雖散心念佛，亦必往生；信不真，願不猛，雖一心不亂，亦不得生。云何爲信？一者，信阿彌陀佛願力；二者，信釋迦文佛教語；三者，信六方諸佛讚嘆。夫世間正人君子，便無妄語，况彌陀、釋迦、六方諸佛，豈有妄語？此而不信，真不可救。故須先生深信。

云何爲願？一切時中，厭惡娑婆生死之苦，欣慕净土菩提之樂。隨有所作，若善、若惡，善則回向求生，惡則懺願求生，更無二志，是名爲願。

信願既具，則念佛方爲正行；改惡修善，皆爲助行。隨功力之淺深，以分九品、四土，纖毫不濫。只須自己簡察，不必旁問他人。謂：深信切願念佛，而念佛時，心多散亂者，即是下品下生。深信切願念佛，而念佛時，散亂漸少者，即是下品中生。深信切願念佛，而念佛時便不散亂者，即是下品上生。念到事一心不亂，不起貪嗔癡者，即是中三品生。念到事一心不亂，任運先斷見思、塵沙，亦能伏斷無明者，即上三品生。故信願持名念佛，能歷九品，的確不謬也。

又信願持名，消伏業障，帶惑往生者，即是凡聖同居净土；信願持名，見思斷盡而往生者，即是方便有餘净土；信願持名，豁破一分無明而往生者，即是實報莊嚴净土；信願持名，持到究竟之處，無明斷盡而往生者，即是常寂光净土。故持名能净四土，亦的確不謬也。

問曰：「如何持名能斷無明？」

答曰：「所持之佛名，無論悟與不悟，無非一境三諦；能持之念心，無論達與不達，無非一心三觀。」只爲衆生妄想執著，情見分別，所以不契圓常。殊不知能持者，即是始覺；所持者即是本覺。今直下持去，持外無佛，佛外無持，能所不二，則始覺合乎本覺，名究竟覺矣。

問曰：「既始覺合本，則當下即常寂光，如何亦説往生？」

答曰：「若達當下即常寂光，又何妨説個往生？蓋往即非往，非往而往；生即無生，無生而生。文殊善財之生西方者，此也。咄哉男子！無措思惟。」

蕅益大師：致知格物解

知者，明德之本體，乃中道第一義諦妙心，非空非假而實離一切相，即一切法者也。致者，一心三觀，了達此一諦而三諦也。物者，迷此知體，而幻現之身心家國天下，如水所結之冰也。格者，推究此身心家國天下，皆如幻影，并非實我實法，如以煖氣銷堅冰也。欲得水，莫若泮冰；欲致知，莫若格物。冰泮水現，物格知致矣。物者，所觀之境也；格者，能觀之智也；知者，所顯之諦也。一心三觀名格物，一境三諦不令隱晦名致知，不可以致知爲空觀，格物爲假觀也。（唐謬分故破之）了知五位百法皆無實我實法爲物格，轉第六識爲妙觀察智爲知致，轉第七識爲平等性智爲意誠，轉第八識爲大圓鏡智爲心正。轉前五識爲成所作智，爲身修。一身清浄故，多身清浄。乃至一世界清浄故，一切世界清净。爲家齊國治天下平，只一物格工夫到底。致知之學，始無虧欠，是謂究竟不離於初步也。

蕅益大師：寄母書

甲子正月三日，方外男智旭，敬然臂香刺舌血，白母親大人膝下。男幼蒙庭訓，少長便道學自任，寧不知父宜葬，母宜養？但生死一事，人人有之，静夜深思，真可怖畏。如大母舅宦正濃而忽殞，虞表侄年未壯而早亡。身命無常如朝露，大限至，老少莫逃，苦海茫茫，誰能免者？念及自身，已覺酸鼻，更念亡父老母，倍覺傷神，親身既然，衆生寧异？儻不早圖出世，正恐追悔無及。男憶二十一，至星家問母壽，言六十二三，必有節限，遂於佛前立深誓，惟願減我算，薄我功名，必冀母臻上壽。今既切思離俗，儻萌一待心，豈是求益母壽之念！男又安能保無中夭邪？生育一事，世間苦本，况與功名，皆有定數。且青云得志，難敵生死，大母舅即是殷鑒。何如地藏大士、目連尊者，累劫親恩，皆蒙度脱之爲孝也。男少年詬大士，賴母痛下鉗錘，今得改過從善。志在出世，恐母愛情難割，不得不硬却心腸，潛行方便。又恐母日夜懸念，故於三寶前然香刺血，寄書遠達。伏祈勿事勞心，惟努力念佛，求出輪回，親屬可化者，皆以此意示之。

蕅益大師：除夕茶話

諸方茶話，多説向上事。朽旭不然，與諸友説家常受用耳。佛制比丘行六和敬，所以僧伽名和合衆，身和同住，口和無諍，意和同悦，戒和同修，見和同解，利和同均。遵此六和，乃名僧寶。其要只一慈心也。佛告比丘：汝等應當身業行慈，口業行慈，意業行慈。當知慈能關閉諸惡趣門，普生無量衆善。慈心之人，嗔者見之歡喜，怖者見之安穩，憂者見之開釋，苦者見之悦樂，乃至鳥獸見之不生毒害恐怖之心。試觀魔亦現佛相好光明殊特，而令見者恍惚不安，以無慈心也。佛亦現明王相，忿怒威猛，而令見者拔罪生善，以有慈力也。朽旭生平，不曾爲一人剃頭，亦不曾爲一人改名。凡同住者，十方彼此，法道爲親，情無適莫。但願諸友，各修慈心三昧，不可隨俗渾污；亦勿矯强立异，恪遵佛戒，痛革妄情。除得一分習氣，是一分修行；融得一分偏私，是一分學問。朽旭德薄緣淺，誓不圖熱鬧門庭。世諦流布，須各爲大事，念報深恩，互相砥礪，力挽頽風，庶不辜同住一番。最後臘月三十到來，保有真實受用，不致如落湯螃蟹也。珍重。

蕅益大師《靈峰宗論》（選十四篇）終

省庵大師：勸發菩提心文

〔清〕省庵大師

不肖，愚下凡夫僧實賢，泣血稽顙，哀告現前大衆，及當世浄信男女等，惟願慈悲，少加聽察。嘗聞入道要門，發心爲首；修行急務，立願居先。願立則衆生可度，心發則佛道堪成。苟不發廣大心，立堅固願，則縱經塵劫，依然還在輪回；雖有修行，總是徒勞辛苦，故《華嚴經》云：「忘失菩提心，修諸善法，是名魔業」。忘失尚爾，况未發乎？故知欲學如來乘，必先具發菩薩願，不可緩也。

然心願差别，其相乃多；若不指陳，如何趨向？今爲大衆略而言之。相有其八：所謂邪正真僞大小偏圓是也。云何名爲邪正真僞大小偏圓耶？世有行人，一向修行，不究自心，但知外務：或求利養，或好名聞，或貪現世欲樂，或望未來果報。如是發心，名之爲邪。既不求利養名聞，又不貪欲樂果報，唯爲生死，爲菩提。如是發心，名之爲正。念念上求佛道，心心下化衆生。聞佛道長遠，不生退怯；觀衆生難度，不生厭倦。如登萬仞之山，必窮其頂；如上九層之塔，必造其巔。如是發心，名之爲真。有罪不懺，有過不除，内濁外清，始勤終怠。雖有好心，多爲名利之所夾雜；雖有善法，復爲罪業之所染污。如是發心，名之爲僞。衆生界盡，我願方盡；菩提道成，我願方成。如是發心，名之爲大。

觀三界如牢獄，視生死如怨家；但期自度，不欲度人。如是發心，名之爲小。若於心外見有衆生，及以佛道，願度願成；功勛不忘，知見不泯。如是發心，名之爲偏。若知自性是衆生，故願度脱。自性是佛道，故願成就。不見一法，離心别有；以虚空之心，發虚空之願，行虚空之行，證虚空之果，亦無虚空之相可得。如是發心，名之爲圓。知此八種差别，則知審察；知審察，則知去取；知去取，則可發心。云何審察？謂我所發心，於此八中，爲邪、爲正？爲真、爲僞？爲大、爲小？爲偏、爲圓？云何去取？所謂去邪、去僞、去小、去偏，取正、取真、取大、取圓；如此發心，方得名爲真正發菩提心也。

此菩提心，諸善中王；必有因緣，方得發起。今言因緣，略有十種。何等爲十？一者念佛重恩故。二者念父母恩故。三者念師長恩故。四者念施主恩故。五者念衆生恩故。六者念生死苦故。七者尊重己靈故。八者懺悔業障故。九者求生净土故。十者爲念正法得久住故。

云何念佛重恩？謂我釋迦如來最初發心，爲我等故，行菩薩道，經無量劫，備受諸苦。我造業時，佛則哀憐，方便教化；而我愚癡，不知信受。我墮地獄，佛復悲痛，欲代我苦；而我業重，不能救拔。我生人道，佛以方便，令種善根，世世生生，隨逐於我，心無暫捨。佛初出世，我尚沈淪；今得人身，佛已滅度。何罪而生末法？何福而預出家？何障而不見金身？何幸而躬逢舍利？如是思維，向使不種善根，何以得聞佛法？不聞佛法，焉知常受佛恩？此恩此德，丘山難喻。自非發廣大心，行菩薩道，建立佛法，救度衆生；縱使粉身碎骨，豈能酬答？是爲發菩提心第一因緣也。

云何念父母恩？哀哀父母，生我劬勞。十月三年，懷胎乳哺；推幹去濕，咽苦吐甘，才得成人。指望紹繼門風，供承祭祀。今我等既已出家，濫稱釋子，忝號沙門。甘旨不供，祭掃不給；生不能養其口體，死不能導其神靈。於世間則爲大損，於出世又無實益；兩途既失，重罪難逃。如是思維，惟有百劫千生，常行佛道；十方三世，普度衆生。則不惟一生父母，生生父母，俱蒙拔濟；不惟一人父母，人人父母，盡可超昇。是爲發菩提心第二因緣也。

云何念師長恩？父母雖能生育我身，若無世間師長，則不知禮義；若無出世師長，則不解佛法。不知禮義，則同於异類；不解佛法，則何异俗人？今我等粗知禮義，略解佛法，袈裟被體，戒品沾身；此之重恩，從師長得。若求小果，僅能自利；今爲大乘，普願利人，則世出世間二種師長，俱蒙利益。是爲發菩提心第三因緣也。

云何念施主恩？謂我等今者，日用所資，并非己有。二時粥飯，四季衣裳，疾病所需，身口所費，此皆出自他力，將爲我用。彼則竭力躬耕，尚難糊口；我則安坐受食，猶不稱心。彼則紡織不已，猶自艱難；我則安服有餘，寧知愛惜？彼則蓽門蓬户，擾攘終身；我則廣宇閑庭，悠游卒歲。以彼勞而供我逸，於心安乎？將他利而潤己身，於理順乎？自非悲智雙運，福慧二嚴，檀信沾恩，衆生受賜，則粒米寸絲，酬償有分，惡報難逃。是爲發菩提心第四因緣也。

云何念衆生恩？謂我與衆生，從曠劫來，世世生生，互爲父母，彼此有恩。今雖隔世昏迷，互不相識；以理推之，豈無報效？今之披毛帶角，安知非昔爲其子乎？今之蠕動蜎飛，安知不曾爲我父乎？每見幼離父母，長而容貌都忘；何況宿世親緣，今則張王難記。彼其號呼於地獄之下，宛轉於餓鬼之中，苦痛誰知？饑虛安訴？我雖不見不聞，彼必求拯求濟。非經不能陳此事，非佛不能道此言；彼邪見人，何足以知此？是故菩薩觀於螻蟻，皆是過去父母，未來諸佛；常思利益，念報其恩。是爲發菩提心第五因緣也。

云何念生死苦？謂我與衆生，從曠劫來，常在生死，未得解脱。人間天上，此界他方，出没萬端，昇沈片刻。俄焉而天，俄焉而人，俄焉而地獄、畜生、餓鬼。黑門朝出而暮還，鐵窟暫離而又入。登刀山也，則舉體無完膚；攀劍樹也，則方寸皆割裂。熱鐵不除饑，吞之則肝腸盡爛；烊銅難療渴，飲之則骨肉都糜。利鋸解之，則斷而復續；巧風吹之，則死已還生。猛火城中，忍聽叫嗥之慘；煎熬盤裏，但聞苦痛之聲。冰凍始凝，則狀似青蓮蕊結；血肉既裂，則身如紅藕花開。一夜死生，地下每經萬遍；一朝苦痛，人間已過百年。頻煩獄卒疲勞，誰信閻翁教誡？受時知苦，雖悔恨以何追？脱已還忘，其作業也如故！鞭驢出血，誰知吾母之悲？牽豕就屠，焉識乃翁之痛？食其子而不知，文王尚爾；

唊其親而未識，凡類皆然！當年恩愛，今作怨家；昔日寇讎，今成骨肉。昔爲母而今爲婦，舊是翁而新作夫。宿命知之，則可羞可耻；天眼視之，則可笑可憐。糞穢叢中，十月包藏難過；膿血道裹，一時倒下可憐。少也何知，東西莫辨；長而有識，貪欲便生。須臾而老病相尋，迅速而無常又至。風火交煎，神識於中潰亂；精血既竭，皮肉自外幹枯。無一毛而不被針鉆，有一竅而皆從刀割。龜之將烹，其脱殼也猶易；神之欲謝，其去體也倍難。心無常主，類商賈而處處奔馳；身無定形，似房屋而頻頻遷徙。大千塵點，難窮往返之身；四海波濤，孰計别離之淚？峨峨積骨，過彼崇山；莽莽横屍，多於大地！向使不聞佛語，此事誰見誰聞？未睹佛經，此理焉知焉覺？其或依前貪戀，仍舊癡迷；只恐萬劫千生，一錯百錯。人身難得而易失，良時易往而難追。道路冥冥，别離長久；三途惡報，還自受之。痛不可言，誰當相代？興言及此，能不寒心？是故宜應斷生死流，出愛欲海；自他兼濟，彼岸同登。曠劫殊勛，在此一舉。是爲發菩提心第六因緣也。

云何尊重己靈？謂我現前一心，直下與釋迦如來無二無别；云何世尊無量劫來早成正覺，而我等昏迷顛倒，尚做凡夫？又，佛世尊則具有無量神通智慧，功德莊嚴；而我等則但有無量業系煩惱，生死纏縛。心性是一，迷悟天淵；静言思之，豈不可耻？譬如無價寶珠，没在淤泥；視同瓦礫，不加愛重。是故宜應以無量善法，對治煩惱。修德有功，則性德方顯；如珠被濯，懸在高幢。洞達光明，映蔽一切；可謂不辜佛化，不負己靈。是爲發菩提心第七因緣也。

云何懺悔業障？經言：犯一吉羅，如四天王壽五百歲，墮泥犁中。吉羅小罪，尚獲此報；何況重罪，其報難言！今我等日用之中，一舉一動，恒違戒律；一餐一水，頻犯屍羅。一日所犯，亦應無量；何況終身歷劫，所起之罪，更不可言矣。且以五戒言之，十人九犯，少露多藏。五戒名爲優婆塞戒，尚不具足；何況沙彌、比丘、菩薩等戒，又不必言矣。問其名，則曰我比丘也；問其實，則尚不足爲優婆塞也，豈不可愧哉！當知佛戒不受則已，受則不可毀犯；不犯則已，犯則終必墮落。若非自惛惛他，自傷傷他，身口并切，聲淚俱下，普與衆生，求哀懺悔，則千生萬劫，惡報難逃。是爲發菩提心第八因緣也。

云何求生淨土？謂在此土修行，其進道也難；彼土往生，其成佛也易。易故一生可致，難故累劫未成。是以往聖前賢，人人趣向；千經萬論，處處指歸。末世修行，無越於此。然經稱少善不生，多福乃致。言多福，則莫若執持名號；言多善，則莫若發廣大心。是以暫持聖號，勝於布施百年；一發大心，超過修行歷劫。蓋念佛本期作佛；大心不發，則雖念奚爲？發心原爲修行；淨土不生，則雖發易退。是則下菩提種，耕以念佛之犁。道果自然增長；乘大願船，入於淨土之海，西方決定往生。是爲發菩提心第九因緣也。

云何令正法久住？謂我世尊，無量劫來，爲我等故，修菩提道，難行能行，難忍能忍，因圓果滿。遂致成佛。既成佛已，化緣周訖，入於涅槃。正法像法，皆已滅盡；僅存末法，有教無人。邪正不分，是非莫辨；競争人我，盡逐利名。舉目滔滔，天下皆是。不知佛是何人？法是何義？僧是何名？衰殘至此，殆不忍言；每一思及，不覺淚下！我爲佛子，不能報恩。内無益於己，外無益於人；生無益於時，死無益於後。天雖高，不能覆我；地雖厚，不能載我。極重罪人，非我而誰？由是痛不可忍，計無所出。頓忘鄙陋，忽發大心；雖不能挽回末運於此時，決當圖護持正法於來世。是故偕諸善友，同到道場；述爲懺摩，建兹法會。發四十八之大願，願願度生；期百千劫之深心，心心作佛。從於今日，盡未來際；畢此一形，誓歸安養。既登九品，回入娑婆；俾得佛日重輝，法門再闡。僧海澄清於此界，人民被化於東方；劫運爲之更延，正法得以久住。此則區區真實苦心。是爲發菩提心第十因緣也。

如是十緣備識，八法周知，則趣向有門，開發有地；相與得此人身，居於華夏。六根無恙，四大輕安；具有信心，幸無魔障。况今我等，又得出家，又受具戒，又遇道場，又聞佛法，又瞻舍利，又修懺法，又值善友，又具勝緣；不於今日發此大心，更待何日？惟願大衆，愍我愚誠，憐我苦志；同立此願，同發是心。未發者今發，已發者增長；已增長者，今令相續。勿畏難而退怯，勿視易而輕浮；勿欲速而不久長，勿懈怠而無勇猛。勿委靡而不振起，勿因循而更期待；勿因愚鈍而一向無心，勿以根淺而自鄙無分。譬諸種樹，種久則根淺而日深；又如磨刀，磨久則刀鈍而成利。豈可因淺勿種，任其自枯？因鈍弗磨，置之無用？又，若以修行爲苦，則不知懈怠尤苦。修行則勤勞暫時，安樂永劫；懈怠則偷安一世，受苦多生。况乎以净土爲舟航，則何愁退轉？又得無生爲忍力，則何慮艱難？當知地獄罪人，尚發菩提於往劫；豈可人倫佛子，不立大願於今生？無始昏迷，往者既不可諫；而今覺悟，將來猶尚可追。然迷而未悟，固可哀憐；苟知而不行，尤爲痛惜。若懼地獄之苦，則精進自生；若念無常之速，則懈怠不起。又須以佛法爲鞭策，善友爲提携；造次弗離，終身依賴，則無退失之虞矣。勿言一念輕微，勿謂虚願無益；心真則事實，願廣則行深。虚空非大，心王爲大；金剛非堅，願力最堅。大衆誠能不弃我語，則菩提眷屬，從此聯姻；蓮社宗盟，自今締好。所願同生净土，同見彌陀，同化衆生，同成正覺；則安知未來三十二相，百福莊嚴，不從今日發心立願而始也。願與大衆共勉之。幸甚幸甚！

省庵大師《勸發菩提心文》終

印光大師文鈔（選十七篇）

〔清〕印光大師　编撰

佛教以孝爲本論

孝之爲道，其大無外；經天緯地，範聖型賢。先王修之以成至德，如來乘之以證覺道。故儒之《孝經》云：「夫孝，天之經也，地之義也，民之行也。」佛之《戒經》云：「孝順父母、師、僧三寶，孝順至道之法。」孝名爲戒，亦名制止。是世出世間，莫不以孝爲本也。奈何世俗凡情，只知行孝之顯迹，不知盡孝之極致。每見出家釋子，輒隨己臆見，肆其謗讟，謂爲不孝父母，與蕩子逆徒無异。不知世法重孝，出世間法亦無不重孝。

蓋世之所謂孝者，有迹可循者也；釋氏之所謂孝者，略於迹而專致力於本也。有迹可循者，顯而易見；專致力於本者，晦而難明。何以言之？儒者服勞奉養以安其親，孝也；立身行道，揚名於後世以顯其親，大孝也。推極而論，舉凡五常百行，無非孝道發揮。故《禮》之祭義云：「斷一樹，殺一獸，不以其時，非孝也。」故曰：「孝悌之道，通於神明，光於四海也。」論孝至此，可謂至矣盡矣，無以復加矣！然其爲孝，皆顯乎耳目之間，人所易見。惟我釋子，以成道利生爲最上報恩之事，且不僅報答多生之父母，并當報答無量劫來四生六道中一切父母；不僅於父母生前而當孝敬，且當度脱父母之靈識，使其永出苦輪，常住正覺。故曰釋氏之孝，晦而難明者也。

雖然，儒之孝以奉養父母爲先者也；若釋氏辭親出家，豈竟不顧父母之養乎？夫佛制，出家必稟父母。若有兄弟子侄可托，乃得稟請於親，親允方可出家，否則不許剃落。其有出家之後，兄弟或故，親無倚托，亦得減其衣鉢之資，以奉二親。所以長蘆有養母之芳踪（宋長蘆宗賾禪師，襄陽人，少孤，母陳氏鞠養於舅家。及長，博通世典，二十九歲出家，深明宗要。後住長蘆寺，迎母於方丈東室，勸令念佛求生净土。歷七年，其母念佛而逝。事見《净土聖賢録》），道丕有葬父之异迹（道丕，唐宗室，長安人，生始周歲，父殁王事，七歲出家。年十九，世亂谷貴，負母入華山，自辟谷，乞食奉母。次年往霍山戰場，收聚白骨，虔誦經咒，祈得父骨。數日父骨從骨聚中躍出，直詣丕前，乃掩餘骨，負其父骨而歸葬焉。事見宋《高僧傳》）。故經云：「供養父母功德，與供養一生補處菩薩功德等。」親在，則善巧勸諭，令其持齋念佛求生西方；親殁，則以己讀誦修持功德，常時至誠爲親回向。令其永出五濁，長辭六趣，忍證無生，地登不退，盡來際以度脱衆生，令自他以共成覺道。如是乃爲不與世共之大孝也。

推極而論，舉凡六度萬行，無非孝道擴充。故《梵網戒經》，一一皆言應生慈悲心、孝順心。又云：「若佛子以慈悲心，行放生業，一切男子是我父，一切女人是我母，我生生無不從之受生，故六道衆生，皆是我父母，而殺而食者，即是殺我父母。」因兹凡所修持，皆悉普爲法界衆生而回向之，則其慮盡未來際，其孝遍諸有情。若以世孝互相校量，則在迹不無欠缺，約本大有餘裕矣！惜乎不見此理者，不謂之爲妄誕，便謂之爲渺茫，豈知豎窮三際，橫遍十方，佛眼圓見，若視諸掌也。

《太上感應篇直講》序

人性本善，由對境涉緣，不加檢察，遂致起諸執著、好惡、種種情見，以埋没本性者，比比皆是。由是古之聖人，各垂言教，冀人依行，以復其初。其語言雖多，總不出格物致知、明明德、止至善而已。所言格物者，格，如格鬥，如一人與萬人敵。物，即煩惱妄想，亦即俗所謂人欲也。與煩惱妄想之人欲戰，必具一番剛决不怯之志，方有實效。否則心隨物轉，何能格物？致者，推極而擴充之謂。知，即吾人本具愛親、敬兄之良知，非由教由學而始有也。然常人於日用之中，不加省察檢點，從兹隨物所轉，或致并此愛親、敬兄之良知亦失之。尚望其推極此良知，以遍應萬事，涵養自心乎。是以聖人欲人明明德，止至善，最初下手，令先從格物致知而起。其所説工夫，妙無以加。然欲常人依此修持，須有成範，方易得益。《五經》、《四書》，皆成範也。但以文言浩瀚，兼以散見各書，不以類聚，頗難取法。而未多讀書者，更無因奉爲典型也。《太上感應篇》，撮取惠吉、逆兇，福善、禍淫之至理，發爲掀天、動地，觸目、驚心之議論。何者爲善？何者爲惡？爲善者得何善報？作惡者得何惡報？洞悉根源，明若觀火。且愚人之不肯爲善，而任意作惡者，蓋以自私自利之心使之然也。今知自私自利者，反爲失大利益，得大禍殃，敢不勉爲良善，以期禍滅福集乎。由是言之，此書之益人也深矣。故古之大儒，多皆依此而潛修焉。清，長洲彭凝祉少奉此書，以迄榮膺殿撰，位登尚書後，尚日讀此書，兼爲以送人，題名爲「元宰必讀書」。又釋之曰，非謂讀此書，即可作狀元宰相，而狀元宰相，決不可不讀此書。其發揮可謂透徹之極。然見仁見智，各隨其人之性質。此書究極而論，止乎成仙。若以大菩提心行之，則可以超凡入聖，了生脱死，斷三惑以證法身，圓福慧以成佛道，況區區成仙之人天小果而已乎。此書注解甚多，唯清元和惠棟之箋注，最爲精深宏暢，惜非博學之士不能閱。次則匯編，實爲雅俗同觀之最上善本，而不甚通文之婦孺，猶難領會。唯直講一書，爲能普益。然文雖淺顯，詞甚優美。淺而不俗，最易感人。香濤居士，出資千圓，排印廣布。亦有同志，各相輔助，願令此書，周遍寰宇。庶幾人修十善，家敦孝弟。知禍福之唯人自召，善惡之各有報應，則誰肯爲惡而召禍乎？此風一行，善以善報，則禮讓興行，干戈永息，人民安樂，天下太平矣。願有財力智力者，或廣印以流布，或説法以講演。俾未失本性者，愈加純真，已失本性者，速復厥初。其爲功德，何能名焉！

《了凡四訓》序

聖賢之道，唯誠與明。聖狂之分，在乎一念。聖罔念則作狂，狂克念則作聖，其操縱得失之象，喻如逆水行舟，不進則退，不可不勉力操持，而稍生縱任也。須知誠之一字，乃聖凡同具，一如不二之真心。明之一字，乃存養省察，從凡至聖之達道。然在凡夫地，日用之間，萬境交集，一不覺察，難免種種違理情想，瞥爾而生。此想既生，則真心遂受錮蔽，而凡所作爲，咸失其中正矣。若不加一番切實工夫，克除净盡，則愈趨愈下，莫知底極，徒具作聖之心，永淪下愚之隊，可不哀哉！然作聖不難，在自明其明德。欲明其明德，須從格物致知下手。倘人欲之物，不能極力格除，則本有真知，决難徹底顯現。欲令真知顯現，當於日用云爲，常起覺照，不使一切違理情想，暫萌於心。常使其心，虚明洞徹，如鏡當臺，隨鏡映現，但照前境，不隨境轉。妍媸自彼，於我何干？來不預計，去不留戀，或若違理情想蒞有萌動，即當嚴以攻治，剷除令盡。如與賊軍對敵，不但不使侵我封疆，尚須嚴以自治，毋怠毋忽，克己復禮，主敬存誠。其器仗，須用顏子之四勿，（非禮勿視，非禮勿聽，非禮勿言，非禮勿動。）曾子之三省（爲人謀不忠乎？交友不信乎？傳授不習乎？），蘧伯玉之寡過知非，加以戰戰兢兢，如臨深淵，如履薄冰，與之相對，則軍威遠振，賊黨寒心。懼罹滅種之極戮，冀沾安撫之洪恩。從兹相率投降，歸順至化，盡革先心，聿修厥德，將不出户，兵不血刃，舉寇讎皆爲赤子，即叛逆悉作良民。上行下效，率土清寧，不動干戈，坐致太平矣。如上所説，則由格物而致知，由致知而克明明德，誠明一致，即凡成聖矣。其或根器陋劣，未能收效，當效趙閲道，日之所爲，夜必焚香告帝，不敢告者，即不敢爲。

袁了凡諸惡莫作，衆善奉行，命自我立，福自我求。俾造物不能獨擅其權，受持功過格。凡舉心動念，及所言所行，善惡纖悉皆記，以期善日增而惡日減。初則善惡參雜，久則唯善無惡。故能轉無福爲有福，轉不壽爲長壽，轉無子孫爲多子孫；現生優入聖賢之域，報盡高登極樂之鄉。行爲世則，言爲世法。彼既丈夫，我亦爾，何可自輕而退屈？或問格物乃窮盡天下事物之理，致知乃推極吾之知識，必使一一曉了也。何得以人欲爲物，真知爲知，克治顯現爲格致乎？答曰：誠與明德，皆約自心之本體而言，名雖有二，體本唯一也，知與意心，兼約自心之體用而言，實則即三而一也。格、致、誠、正、明五者，皆約閑邪、存誠，返妄歸真而言其檢點、省察、造詣工夫。明爲總納，格、致、誠、正，乃別目耳。修身、正心、誠意、致知，皆所以明明德也。倘自心本有之真知，爲物欲所蔽，則意不誠而心不正矣。若能格而除之，則是：「慧風掃蕩障云盡，心月孤圓朗中天」矣。此聖人示人，從泛至切，從疏至親之決定次序也。若窮盡天下事物之理，俾吾心知識悉皆明了，方能誠意者，則唯博覽群書，遍游天下之人，方能誠意正心，以明其明德。未能博覽閱歷者，縱有純厚天資，於誠意正心，皆無其分，况其下焉者哉。有是理乎？然不深窮理之士，與無知無識之人，若聞理性，多皆高推聖境，自處凡愚，不肯奮發勉勵，遵循從事。若告以過去、現在、未來三世因果，或善或惡，各有其報，則必畏惡果而斷惡因，修善因而冀善果。善惡不出身、口、意三。既知因果，自可防護身口，洗心滌慮，雖在暗室屋漏之中，常如面對帝天，不敢稍萌匪鄙之心，以自干罪戾也已。此大覺世尊，普令一切上中下根，致知、誠意、正心、修身之大法也。然狂者畏其拘束，謂爲著相；愚者防己愧怍，謂爲渺茫。除此二種人，有誰不信受？故夢東云：「善談心性者，必不弃離於因果；而深信因果者，終必大明夫心性，此理勢所必然也。」須知從凡夫地乃至圓證佛果，悉不出因果之道，未由出離之流也。哀哉！聖賢千言萬語，無非欲人返省克念，俾吾心本具之明德，不致埋没，親得受用耳。但人由不知因果，每每肆意縱情，縱畢生讀之，亦止學其詞意，不以希聖希賢爲事，因兹當面錯過。

袁了凡先生訓子四篇，文理俱暢，豁人心目，讀之自有欣欣向榮，亟欲取法之勢。詢淑世良模也。永嘉周群錚居士，發願流通、祈予爲序。因撮取聖賢克己復禮，閑邪存誠之意，以塞其責云。

因果爲儒釋聖教之根本説

因果報應者，世出世間聖人，平治天下，度脱衆生之大權也。而世人不察，或以爲佛氏之言，則多方破斥，或以爲淺近之義，而弁髦置之。任己世智辯聰，長溺邪見濁港，凡所論議，皆非聖賢根本修己治人之道。致令善無以勸，惡無以懲，其弊遂至競争名利勢位，以至殺人盈野盈城而不止也。噫，可哀也已。

夫因果報應之言論事實，見於經史者甚多。在《書》則曰惠迪吉，從逆兇，惟影響。作善降之百祥，作不善降之百殃。此猶可謂只論現世，及子孫耳。至《洪範》之五福六極，若不推其前生之因，專歸於王政，則成無稽之談，是豈禹與箕子所以教萬世之心哉。且五福之壽、康寧、攸好德、考終命，六極之兇短、折、疾、憂、惡、弱，豈王者能操其權而使之然乎。就中惟富與貧，或可人與，餘多宿因所感。而惡者，乃面貌醜惡，非暴惡也，訓作剛過，將謂王者威制令其暴惡乎。孔子贊《易》，於《文言》則曰：「積善之家，必有餘慶。積不善之家，必有餘殃。」於《系辭傳》則曰：「原始要終，故知死生之説，精氣爲物，游魂爲變，是故知鬼神之情狀。」非因果報應，生死輪回之説乎。至於《春秋左傳》，及《二十二史》中，善惡報應生死輪回之事，則多不勝書，《二十二史感應録》二卷，乃存十一於百千耳。是知儒者不信因果報應生死輪回之事理，不但有悖佛經，實爲逆天命而侮聖人之言。否則六經便非儒者之書，而堯舜禹湯文武周孔，及歷代作史者，皆爲惑世誣民之罪人矣，有是理乎哉。若無三世因果，則天之畀於人者，便不公平，而作善者爲徒勞，作惡者爲得計矣。惟其宿世之功過不同，以致今生之享受各异，所謂永言配命，自求多福，禍福無門，惟人自召耳。故佛經云，欲知前世因，今生受者是。欲知來世果，今生作者是。了此，則苦樂吉兇，皆自己罪福所感，非從天降，亦非人與，是以君子聿修厥德，素位而行，上不怨天，下不尤人。是故經云，菩薩畏因，衆生畏果。畏因則以戒定慧，制伏其心，俾貪嗔癡念，無從而起，其居心動念，所言所行，無非六度萬行，利人濟物之道，及其積極功純，則福慧兩足，徹證自心，以圓成佛道。衆生不知果由因召，念念起貪嗔癡，發而爲事，則無非殺、盜、淫耳。然盜、淫二業，上智以義自繩，下愚爲勢所制，尚不至太甚。而殺生食肉，謂爲固然，由是或以智捕，或以財求，取彼水陸空行一切衆生，宰割烹炮，以悦我口腹，養我身體，兼之以奉父母，祭祖宗，祀鬼神，燕賓客，唯取我樂，不思彼苦，舉世之人，悉皆如是。殺業積久，則發而爲刀兵水旱疾疫等灾，業果已熟，莫由逃避，縱生畏懼，了無所益。是以如來愍諸衆生，令其愛惜物命，切勿食肉，其仁民之心，至深且遠，豈獨愛物而已哉。

同鄉幼農王居士，宿植德本，篤信佛乘，賦性廉潔，法楊震之四知，修持嚴明，效曾子之三省，無論居官居家，唯以仁民愛物爲志事。痛念近年刀兵之慘，欲爲根本解决，遂與夫人，俱持長齋。且又極力提倡因果報應，生死輪回，戒殺護生，吃素念佛，以期殺業息而天下太平，仁風行而人民安樂。又欲子孫世守成規，祈余發揮因果至理，俾有所遵循，亦可謂知本矣。夫天下不治，由於家庭無善教，致有天姿者，習爲狂妄，無天姿者，狎於愚頑，二者皆非國家社會之福。是知教子爲治平之本，而教女尤爲切要，以今日之賢女，异日即爲人之賢妻賢母，人能得賢母之教育，賢妻之輔助，豈有不成賢人乎哉？故曰教子女爲天下太平之根本也。

重刻《安士全書》序一

大矣哉吾心本具之道，妙矣哉吾心固有之法。寂照不二，真俗圓融。離念離情，不生不滅。謂之爲有而不有，不有而有。謂之爲空而不空，不空而空。生佛皆由此出，聖凡俱莫能名。類明鏡之了無一物，而復胡來漢現。猶太虛之遠離諸相，不妨日照云屯。正所謂實際理地，不受一塵。本覺心中，圓具諸法。乃如來所證之無上覺道，亦衆生所迷之常住真心。三教聖人，依此心性，各垂教迹，廣導群萌。由是尼山抉誠明之奧，作修齊治平之軌。柱史説道德之經，陳長生久視之術。大覺世尊，稱法界性，示真如心，演背塵合覺之道，立不生不滅之宗。雖淺深大小不同，世出世間有异。要皆不外即吾心本具之理，以發揮演暢之。普令含識，稱性起修，即修顯性。消原無之幻妄，復本有之天真。永出迷途，誕登覺岸而後已也。

文昌帝君，於宿世中，心敦五常，躬奉三教。自行化他，惟欲止於至善。功高德著，遂得職掌文衡。恐末學無知，昧己永劫常住之性。因作文廣訓，示「吾一十七世」之言。妙義無盡，誰測淵源。注解縱多，莫窺堂奧。致令上下千古，垂訓受訓，皆有遺憾，不能釋然。安士先生，宿植德本，乘願再來。博極群書，深入經藏。覺世牖民，引爲己任。淑身變俗，用示嘉謨。以奇才妙悟之學識，取靈山、泗水之心法，就帝君隨機説法之文，著斯民雅俗同觀之注。理本於心，詞得其要。徵引事實，袪迷云於意地。闡揚義旨，揭慧日於性天。使閲者法法頭頭，有所仿效。心心念念，有所警懲。直將帝君一片婆心，徹底掀翻，和盤托出。俾千古之上，千古之下，垂訓受訓，悉皆釋然，毫無遺憾。而又悲心無既，慈願莫窮。欲使斯民推忠恕以篤胞與，息刀兵而享天年。守禮義以叙彝倫，好令德而遠美色。因著戒殺之書，曰《萬善先資》。戒淫之書，曰《欲海回狂》。良由世人殺業最多，淫業易犯。以故不憚煩勞，諄諄告誡。又以泛修世善，止獲人天之福，福盡墮落，苦毒何所底極。乃宗净土經論，采其逗機語言，集爲一書，名曰《西歸直指》。普使富貴貧賤，老幼男女，或智或愚，若緇若素，同念阿彌陀佛，求生極樂世界。迥出輪回，直登不退。謝妄業所感之苦，享吾心固有之樂。前三種雖明修行世善，而亦具了生死法。後一種者，吾不信也。

爲善世第一奇書，與尋常善書不可同日而語。不謂之菩薩乘本願輪，現居士身，説法度生

聾發聵之情，有更切於拯溺救焚之勢。誠可以建天地，質鬼神，羽翼六經，扶持名教。允

雖明了生死法，而亦須修行世善。至於惠吉逆兇，縷析條陳。決疑辨難，理圓詞妙。其震

不慧少讀儒書，罔知孔孟之心傳。長學佛乘，未悟如來之性體。迄今年臨知命，見等面墻。徒有樂善之心，毫無利人之力。欲將此書，刊刻流布。無奈貧無卓錐，兼以懶於募緣。因是多年，未償所願。西蜀居士李天桂，夙具靈根，篤修善行。企得無上佛法，朝禮普陀名山。於法雨禪寺，偶然會遇。若非宿緣有在，何以邂逅如斯。乃屈膝問法，詢求出要。余因示以力敦倫常，精修净業，自利利他，咋此爲要。若能躬行無玷，方可感化同人。倘所行不符所言，乃奉法反以壞法。彼世之德不加修，而善不力遷者，非無修德遷善之資，乃無良師益友以身率之故也。即贈以此書，令詳悉披閲。務使己之動作云爲，與書之指示訓誨，相契相合，無少參差，庶幾可耳。彼遂若獲至寶，慶幸無已，發願刊板，用廣流通。又祈作序，普告同人。因不揣固陋，略述顛末。其有欲致君澤民，修身齊家，教子孫以希聖賢，悟心性以了生死者。請熟讀而力行之，當不以吾言爲謬妄也。

附：《安士全書》題詞

此書雖名善書，實同佛經，以其中非引佛經之文，即案佛經之義。讀者當與佛經一目視之。理宜潔净恭敬，不可污穢褻瀆。如微賤人傳宣王敕，公卿士庶悉皆致敬。非敬其人，敬王敕耳。此書亦然，借世間之因果，示度生之玄猷，實如來隨機利生之要道，衆生離苦得樂之真詮。若能敬信，則灾障冰消，吉慶云集，身心康泰，家門靖謐，猶其小焉者。語其極功，則業盡情空，超凡入聖，了生死於現世，證覺道於將來。若或褻瀆，其罪非小。伏願閲者，同皆納此芻蕘。則幸甚幸甚。

（印光法師文鈔三編補・題詞）

臨終三大要

世間最可慘者，莫甚於死，而且舉世之人，無一能幸免者，以故有心欲自利利人者，不可不早爲之計慮也。實則死之一字，原是假名，以宿生所感一期之報盡，故捨此身軀，復受別種身軀耳。不知佛法者，直是無法可設，只可任彼隨業流轉。今既得聞如來普度衆生之净土法門，固當信願念佛，預備往生資糧，以期免生死輪回之幻苦，證涅槃常住之真樂。其有父母兄弟，及諸眷屬，若得重病，勢難痊愈者，宜發孝順慈悲之心，勸彼念佛求生西方，并爲助念，俾病者由此死已，即生净土，其爲利益，何能名焉。今列三要，以爲成就臨終人往生之據。語雖鄙俚，意本佛經，遇此因緣，悉舉行焉。言三要者，第一，善巧開導安慰，令生正信。第二，大家换班念佛，以助净念。第三，切戒搬動哭泣，以防誤事。果能依此三法以行，决定可以消除宿業，增長净因，蒙佛接引，往生西方。一得往生，則超凡入聖，了生脱死，漸漸進修，必至圓成佛果而後已。如此利益，全仗眷屬助念之力。能如是行，於父母，則爲真孝。於兄弟、姊妹，則爲真弟。於兒女，則爲真慈。於朋友，於平人，則爲真義、真惠。以此培自己之净因，啓同人之信向，久而久之，何難相習成風乎哉。今爲一一條陳，庶不至臨時無所適從耳。

第一，善巧開導安慰，令生正信者。

切勸病人，放下一切，一心念佛。如有應交代事，速令交代。交代後，便置之度外，即作我今將隨佛往生佛國，世間所有富樂眷屬，種種塵境，皆爲障礙，致受禍害，以故不應生一念系戀之心。須知自己一念真性，本無有死。所言死者，乃捨此身而又受别種之身耳。若不念佛，則隨善惡業力，復受生於善惡道中。（善道，即人，天。惡道，即畜生，餓鬼，地獄。修羅，則亦名善道，亦名惡道，以彼修因感果，均皆善惡夾雜故也。）若當臨命終時，一心念南無阿彌陀佛，以此志誠念佛之心，必定感佛大發慈悲，親垂接引，令得往生。且莫疑我系業力凡夫，何能以少時念佛，便可出離生死，往生西方？當知佛大慈悲，即十惡五逆之極重罪人，臨終地獄之相已現，若有善知識教以念佛，或念十聲，或止一聲，亦得蒙佛接引，往生西方。此種人念此幾句，尚得往生，又何得以業力重，念佛數少，而生疑乎？須知吾人本具真性，與佛無二，但以惑業深重，不得受用。今既歸命於佛，如子就父，乃是還我本有家鄉，豈是分外之事？又佛昔發願，若有衆生，聞我名號，志心信樂，乃至十念，若不生者，不取正覺。以故一切衆生，臨終發志誠心，念佛求生西方者，無一不垂慈接引也。千萬不可懷疑，懷疑即是自誤，其禍非小。况離此苦世界，生彼樂世界，是至極快意之事，當生歡喜心。千萬不可怕死，怕死則仍不能不死，反致了無生西之分矣。以自心與佛相違反故，佛雖具大慈悲，亦無奈不依佛教之衆生何。阿彌陀佛萬德洪名，如大冶洪爐。吾人多生罪業，如空中片雪。業力凡夫，由念佛故，業便消滅，如片雪近於洪爐，即便了不可得。

又况業力既消，所有善根，自然增長殊勝，又何可疑其不得生，與佛不來接引乎？如此委曲宛轉開導安慰，病人自可生正信心，此系爲病人所開導者。至於自己所應盡孝致誠者，亦唯在此，切不可隨順俗情，求神問醫。大命將盡，鬼神醫藥，豈能令其不死乎？既役情於此種無益之事，則於念佛一事，便紛其誠懇，而莫由感通矣。許多人，於父母臨終，不惜資財，請許多醫生來看。此名買孝，欲世人稱我於父母爲能盡孝。不知其天地鬼神，實鑒其心。故凡於父母喪葬等事，過於張羅者，不有天灾，必有人禍。爲人子者，宜注重於親之神識得所；彼世俗所稱頌，固不值明眼人一哂，况極意邀求，以實罹不孝之大咎乎。

第二，大家换班念佛，以助净念者。

前已開導病人，令生正信。然彼病人，心力孱弱，勿道平素絶不念佛之人，不易相繼長念，即向來以念佛爲事者，至此亦全仗他人相助，方能得力。以故家中眷屬，同應發孝順慈悲之心，爲其助念佛號。若病尚未至將終，當分班念，應分三班，每班限定幾人。頭班出聲念，二三班默持。念一點鐘，二班接念，頭班、三班、默持。若有小事，當於默持時辦。值班時，斷斷不可走去。二班念畢，三班接念，終而復始。念一點鐘，歇兩點鐘，縱經晝夜，亦不甚辛苦。須知肯助人净念往生，亦得人助念之報。

且莫説是爲父母盡孝應如是，即爲平人，亦培自己福田，長自己善根，實爲自利之道，不徒爲人而已。成就一人往生净土，即是成就一衆生作佛，此等功德，何可思議！三班相續，佛聲不斷。病人力能念，則隨之小聲念。不能念，則攝耳諦聽，心無二念，自可與佛相應矣。念佛聲不可太高，高則傷氣，難以持久。亦不可太低，以致病人聽不明白。不可太快，亦不可太慢。太快，則病人不能隨，即聽亦難明了。太慢，則氣接不上，亦難得益。須不高不低，不緩不急，字字分明，句句清楚。令病者字字句句，入耳經心，斯易得力。念佛法器，唯用引磬，其他一切，概不宜用。引磬聲清，聽之令人心地清净。木魚聲濁，故不宜用於臨終助念。

又宜念四字佛號。初起時，念幾句六字，以後專念「阿彌陀佛」四字，不念「南無」，以字少易念。病人或隨之念，或攝心聽，皆省心力。家中眷屬如此念，外請善友亦如此念，人多人少均如此念。不可一起念，歇歇又念，致令病人，佛念間斷。若值飯時，當換班吃，勿斷佛聲。若病人將欲斷氣，宜三班同念。直至氣斷以後，又復分班念三點鐘，然後歇氣，以便料理安置等事。

當念佛時，不得令親友來病人前，問訊諭慰。既感情來看，當隨念佛若干時，是爲真實情愛，有益於病人。若用世間俗情，直是推人下海，其情雖可感，其事甚可痛。全在主事者明道理，預令人説之，免致有礙面情，及貽害病人，由分心而不得往生耳。

第三，切戒搬動哭泣，以防誤事者。

病人將終之時，正是凡、聖、人、鬼分判之際，一發千鈞，要緊之極。只可以佛號，開導彼之神識，斷斷不可洗澡、換衣，或移寢處。任彼如何坐卧，只可順彼之勢，不可稍有移動。亦不可對之生悲感相，或至哭泣。以此時身不自主，一動則手足身體，均受拗折扭捩之痛，痛則嗔心生、而佛念息；隨嗔心去，多墮毒類，可怖之至。若見悲痛哭泣，則情愛心生，佛念便息矣。隨情愛心去，以致生生世世，不得解脱。此時，所最得益者，莫過於一心念佛。所最貽害者，莫過於妄動哭泣。若或妄動哭泣，致生嗔恨，及情愛心，則欲生西方，萬無有一矣。又人之將死，熱氣自下至上者，爲超升相；自上至下者，爲墮落相。故有「頂聖、眼天生，人心、餓鬼腹，畜生膝蓋離，地獄腳板出」之説。然果大家至誠助念，自可直下往生西方。切不可屢屢探之，以致神識未離，因此或有刺激，心生煩痛，致不得往生。此之罪過，實爲無量無邊。願諸親友，各各懇切念佛，不須探彼熱氣，後冷於何處也。爲人子者，於此留心，乃爲真孝。若依世間種種俗情，即是不惜推親以下苦海，爲遨一般無知無識者，群相稱贊其能盡孝也。此孝與羅刹女之愛，正同。經云：「羅刹女食人，曰，我愛汝，故食汝。」彼無知之人之行孝也，令親失樂而得苦，豈不與羅刹女之愛人相同乎？吾作此語，非不近人情，欲人各於實際上講求，必期亡者往生，存者得福，以遂孝子賢孫親愛之一片血誠，不覺其言之有似激烈也。真愛親者，必能諒之！

頂聖眼天生等者，謂人氣已斷，通身冷透，惟頭頂獨熱者，則必超凡入聖了生脱死也。眼天生者，若眼及額頭處獨熱，則生天道。心處獨熱，則生人道。肚腹獨熱，則生餓鬼道。膝蓋獨熱，則生畜生道。腳板獨熱，則生地獄道。此由人在生時，所造善惡二業，至此感現如是，非可以勢力假爲也。是時若病人能志誠念佛，再加眷屬善友助念之力，决定可以帶業往生，超凡入聖耳。不須專事探試徵驗，以致誤事也。至囑至禱！

挽回劫運護國救民正本清源論

道德仁義，乃吾人本具之性德。因果報應，實天地化育之大權。人生天地之間，藐爾七尺之軀。其與廣大高厚莫測之天地，并立爲三，稱爲三才者。以其能仰體天地之德，皆可以爲堯舜，皆可以作佛，以參贊其化育故也。故聖人於《易》乾坤二卦之象，一以自强不息法天，一以厚德載物法地教人。夫自强不息，則閑邪存誠，克己復禮，非到明明德，止至善，人欲净盡，天理流行，以復其本具之性德不可也。厚德載物，則仁民愛物，推己及人，當必本忠恕，行慈悲，胞與爲懷，物我同觀，非盡其參贊之天職弗止也。然此非專指居位行政者言，即匹夫匹婦，亦皆能行。以堯舜之道，孝悌而已。聖賢之學，修身而已。能修身者，必能孝悌，必能格除物欲，擴充良知，以獨善其身矣。而其效必能刑於寡妻，至於兄弟，以禦於家邦。况得位行政，豈有不能兼善天下之理乎。天下不治，匹夫有責。使人人各秉誠心，各盡孝悌，各行慈善，矜孤恤寡，救難憐貧，戒殺放生，吃素念佛。則人以善感，天以福應。自然雨順風調，民康物阜。决不至常降水旱瘟蝗，風吹地震等灾。而時和年豐，人樂其業。加以慈和仁讓，相習成風，縱有一二愚頑，亦當化爲良善。如矜梁上之君子，一方永絶竊賊。赒匿室之偷兒，此後遂成善士。古人仁慈爲政，真誠愛民，尚能感化异類。如虎不入境，魚徙他方等瑞徵。載諸史册，不一而足。果能各以慈善相感，斷不致常有土匪刀兵，蹂躪劫掠等禍。然人之氣稟，萬有不齊。天機深者，自能恪遵道義，以盡爲人之分。其有宿習濃厚，障蔽性德。以致心之所念，口之所言，身之所行，每與道義相悖。然由聞其福善禍淫之理，及見其善惡報應之事，未有不戰兢惕厲，以自修省，冀其獲福而免禍者。是知天地以福善禍淫，爲攝持人民悉遵道德仁義之大權。聖人本天地之心，以行教化。以故惠吉逆兇五福六極，作善降之百祥，作不善降之百殃，積善之家必有餘慶，積不善之家必有餘殃之説，屢見於經。其所以感發人之善心，懲創人之逸致者，至深切矣。然則因果報應之吉兇禍福，乃道德仁義依違真僞之實驗也。既知其實驗，則欲爲善而益加奮勉，必底於成。欲爲不善而遂生恐懼，有所不敢矣。如是則提倡因果報應，乃仰承天地聖人之心，以成全世人道德仁義之性德也。若以因果報應爲渺茫無稽，不但違背天地聖人之心，自己神識，永墮惡趣。且使上智者不能奮志時敏，聿修厥德。下愚者無所忌憚，敢於作惡。以致天地聖人化育之權，抑而不彰。吾人即心本具之理，隱而弗現。其爲禍也，可勝言哉。但以世間聖人，語言簡略。又且只説現生，及與子孫。至於生之以前，死之以後。與從無始以來，隨罪福因緣，輪回六道，皆未發明。以故識見淺者，雖日讀聖人因果報應之言，猶然不信因果報應。如來大教，顯示吾人心性之妙，與夫三世因果之微。舉凡格致誠正修齊治平之道，與夫斷惑證真了生脱死之法，無不備具。是故遇父言慈，遇子言孝。兄友弟恭，夫唱婦隨，主仁仆忠，各盡己分。則與世間聖人所説，了無有异。而復一一各示前因後果，則非世間聖人所能及。盡義盡分之語，只能教於上智，不能制其下愚。若知因果報應，則善惡禍福，明若觀火。其誰不欲趨吉而避兇，免禍而獲福乎。又不知因果，多有外彰善相，實則暗存惡心，以行惡事。意謂人既不知，有何妨礙。不知吾人之心，與天地鬼神，及諸佛菩薩之心，息息相通。我心隨起一念，彼則無不了知。故曰人間私語，天聞若雷。暗室虧心，神目如電。周安士曰，人人知因果，大治之道也。人人不知因果，大亂之道也。甚矣佛恩之峽於民生也。人特不深思，故弗知耳。上古之世，人情淳樸，勝過叔季之澆漓，奚啻數倍。文王之澤，及乎枯骨。不數百年，殺人殉葬之風，遍於天下。列國諸侯之死，殺，所愛之臣妾，動至數十百人。不惟不生憐惛，而復反以爲榮，各相效尤。以秦穆公之賢，尚殺百七十七人以殉葬。子車三子，乃國之良臣，亦復不爲國與民計而免，况其他無道之暴君哉。國君如是，大夫與士，亦各隨其力而爲之。雖孔孟老莊齊出，亦莫能止。及佛教東來，闡明因果報應，令人戒殺放生，斷葷吃素。即蟲蟻蚤虱，尚令護惜，勿行殺害，何况於人。以一切衆生，皆有佛性，皆知貪生怕死，皆是過去父母眷屬，皆是未來諸佛世尊。固宜惛念憐恤，何敢妄行殺害，以充口腹乎。慈風一扇，勝殘去殺。勿論諸侯大夫士，不敢殺人殉葬。即南面稱朕者，亦不敢行此惡法，即有一二暴虐者行之，亦斷不敢以多爲榮也。使無佛法生死輪回，因果報應之説。則後世之人，能盡其天年而死者，蓋亦鮮矣。此系至淺近之法，而其效尚能如是。况論心性極賾之理，與斷惑證真之道乎哉。而如來隨順衆生，循循善誘。初以五戒十善之人天乘，接引劣機，以作超凡入聖了脱生死之前方便。若根機稍深，則爲説四諦十二因緣，令其斷見思惑，證聲聞緣覺之二乘果。若是大乘根性，則令其發大菩提心，遍修六度萬行。上求佛道，下化衆生。興無緣慈，起同體悲。不住色聲香味觸法而行布施，以及六度萬行。度脱一切衆生，令入無余涅槃。不見能度之我，與所度之人及衆生，并所證之無余涅槃之壽者相。由其四相不著，三輪體空。故令塵沙無明，因之消滅。隨其功行，以次證夫十住十行十回向十地等覺之菩薩果。及全彰自性，徹悟唯心，福慧圓滿，智斷究竟之佛果耳。又以末世衆生，根機陋劣，匪仗如來宏誓願力，决難現生即出生死。由是以大慈悲，特開一仗佛慈力了生脱死之净土法門。但具真信切願，持佛名號，求生西方極樂世界。其所行一絲一毫之世善，并六度萬行種種功德，悉以回向往生。此則以己信願，感佛慈悲。感應道交，必蒙攝受。待至臨終，蒙佛接引，往生西方。既往生已，則圓離衆苦，但受諸樂。親炙彌陀，參隨海衆。其證無生而成覺道，如操左券而取故物。校彼仗自力以了生死者，其難易固天淵懸殊也。又仗自力者，百千萬人，難得一二即生了脱。以其必須定慧具足，惑業净盡，方可如願。倘惑業尚有絲毫未盡，則生死輪回决難出離。仗佛力則信願真切，萬不漏一。三根普被，利鈍全收。上根則速證法身，下根則帶業往生。如來度生之懷，唯净土法門，方能究竟舒暢耳。由有如上種種利益，故古今來聖君賢相，杰士偉人，莫不自行化他，護持流通。以其能陰翼郅治，顯淑民情。消禍亂於未萌，證本具之佛性也。近來世道人心，日趨日下。各懷我見，互相競争。以致刀兵連綿，無時静謐。而上有好者，下必有甚焉者。一班頑民，盡作土匪，肆行劫掠，毒害生民。人以惡感，天以灾應。水旱疾疫，風吹地震，種種慘灾，頻頻見告，國運危岌，民不聊生。欲行拯救，苦無其力。唯有懇求當權諸公，及一切同胞。悉本忠恕之心，以行慈悲之道。視一切人民，皆如同胞。互相扶持，勿行殘害。思前因與後果，必修德而行仁。利人者實爲利己，此生他世，福報無窮。害他者甚於害自，現在未來，苦報無盡。與其逞勢於一時，以致神識受苦於永劫。何如修德於畢世，以期身心受樂於多生乎。然在凡夫地，未斷惑業，縱生人天，終非究竟安穩之處。倘能隨分隨力，持佛名號，求生西方，以期盡此報身，高登極樂，方爲最上脱苦之道。而堂堂丈夫，忍令本具佛性，常被惑業所縛，以受生死苦荼乎。張季鸞君，特刊中華新報，每日專辟一欄，提倡佛學。舉凡如來應化，法道流通，信毁罪福，修持利益。與夫戒殺放生，吃素念佛之言論事迹，隨便登載。冀閲報諸君，同悟心佛衆生，三無差别之理。以行斷惡修善，復本心源之事。余謂此實護國救民正本清源之道。因將吾人天職，天地化育，聖賢心法，佛教綱要。與夫亂之所始，治之所由。撮略言之，以貢當世具眼高人。所愧文字拙樸，不能暢發藴奥。然其意義，固非妄談杜撰，有可取焉。又人生世間，所資以成德達才，建功立業，以及一才一藝養活身家者。皆由文字主持之力，而得成就。字爲世間至寶，能使凡者聖，愚者智。貧賤者富貴，疾病者康寧。聖賢道脈，得之於千古。身家經營，遺之於子孫。莫不仗字之力。使世無字，則一切事理，皆不成立，而人與禽獸無异矣。既有如是功力，固宜珍重愛惜。竊見今人任意褻污，是直以至寶等糞土耳。能不現生折福折壽，來生無知無識乎哉。又不但有形之字，不可褻污遺弃。而無形之字。更不可褻污遺弃。孝悌忠信禮義廉耻，若不措之躬行，則成亡八字矣。八字既亡，則生爲衣冠禽獸，死墮三途惡道矣。可不哀哉。

一函遍復

净土法門，三根普被，利鈍全收；乃如來普爲一切上聖下凡，令其於此生中，即了生死之大法也。於此不信不修，可不哀哉？此法門以信、願、行三法爲宗。信，則信我此世界是苦，信極樂世界是樂。信我是業力凡夫，决定不能仗自力斷惑證真，了生脱死。信阿彌陀佛，有大誓願。若有衆生，念佛名號，求生佛國，其人臨命終時，佛必垂慈接引，令生西方。願，則願速出離此苦世界，願速往生彼極樂世界。行，則至誠懇切，常念南無（那摩）阿彌陀佛，時時刻刻，無令暫忘。朝暮於佛前禮拜持誦，隨自身閑忙，立一課程。此外，則行、住、坐、卧及做不用心的事，均好念，睡時當默念，不出聲。宜只念阿彌陀佛四字，以免字多難念。若衣冠不整齊或洗澡、抽解、或至不潔净處，均須默念。默念功德一樣。出聲於儀式不合。無論大聲念、小聲念、金剛念（有聲而旁人不聞）、心中默念。均須心裏念得清清楚楚，口裏念得清清楚楚，耳中聽得清清楚楚。如此，則心不外馳，妄想漸息，佛念漸純，功德最大。

念佛之人，必須孝養父母，奉事師長（即教我之師及有道德之人），慈心不殺（當吃長素，或吃花素。即未斷葷，切勿親殺），修十善業（即身不行殺生、偷盜、邪淫之事。口不行妄言、綺語、兩舌、惡口之話。心不起貪欲、嗔恚、愚癡之念），又須父慈子孝，兄友弟恭，夫和婦順，主仁仆忠，恪盡己分。不計他對我之盡分與否，我總要盡我之分，能於家庭，及與社會，盡誼盡分，是名善人。善人念佛求生西方，决定臨終，既得往生。以其心與佛合，故感佛慈接引也。若雖常念佛，心不依道，或於父母、兄弟、妻室、兒女、朋友鄉黨，不能盡分，則心與佛背，便難往生。以自心發生障礙，佛亦無由垂慈接引也。

又須勸父母、兄弟、姊妹、兒女、鄉黨、親友，同皆常念「南無阿彌陀佛」及「南無觀世音菩薩」。（每日若念一萬佛。及念五千觀音。多少照此加減。）以此事利益甚大，忍令生我之人，及我之眷屬，并與親友，不蒙此益乎？况且現在是一個大患難世道，灾禍之來，無法可設。若能常念佛及觀音，决定蒙佛慈庇，逢兇化吉。既無灾難，亦得業消智朗，障盡福隆。况勸人念佛求生西方，即是成就凡夫作佛，功德最大。以此功德回向往生，必滿所願。

凡誦經、持咒、禮拜、懺悔及救灾、濟貧，種種慈善功德，皆須回向往生西方。切不可求來生人天福報。一有此心，便無往生之分。而生死未了，福愈大則業愈大，再一來生，難免墮於地獄、惡鬼、畜生之三惡道中。若欲再復人身，再遇净土即生了脱之法門，難如登天矣。佛教人念佛求生西方，是爲人現生了生死的；若求來生人天福報，即是違背佛教。如將一顆舉世無價之寶珠，换取一顆糖吃，豈不可惜？愚人念佛，不求往生西方，求來生人天福報，與此無异。

念佛之人，不可涉於禪家參究一路。以參究者，均不注重於信願求生。縱然念佛，只注重看念佛的是誰，以求開悟而已。若生西方，無有不開悟者，若開悟而惑業净盡，則可了生死。若惑業未盡，則不能仗自力了生死。又無有信願，則不能仗佛力了生死。自力佛力兩皆無靠，欲出輪回，其可得乎？須知法身菩薩未成佛前，皆須仗佛威力，何况業力凡夫，侈談自力，不仗佛力，其語雖高超，其行實卑劣。佛力自力之大小，何止天淵之别？願同人悉體此義。

念佛之人，不可效愚人，做還壽生、寄庫等佛事，以還壽生，不出佛經，系後人僞造。寄庫，是願死後做鬼，預先置辦做鬼的用度。既有願做鬼的心，便難往生。如其未作，則勿作，如其已作，當稟明於佛：「弟子某，唯求往生，前所作寄庫之冥資，通以賑濟孤魂。」方可不爲往生之障。凡壽生、血盆、太陽、太陰、眼光、黿王、胎骨、分珠、妙沙等經，皆是妄人僞造之，切不可念。愚人不知念大乘經（即《阿彌陀經》、《無量壽經》、《觀無量壽經》、《心經》、《金剛經》、《藥師經》、《法華經》、《楞嚴經》《華嚴經》、《普賢行願品》等經），偏信此種瞎造之僞經。必須要還壽生、破地獄、破血湖，方可安心。有明理人，爲説是僞，亦不肯信。須知做佛事，唯念佛功德最大。當以還壽生、破地獄、破血湖之錢，請有正念之僧念佛，則利益大矣。

念佛之人，當吃長素。如若不能，當持六齋，或十齋（初八、十四、十五、廿三、廿九、三十爲六齋。加初一、十八、廿四、廿七爲十齋。遇月小，即盡前一日持之。又正月、五月、九月。爲三齋月。宜持長素，作諸功德）。由漸減以至永斷，方爲合理。雖未斷葷，宜買現肉，勿在家中殺生。以家中長願吉祥，若日日殺生，其家便成殺場，殺場乃怨鬼聚會之處，其不吉祥也大矣。是宜切戒家中殺生也。

念佛之人，當勸父母念佛求生西方。然欲父母臨終，決定往生西方。非預爲眷屬，説臨終助念，及瞎張羅，哭泣之利害不可。故欲父母臨終，得眷屬助念之益，不受破壞正念之害者，非平時爲説念佛之利益。令彼各自常念不可。如是，則不獨有益於父母，實有益於現在眷屬，及後世子孫也。臨終助念，無論老少，均當如是。詳看《飭終津梁》及後列《臨終三要》，自知。

女人臨産，每有苦痛不堪，數日不生，或至殞命者。又有生後血崩，種種危險，及兒子有慢急驚風，種種危險者。若於將産時，至誠懇切出聲朗念南無觀世音菩薩，不可心中默念，以默念心力小，故感應亦小。又此時用力送子出，若默念獲致閉氣受病。若至誠懇切念，決定不會有苦痛難産，及産後血崩，并兒子驚風等患。縱然難産之極，人已將死，教本産婦，及在旁照應者，同皆出聲念觀世音。家人雖在別房，亦可爲念。決定不須一刻工夫，即得安然而生。外道不明理，死執恭敬一法，不知按事論理，致一班念佛老太婆，視生産爲畏途。雖親女親媳，亦不敢去看，况敢教彼念觀音乎？須知菩薩以救苦爲心，臨産雖裸露不净，乃出於無奈，非特意放肆者比。不但無有罪過，且令母子種大善根。此義系佛於《藥師經》中所説，非我自出臆見，我不過爲之提倡而已。（《藥師經》，説藥師佛誓願功德，故令念藥師佛，而觀音名號人人皆知，故不必念藥師佛，而可念觀音也。）

女人從十二三歲至四十八九歲，皆有月經。有謂當月經時，不可禮拜持誦，此語不通情理。月經短者，二三日即止，長者六七日方止。修持之人，必須念念無間，何可因此天生之小恙，竟令廢弃其修持乎！今謂當月經時，可少禮拜（宜少禮，不是絶不做禮也）。念佛誦經，均當照常。宜常换洗穢布，若手觸穢布，當即洗净。切勿以觸穢之手，翻經及焚香也。佛法，法法圓通，外道只執崖理。世人多多只信外道所説，不知佛法正理，故致一切同人，不能同沾法益也。

觀世音菩薩，誓願宏深，尋聲救苦。若遇刀兵、水火、饑饉、蟲蝗、瘟疫、旱澇、賊匪、怨家、惡獸、毒蛇、惡鬼、妖魅、怨業病、小人陷害等患難者，能發改過遷善，自利利人之心，至誠懇切念觀世音，念念無間，決定得蒙慈護，不致有何危險。倘仍存不善之心，雖能稱念，不過略種未來善根，不得現時感應。以佛菩薩，皆是成就人之善念，絶不成就人之惡念。若不發心改過遷善，妄欲以念佛菩薩名號，冀己之惡事成就者，決無感應，切勿發此顛倒之心也。念佛最要緊是敦倫盡分，閑邪存誠，諸惡莫作，衆善奉行。存好心，説好話，行好事。力能爲者，認真爲之，不能爲者，亦當發此善心，或勸有力者爲之。或見人爲，發歡喜心，出贊嘆語，亦屬心口功德。若自不能爲，見他人爲，則生妒忌，便成奸惡小人心行，決定折福折壽，不得好結果也。宜痛戒之。切不可做假招子，沽名釣譽。此種心行，實爲天地鬼神所共惡。有則改之，無則加勉。

世有女人，不明至理，或不孝公婆，欺侮丈夫，溺愛兒女，虐待婢仆；或屬填房，虐待前房兒女。若知孝公婆、敬丈夫、教兒女、惠婢仆，教養恩撫前房兒女，實爲世間聖賢之道，亦是佛門敦本之法，具此功德，以修净土，決定名譽日隆，福增壽永；臨終蒙佛接引，直登九蓮也。須知有因必有果，已若種孝敬慈愛之因，自得孝敬慈愛之果，爲人即是爲己，害人甚於害己，固宜盡我之職分，以期佛天共鑒也。

小兒從有知識時，即教以孝、悌、忠、信、禮、義、廉、耻之道，及三世因果，六道輪回之事。令彼知自己之心，與天地、鬼神、佛菩薩之心，息息相通。起一不正念，行一不正事，早被天地、鬼神、佛菩薩悉知悉見，如對明鏡，畢現醜相，無可逃避。庶可有所畏懼，勉爲良善也，無論何人，即婢仆小兒，亦不許打罵。教其敬事尊長，卑以自牧。務須敬惜字紙，愛惜五穀，衣服什物，護惜蟲蟻。禁止零食，免致受病，能如此教，大了決定賢善。若小時任性慣，概不教訓，大了不是庸流，便成匪類。此時後悔，了無所益。古語云：「教婦初來，教兒嬰孩。以其習與性成，故當謹之於始也。」天下之治亂，皆基於此，切勿以爲老僧迂談，無關緊要也。

光老矣，精神日衰，無力答復來信。但以郵路大通，致遠近誤聞虛名，屢屢來信。若一概不復，亦覺有負來意。若一一爲復，直是無此精神。以故印此長信，凡有關修持，及立身涉世，事親教子之道，皆爲略說。後有信來，以此見寄。縱有一二特別之事，即在來信略批數字，庶彼此情達，而不至過勞也。若欲大通經教，固當請教高賢法幢之大通家法師。須知大通經教者，未必即生能了生死。欲即生了生死，當注重於信願念佛求生西方也。祈慧察是幸。

歲次壬申立冬日，常慚愧僧釋印光書。時年七十有二。

净土指要

出自《印光大師全集問答擷録》

净土法門，乃如來一代時教中之特别法門。三根普被，利鈍全收。等覺菩薩，不能超出其外。逆惡罪人，亦可預入其中，不斷惑業，得出輪回；即此一生，定登佛國。末世衆生，根機陋劣，捨此法門，其何能淑。凡修净業者，第一必須嚴持净戒，第二必須發菩提心，第三必須具真信願。戒爲諸法之基址，菩提心爲修道之主師，信願爲往生之前導。净土法門，以信、願、行三法爲宗。非信何由發願，非願何由起行，非持名妙行，何由證所信而滿所願。得生與否，全由信願之有無。品位高下，全由持名之深淺。信、願、行如鼎三足，缺一則蹶。若不注重信願，唯期持至一心，縱令深得一心，亦難了生脱死。何以故。以煩惑未盡，不能仗自力了生死。信願既無，不能仗佛力了生死。世有好高鶩勝者，每每侈談自力，藐視佛力。不知從生至死，無一事不仗人力，而不以爲耻。何獨於了生死一大事，并佛力亦不願受，喪心病狂，一至於此。净宗行者，所當切戒。至於修持法則，常當如子憶母，行住坐卧，語默周旋，一句佛號，綿綿密密，任何事緣，不令間斷。都攝六根，净念相繼。能如是者，决定往生。又須心念仁恕，氣象渾穆。忍人所不能忍，行人所不能行。代人之勞，成人之美。常思己過，莫論人非。等覺菩薩，二六時中，禮十方佛，懺除宿業。況在凡地，常當慚愧，何敢自恃。若自恃者，縱有修持，皆屬魔業。如是之人，切勿親近，免致日久，與之俱化。直須守定宗旨，不隨經教，及善知識語言所轉，捨此別修也。此之法門，乃十方三世一切諸佛，上成佛道，下化衆生，成始成終之總持法門。一切法門，無不從此法界流。一切行門，無不還歸此法界。故九界同歸，十方共贊，千經俱闡，萬論均宣。吾輩末學，何可立异，以取自誤誤人之罪愆乎。願深思之，願深思之。

净土决疑論

藥無貴賤，癒病者良。法無優劣，契機則妙。在昔之時，人根殊勝，知識如林，隨修一法，則皆可證道。即今之世，人根陋劣，知識希少，若捨净土，則莫由解脱。余自愧多生多劫，少種善根。福薄慧淺，障重業深。年當志學，不逢善友。未聞聖賢傳薪之道，争服韓歐辟佛之毒。學問未成，業力先現。從兹病困數年，不能事事。諦思天地鬼神，如此昭著。古今聖賢，如此衆多。況佛法自無權力以脅人服從，必賴聖君賢相護持，方能流通天下耳。倘其法果如韓歐所言，悖叛聖道，爲害中國。豈但古今聖君賢相，不能相容於世。而天地鬼神，將亦誅滅無遺也久矣。又何待韓歐等托空言而辟之也耶。《中庸》謂君子之道，夫婦之愚，可以與知與能。及其至也，雖聖人亦有所不知不能焉。韓歐雖賢，其去聖人遠甚。况聖人所不知不能者乎。佛法殆非凡情世智所能測度之法也。遂頓革先心，出家爲僧。自量己力，非仗如來宏誓願力，决難即生定出生死。從兹唯佛是念。唯净土是求。縱多年以來，濫厠講席，歷參禪匠，不過欲發明净土第一義諦，以作上品往生資糧而已。所恨色力衰弱，行難勇猛。而信願堅固，非但世間禪講諸師，不能稍移其操。即諸佛現身，令修餘法，亦不肯捨此取彼，違背初心。奈宿業所障，終未能得一心不亂，以親證夫念佛三昧。慚愧何如。一日有一上座，久參禪宗，兼通教理，眼空四海，誓證一乘。效善財以遍參知識，至螺山以叩關余舍。時余適以《彌陀要解》，文深理奥，不便童蒙。欲搜輯臺教，逐條著鈔，俾初學之士，易於進步。非敢效古德之宏闡道妙，聊以作後進之入勝因緣。喜彼之來，即贈《要解》一本，且告以著鈔之意。上座因謂余曰：「《要解》一書，吾昔曾一視之。見其詞曰，華嚴奥藏，法華秘髓，一切諸佛之心要，菩薩萬行之司南，皆不出於此矣。若此者不勝枚舉。直是抑遏宗教，過贊净土。謗正法輪，疑誤衆生。不意蕅益大師，以千古希有之學識，不即直指人心，宏揚止觀。反著斯解，以爲愚夫愚婦之護身符。俾舉世緇素，守一法以弃萬行，取蹄涔以捨巨海。同入迷途，永背覺路。斷滅佛種，罪過彌天矣。欲報佛恩者，當即毁滅令盡，又何堪著鈔，以助其流通耶。」憤心厲氣，若對仇讎。余俟其氣平，徐謂之曰：「汝以蕅益此解，爲罪過藪者。但知其末流，而不知其本源。是逐塊之癡犬，非擇乳之鵝王也。須知其過，實不在於蕅益此解。在於釋迦彌陀，及十方諸佛。與净土三經，及華嚴、法華、諸大乘經。文殊、普賢、馬鳴、龍樹、智者、善導、清凉、永明等，諸大菩薩祖師也。汝若能爲大法王，正治其罪。庶汝之所言，舉世奉行矣。否則即是山野愚民，妄稱皇帝，自制法律，背叛王章，不旋踵而滅門誅族矣。汝作是説，諸佛謗法謗僧。當即生陷阿鼻地獄，永劫受苦，了無出期。恃宿世之微福，造窮劫之苦報。三世諸佛，名爲可憐憫者，即汝是也。」彼瞿然曰：「師言罪在釋迦彌陀等者，何反常之若是也。請詳陳其故，若其理果勝，敢不依從。」余曰：「如來爲一大事因緣故，出現於世。所謂大事因緣者，欲令衆生，開示悟入佛之知見，直下成佛而已，豈有他哉。無奈衆生，根有大小，迷有淺深，不能直下暢佛本懷。因兹隨機設教，對病發藥。爲實施權，開權顯實。於一乘法，作種種説。或有善根成熟者，令其誕登覺岸。其有惡業深厚者，令其漸出塵勞。曲垂接引，循循善誘。雖天地父母，不能喻其少分矣。又以一切法門，皆仗自力。縱令宿根深厚，徹悟自心。倘見思二惑，稍有未盡。則生死輪回，依舊莫出。况既受胎陰，觸境生著。由覺至覺者少，從迷入迷者多。上根猶然如是，中下又何待言。斷見惑如斷四十里流，况思惑乎，了生脱死，豈易言哉。以是不能普被三根，暢佛本懷。唯念佛求生净土一法，專仗彌陀宏誓願力。無論善根之熟與未熟，惡業之若輕若重。但肯生信發願，持佛名號，臨命終時，定蒙彌陀垂慈接引，往生净土。俾善根熟者，頓圓佛果。即惡業重者，亦預聖流。乃三世諸佛度生之要道，上聖下凡共修之妙法。由是諸大乘經，咸啓斯要。歷代祖師，莫不遵行。汝以禪教自負，而妄謂弘净土者，爲謗正法輪，斷滅佛種。足徵汝乃魔附其身，喪心病狂，認迷爲覺，指正爲邪之地獄種子耳。夫釋迦彌陀，於往劫中，發大誓願，度脱衆生。一則示生穢土，以穢以苦折伏而發遣。一則安居净土，以净以樂攝受兩鈞陶。汝只知愚夫愚婦，亦能念佛，遂至藐視净土。何不觀《華嚴·入法界品》，善財於證齊諸佛之後，普賢菩薩，乃教以發十大願王，回向往生西方極樂世界，以期圓滿佛果，且以此普勸華藏海衆乎。夫華藏海衆，無一凡夫二乘。乃四十一位法身大士，同破無明，同證法性，悉能乘本願輪，於無佛世界，現身作佛。又華藏海中，净土無量。而必回向往生西方極樂世界者，可知往生極樂，乃出苦之玄門，成佛之捷徑也。以故自古迄今，所有禪教律叢林，無不朝暮持佛名號，求生西方也。汝歷參叢林，何日日修習，而反生毁謗之若是也。儒書所謂習矣不察，日用不知者，莫汝爲甚也。夫華嚴爲諸經之王，王於三藏。《華嚴》不信，即一闡提。縱不生陷阿鼻，報終定墮無間。吾欲離苦而求生净土，汝欲得苦而毁謗華嚴。汝守汝志，吾行吾道，將軍不下馬，各自奔前程。道不同不相爲謀，汝去，吾不語汝。」彼曰：「道貴宏通，疑須剖决，師何見拒之甚也。嘗聞毗盧遮那，遍一切處。其佛所住，名常寂光。則但證法身，當處即是寂光净土。又何必以生滅心，舍東取西，然後爲得也。」余曰：「談何容易。寂光净土，雖則當處即是。然非智斷究竟，圓證盧毗法身者，不能徹底親得受用。圓教住、行、向、地，等覺，四十一位，尚是分證。汝若圓證毗盧法身，則不妨説當處便是寂光。其或未然，則是説食數寶，不免饑寒而死也。」彼曰：「唯心凈土，自性彌陀，宗門常談，不應有錯。」余曰：「宗門所説，專指理性，非論事修。所以然者，欲人先識不涉因果修證凡聖生佛之理。然後依此理以超修因證果，超凡入聖，即衆生而成佛道之事。汝何事理籠統，知見顛倒之若是也。又汝以捨東取西，爲生滅者。不知執東廢西，乃斷滅也。夫未證妙覺，誰離取捨。三只煉行，百劫修因，上求下化，斷惑證真，何一非取捨之事乎。須知如來欲令一切衆生速證法身，及與寂光，所以特勸持佛名號，求生西方也。」問：「棗柏李長者華嚴合論，謂西方凈土，乃爲一分取相凡夫，未信法空實理，以專意念，其心分凈，得生凈土，是權非實。何以華藏海衆，同願往生。棗柏現生證聖，神通智慧，不可思議。定是華嚴會上菩薩示現。所有言説，當無錯謬。」答：「棗柏雖菩薩示現。以經未全來，不能預斷，故作此説。按棗柏造論，在唐玄宗開元年間。論成之後，隨即入滅。歷五十餘年，至德宗貞元十一年，南天竺烏茶國王，方進《普賢行願品》四十卷之梵文。至十四年，始譯畢流通。其前之三十九卷，即八十華嚴之入法界品，而文義加詳。彼第八十，善財承普賢威神之力，所證與普賢等，與諸佛等。普賢乃爲説偈，稱贊如來勝妙功德。以文來未盡，故未結而終。及行願品來，第四十卷，普賢乃以十大願王，勸進善財，及與華藏海衆，令其回向往生西方極樂世界。説畢，如來贊嘆，大衆奉行，文方圓備。

故古德以此一卷，續於八十卷後流通。欲後世學者，咸得受持全經云耳。古德謂念佛求生浄土一法，唯佛與佛，乃能究盡。登地菩薩，不能知其少分者，即此是也。則一切上根利器，浄土總攝無遺矣。《大集經》云，末法億億人修行，罕一得道，唯依念佛，得度生死。則一切人天六道具縛凡夫，浄土亦總攝無遺矣。汝信棗柏而不信行願品、大集經。是遵縣令一時權宜之告示，而違皇帝萬古不易之勅旨，何不知尊卑輕重之若是也。」

問：「彼既海衆示現，何待經來方知。」答：「宏揚佛法，大非易事。須有證據，方能取信。《華嚴》一經，迴越群典。無從引類，以自裁度。」問：「涅槃全經未至，生公何以預倡闡提皆有佛性。將謂棗柏，不及生公。」答：「闡提原是衆生，一切衆生皆有佛性，闡提何得獨無。有智識者皆可預斷。往生圓滿佛果，諸經絶未宣説。誰敢自出心裁，豎此奇義。二者事理絶不相侔，不可引以爲證。至於二公所證，則非吾輩博地凡夫可知，何敢戲論。須知菩薩宏法，或順或逆，種種方便，不可思議。得非棗柏示以不知，以敦後世之信向耶。」問：「禪宗諸師，多撥浄土，此又何説。」答：「禪宗諸師，唯傳佛心。所有言説，皆歸向上。汝參禪有年，尚不知此。則汝之所解，皆破壞禪宗之惡知見也。」

問：「博地凡夫，豈敢自任。諸祖誠言，斷可依憑。六祖謂東方人造罪，念佛求生西方，西方人造罪，念佛求生何國。趙州云，佛之一字，吾不喜聞。又云，老僧念佛一聲，漱口三日。禪宗諸師，多有此等言句，則又何説。」答，六祖直指向上，令人識取自心。汝當作訓文釋義，辨論修持法門。所謂認驢鞍橋作阿爺下頷，幾許誤哉。汝須知西方之人，見思淨盡，進破塵沙，及與無明。只有進修，絶無造罪之事。謂彼求生何國者，若在此間，未斷見思，仗佛慈力，帶業往生之人，則生凡聖同居淨土。一生彼土，則見思二惑徹底消滅。喻如洪爐片雪，未至而化。德人覿面，鄙念全消。若是見思淨盡，則生方便有餘淨土。分破無明，則生實報無障礙淨土。無明淨盡，福慧圓滿，則生常寂光淨土。在此土現證者如是，在彼土進修者亦然。汝何過慮彼無生處，而自障障人，不肯求生。聞噎廢食，自喪性命。則天下癡人，莫汝若也。汝但知趙州佛之一字吾不喜聞。何不領取下文僧，問和尚還爲人也無，州云佛佛乎。但欲依念佛一聲漱口三日，何不依僧問和尚受大王如是供養，以何報答，州云念佛乎。又何不依僧問十方諸佛，還有師也無，州云有。」問：「如何是諸佛師，州云阿彌陀佛。」答：「阿彌陀佛乎。汝謂禪宗諸師，多有此等言句。不知禪家酬機之言，名爲機鋒，名爲轉語。問在答處，答在問處。不知反照回光，叩己而參。一向但噇酒糟，逐土塊，有甚了期。吾出家三十余年，漱口佛不喜聞之言，則衆口同宣。至於以佛佛爲人，以念佛報恩，以阿彌陀佛爲十方諸佛師，絶未聞一人説一句者。夫言出一口，既以彼爲實爲可依，則此亦是實是可依。何受損者即依，得益者即違。一依一違，自相矛盾。夫趙州所言，總歸本分。佛不喜聞，與念佛等，皆屬轉語。若能直下識得自心，方知趙州道越常情，語出格外。當孜孜念佛，唯日不足矣。倘不能親見趙州，則寧可以念佛爲修持，不可依撥佛爲把柄。依念佛，則即生便出輪回，將來定成佛道。依撥佛，則謗佛謗法謗僧。現生則罪業山積，福慧冰消。命終則永墮阿鼻，長劫受苦。其利害得失，奚啻天淵。總之，今人率皆福薄慧淺，業重障深。於得益者，皆若罔聞。於受損者，全身頂戴（得益受損，且約未悟錯會説、非古德所説之法、有益有損也）。諸師酬機之言，悉皆如是，不勞備釋。汝謂諸祖誠言，斷可依憑，何不依百丈云，修行以念佛爲穩當乎。又何不依百丈立祈禱病僧，化送亡僧之規，皆悉回向往生净土乎。將謂百丈唯令死者往生，不令生者求生乎。又何不依西天第十四祖龍樹菩薩，如來預記往生，龍宫誦出華嚴，廣造諸論，偏贊西方。如毗婆沙論，稱爲易行疾至之道乎。又何不依第十二祖馬鳴菩薩，於《起信論》末後，示最勝方便，令人念佛求生西方，常侍彌陀，永不退轉乎。又何不依二祖阿難、初祖迦葉，結集三藏，與净土諸經乎。倘净土不足爲法，有害於世。彼何不知好歹，貽後世以罪藪乎。又諸大乘經，皆贊净土。而小乘經則無一字言及。將謂諸大乘經，不足爲法乎。又佛説彌陀經時，六方恒河沙數諸佛，悉皆出廣長舌，勸信此經。將謂六方諸佛，亦貽人以罪藪乎。如謂六祖趙州等，不可不信。則龍樹、馬鳴、阿難、迦葉、釋迦、彌陀，六方諸佛，諸大乘經，更爲不可不信。若謂諸佛諸祖諸經，皆不足信，又何有於六祖趙州爲哉。見近而不見遠，知小而不知大。如鄉民慕縣令之勢力，而不知皇帝之威德。小兒見銅錢而即拾，遇摩尼寶珠而不顧也。汝還知永明《四料簡》，所示禪净有無，利害得失乎。夫永明乃彌陀化身，豈肯貽人罪藪，謗正法輪，疑誤衆生，斷滅佛種乎。」彼曰：「永明料簡，語涉支離，不足爲法。何以言之，彼謂有禪有净土，猶如戴角虎，現世爲人師，來生作佛祖。若如所説，則今之禪者，類多皆看念佛的是誰。又有住念佛堂，長年念佛者。彼皆現世能爲人師，來生即成佛祖乎。又云，無禪有净土，萬修萬人去，若得見彌陀，何愁不開悟。今之愚夫愚婦，專念佛名者，處處皆有。未見幾人臨命終時，現諸瑞相，蒙佛接引，往生西方也。故知永明料簡，爲不足法。」余曰：「汝何囫圇吞棗，不嘗滋味之若是也。夫永明料簡，乃大藏之綱宗，修持之龜鑒。先須認準如何是禪，如何是净，如何是有，如何是無。然後逐文分剖，則知字字皆如天造地設，無一字不恰當，無一字能更移。吾數十年來，見禪講諸師所説，皆與汝言，無少殊异。見地若是，宜其禪與净土，日見衰殘也。」問：「何名禪净，及與有無，請垂明誨。」答：「禪者，即吾人本具之真如佛性，宗門所謂父母未生以前本來面目。宗門語不説破，令人參而自得，故其言如此。實即無能無所，即寂即照之離念靈知，純真心體也（離念靈知者，了無念慮、而洞悉前境也）。净土者，即信願持名，求生西方。非偏指唯心净土，自性彌陀也。有禪者，即參究力極，念寂情亡，徹見父母未生前本來面目，明心見性也。有净土者，即真實發菩提心，生信發願，持佛名號，求生西方也。禪與净土，唯約教約理。有禪有净土，乃約機約修。教理則恒然如是，佛不能增，凡不能減。機修須依教起行，行極證理，使其實有諸己也。二者文雖相似，實大不同。須細參詳，不可籠統。倘參禪未悟，或悟而未徹，皆不得名爲有禪。倘念佛偏執唯心而無信願。或有信願而不真切，悠悠泛泛，敷衍故事。或行雖精進，心戀塵境。或求來生生富貴家，享五欲樂。或求昇天，受天福樂。或求來生，出家爲僧，一聞千悟，得大總持，宏揚法道，普利衆生者。皆不得名爲有淨土矣。」問：「出家爲僧，宏法利生，又有何過，而亦簡除。」答：「若是已斷見思，已了生死，乘大願輪，示生濁世，上宏下化，度脱衆生者，則可。若或雖有智願，未斷見思。縱能不迷於受生之初，亦復難保於畢生多世。以雖能宏法，未證無生，情種尚在，遇境逢緣，難免迷惑。倘一隨迷，則能速覺悟者，萬無一二。從迷入迷，不能自拔，永劫沈淪者，實繁有徒矣。如來爲此義故，令人往生淨土，見佛聞法，證無生忍。然後乘佛慈力，及己願輪。回入娑婆，度脱衆生。則有進無退，有得無失矣。未斷見思，住此宏法，他宗莫不如是，淨宗斷斷不許也。世多謂參禪便爲有禪，念佛便爲有淨土。非但不知禪淨，兼亦不知文義。辜負永明古佛一番大慈悲心，截斷後世行人一條出苦捷徑。自誤誤人，害豈有極。所謂錯認定盤星，毫厘有差，天地懸隔也。」彼曰：「禪淨有無，略知旨趣。四偈玄文，請詳訓釋。」余曰：「有禪有淨土，猶如戴角虎，現世爲人師，來生作佛祖者。其人徹悟禪宗，明心見性。又復深入經藏，備知如來權實法門。而於諸法之中，又復唯以信願念佛一法，以爲自利利他通途正行。《觀經》上品上生，讀誦大乘，解第一義者，即此是也。其人有大智慧，有大辯才。邪魔外道，聞名喪膽。如虎之戴角，威猛無儔。有來學者，隨機説法。應以禪净雙修接者，則以禪净雙修接之。應以專修净土接者，則以專修净土接之。無論上中下根，無一不被其澤，豈非人天導師乎。至臨命終時，蒙佛接引，往生上品。一彈指頃，華開見佛，證無生忍。最下即證圓教初住。亦有頓超諸位，至等覺者。圓教初住，即能現身百界作佛，何況此後，位位倍勝，直至第四十一等覺位乎。故曰，來生作佛祖也。無禪有净土，萬修萬人去，若得見彌陀，何愁不開悟者。其人雖未明心見性，却復决志求生西方。以佛於往劫，發大誓願，攝受衆生，如母憶子。衆生果能如子憶母，志誠念佛，則感應道交，即蒙攝受。力修定慧者，固得往生。即五逆十惡，臨終苦逼，發大慚愧，稱念佛名，或至十聲，或止一聲，直下命終，亦皆蒙佛化身，接引往生。非萬修萬人去乎。然此雖念佛無幾，以極其猛烈，故能獲此巨益。不得以泛泛悠悠者，校量其多少也。既生西方，見佛聞法，雖有遲速不同。然已高預聖流，永不退轉。隨其根性淺深，或漸或頓，證諸果位。既得證果，則開悟不待言矣。所謂若得見彌陀，何愁不開悟也。有禪無净土，十人九蹉路，陰境若現前，瞥爾隨他去者。其人雖徹悟禪宗，明心見性。而見思煩惱，不易斷除。直須歷緣鍛煉，令其净盡無餘，則分段生死，方可出離。一毫未斷者，姑勿論。即斷至一毫未能净盡，六道輪回依舊難逃。生死海深，菩提路遠。尚未歸家，即便命終。大悟之人，十人之中，九人如是。故曰十人九蹉路。蹉者，蹉跎。即俗所謂耽擱也。陰境者，中陰身境。即臨命終時，現生及歷劫，善惡業力所現之境。此境一現，眨眼之間，隨其最猛烈之善惡業力，便去受生於善惡道中，一毫不能自作主宰。如人負債，强者先牽。心緒多端，重處偏墜。五祖戒再爲東坡，草堂清復作魯公，此猶其上焉者。故曰陰境若現前，瞥爾隨他去也。陰，音義與蔭同，蓋覆也。謂由此業力，蓋覆真性，不能顯現也。瞥，音撇，眨眼也。有以蹉爲錯，以陰境爲五陰魔境者，總因不識禪及有字，故致有此胡説巴道也。豈有大徹大悟者，十有九人，錯走路頭，即隨五陰魔境而去，著魔發狂也。夫著魔發狂，乃不知教理，不明自心，盲修瞎煉之增上慢種耳。何不識好歹以加於大徹大悟之人乎。所關甚大，不可不辯。無禪無浄土，鐵牀并銅柱，萬劫與千生，没個人依怙者。有謂無禪無浄，即埋頭造業，不修善法者，大錯大錯。夫法門無量，唯禪與浄，最爲當機。其人既未徹悟，又不求生。悠悠泛泛，修余法門。既不能定慧均等，斷惑證真。又無從仗佛慈力，帶業往生。以畢生修持功德，感來生人天福報。現生既無正智，來生即隨福轉，耽著五欲，廣造惡業。既造惡業，難逃惡報。一氣不來，即墮地獄。以洞然之鐵牀銅柱，久經長劫，寢卧抱持，以償彼貪聲色，殺生命等，種種惡業。諸佛菩薩，雖垂慈愍，惡業障故，不能得益。昔人謂修行之人，若無正信求生西方，泛修諸善，名爲第三世怨者，此之謂也。蓋以今生修行，來生享福，倚福作惡，即獲墮落。樂暫得於來生，苦永貽於長劫。縱令地獄業消，又復轉生鬼畜。欲復人身，難之難矣。所以佛以手拈土，問阿難曰，我手土多，大地土多。阿難對佛，大地土多。佛言，得人身者，如手中土。失人身者，如大地土。萬劫與千生，没個人依怙，猶局於偈語，而淺近言之也。夫一切法門，專仗自力。净土法門，專仗佛力。一切法門，惑業净盡，方了生死。净土法門，帶業往生，即預聖流。永明大師，恐世不知，故特料簡，以示將來。可謂迷津寶筏，險道導師。惜舉世之人，顢頇讀過，不加研窮。其衆生同分惡業之所感者歟。」彼曰：「我昔何罪，早昧真詮。宿有何福，得聞出要。願厠門墻，執侍巾瓶。」余曰：「余有何德，敢當此説。但余之所言，皆宗諸佛諸祖。汝但仰信佛祖，宏揚净土。則無德不報，無罪不滅。昔天親菩薩，初謗大乘，後以宏大贖愆。汝能追彼芳蹤，我願捨身供養。」上座乃禮佛發願云：「我其曰從於今日，專修净業。唯祈臨終，往生上品，見佛聞法，頓證無生。然後不違安養，遍入十方，逆順隱顯，種種方便，宏通此法度脱衆生。盡未來際，無有閑歇。虚空有盡，我願無窮。願釋迦彌陀，常住三寶，愍我愚誠，同垂攝受。」余曰：「净土事者，是大因緣。净土理者，是秘密藏。汝能信受奉行，即是以佛莊嚴而自莊嚴。」上座唯唯而退。因録其問答，以爲不知此法者勸。

示净土法門及對治嗔恚等義

如來出世，原爲令諸衆生，斷惑證真，了生脱死，直下成佛而已。但以衆生根性不等，以故如來曲順機宜，爲説一切大小權實，偏圓頓漸等法。法雖種種不一，皆爲成熟衆生善根，令其究竟成佛耳。然斷惑證真，了生脱死，豈易言哉。若非宿種今熟，及法身示現二種人。縱有修持，亦非即生，及一生二生所能頓了。根機鈍者，則久經長劫，尚難了脱，以其唯仗自力故也。如來憫念衆生自力了脱之難，於是特開一信願念佛，求生西方極樂世界之净土法門。但具真信切願，持佛名號。雖五逆十惡，將墮阿鼻地獄之極重罪人，尚得往生。况諸惡莫作，衆善奉行之善人乎。况受持三歸，具足衆戒之佛弟子乎。净土法門，三根普被。正接上上根器，旁引中下之流。愚人每每辟爲淺近小乘，總因未閱大乘經論，未親具眼通人。以己顛倒執著之心，測度如來原始要終之道。如盲睹日，如聾聽雷。彼固不見不聞，宜其妄相評論也。須知信願念佛一法，乃如來普度衆生，徹底悲心之所宣説。唯觀音勢至、文殊普賢等菩薩，能究竟擔荷。彼見愚夫愚婦，皆能念佛，便目之爲淺近小乘。是何异見小星懸空而小天，小蟲行陸而小地耶。若於此法，能生信向，即是多劫深種善根。若能以深信願持佛名號。都攝六根，净念相繼。則即凡夫心，成如來藏。如染香人，身有香氣。現在與佛氣分相接，臨終有不感應道交，蒙佛接引者乎。其攝心念佛，并隨分修持，隨緣化導等法。及禪宗净宗之所以然，佛力自力之大小難易，詳示印光文鈔中。祈息心詳閲，則自知之，此不備書。

修行之要，在於對治煩惱習氣。習氣少一分，即工夫進一分。有修行愈力，習氣愈發者。乃只知依事相修持，不知反照回光克除己心中之妄情所致也。當於平時，預爲堤防。則遇境逢緣，自可不發。倘平時識得我此身心，全屬幻妄。求一我之實體實性，了不可得。既無有我，何有因境因人，而生煩惱之事。此乃根本上最切要之解决方法也。如不能諦了我空，當依如來所示五停心觀，而爲對治（五停心者、以此五法，調停其心，令心安住，不隨境轉也）。所謂多貪衆生不净觀，多嗔衆生慈悲觀，多散衆生數息觀，愚癡衆生因緣觀，多障衆生念佛觀。貪者，見境而心起愛樂之謂。欲界衆生，皆由淫欲而生，淫欲由愛而生。若能將自身他身，從外至内，一一諦觀。則但見垢汗涕唾，發毛爪齒，骨肉膿血，大小便利。臭同死屍，污如圊厠。誰於此物，而生貪愛。貪愛既息，則心地清净。以清净心，念佛名號。如甘受和，如白受采。以因地心，契果地覺。事半功倍，利益難思。嗔者，見境而心起忿憎之謂。富貴之人，每多嗔恚。以諸凡如意，需使有人。稍一違忤，即生嗔怒。輕則惡言横加，重則鞭杖直撲。唯取自己快意，不顧他人傷心。又瞋心一起，於人無益，於己有損。輕亦心意煩躁，重則肝目受傷。須令心中常有一團太和元氣，則疾病消滅，福壽增崇矣。昔阿耆達王，一生奉佛，堅持五戒。臨終因侍人持拂驅蠅，久之昏倦，致拂墮其面。心生嗔恨，隨即命終。因此一念，遂受蟒身。以宿福力，尚知其因。乃求沙門，爲説歸戒。即脱蟒身，生於天上。是知嗔習，其害最大。《華嚴經》云，一念嗔心起，百萬障門開。古德云，嗔是心中火，能燒功德林。欲學菩提道，忍辱護嗔心。如來令多嗔衆生作慈悲觀者，以一切衆生，皆是過去父母，未來諸佛。既是過去父母，則當念宿世生育恩德，愧莫能酬。豈以小不如意，便懷憤怒乎。既是未來諸佛，當必廣度衆生。倘我生死不了，尚望彼來度脱。豈但小不如意，不生嗔恚。即喪身失命，亦只生歡喜，不生瞋恨。所以菩薩捨頭目髓腦時，皆於求者，作善知識想，作恩人想，作成就我無上菩提道想。觀華嚴十回向品自知。又吾人一念心性，與佛無二。只因迷背本心，堅執我見。則一切諸緣，皆爲對待。如射侯既立，則衆矢咸集矣。倘能知我心原是佛心，佛心空無所有。猶如虚空，森羅萬象，無不包括。亦如大海，百川衆流，無不納受。如天普蓋，似地均擎，不以蓋擎自爲其德。我若因小拂逆，便生嗔恚。豈非自小其量，自喪其德。雖具佛心理體，其起心動念，全屬凡情用事。認妄爲真，將奴作主。如是思之，甚可慚愧。若於平時，常作是想。則心量廣大，無所不容。物我同觀，不見彼此。逆來尚能順受，況小不如意，便生嗔恚乎哉。愚癡者，非謂全無知識也。乃指世人於善惡境緣，不知皆是宿業所招，現行所感。妄謂無有因果報應，及前生後世等。一切衆生，無有慧目。不是執斷，便是執常。執斷者，謂人受父母之氣而生，未生之前，本無有物。及其已死，則形既朽滅，魂亦飄散。有何前生，及與後世。此方拘墟之儒，多作此說。執常者，謂人常爲人，畜常爲畜。不知業由心造，形隨心轉。古有極毒之人，現身變蛇。極暴之人，現身變虎。當其業力猛厲，尚能變其形體。况死後生前，識隨業牽之轉變乎。是以佛説十二因緣，乃貫三世而論。前因必感後果，後果必有前因。善惡之報，禍福之臨。乃屬自作自受，非自天降，天不過因其所爲而主之耳。生死循環，無有窮極，欲復本心以了生死者，捨信願念佛，求生西方，不可得也。貪嗔癡三，爲生死根本。信願行三，爲了生死妙法。欲捨彼三，須修此三。此三得力，彼三自滅矣。數息一觀，可不必用。以當念佛時，攝耳諦聽。其攝心與數息相似，其力用與數息天殊也。念佛一觀，但看印光文鈔，及净土著述，自知。問：「若如所云，即喪身失命，亦只生歡喜，不生嗔恨。設有惡人，欲來害己，將不與計校，任彼殺戮乎。」答：「凡修行人，有凡夫人，有已證法身之菩薩人。又有以維持世道爲主者，有以唯了自心爲主者。若唯了自心，及已證法身之菩薩，則如所云。以物我同觀，生死一如故也。若凡夫人，又欲維持世道。則居心固當如菩薩深慈大悲，無所不容。處事猶須依世間常理，或行捍禦而攝伏之，或以仁慈而感化之。事非一概，其心斷斷不可有毒恚而結怨恨耳。前文所示，乃令人設此假想，以消滅嗔恚習氣。此觀若熟，嗔習自滅。縱遇實能害身之境，亦能心地坦然，作大布施。仗此功德，即生净土。校彼互相殺戮，長劫債報者，豈不天地懸隔耶？』

宗教不宜混濫論

如來說經，諸祖造論，宗教二門，原是一法。從無可分，亦無可合。隨機得益，隨益立名。上根一聞，頓了自心，圓修道品，即名爲宗。（此約後世說，當初但只圓頓教耳。）中下聞之，進修道品，漸悟真理，即名爲教。及至像季，法流此土，人根聰利，多得聞持。率以記誦講說爲事。衲僧本分，向上一著，實悟親證者少，說食數寶者多。以故達摩大師特地而來，闡直指人心之法，令人親見本來面目。後世名之曰宗。既見本來面目，然後看經修行，方知一大藏教，皆是自己家裏話。六度萬行，皆是自己家裏事。是以宗之悟解爲目，教之修持爲足。非目則無由見道，非足則不能到家。是宗教之相需而不相悖，相合而不相離也。至於南岳天臺，其究竟指歸，大略皆同。故《傳燈》、《指月》二録，皆列二師於應化聖賢科中。而《高僧傳》不列於義解，而列於習禪。是古之具眼知識，以宗教爲一貫矣。及至曹溪以後，禪道大行。不立文字之文字，廣播寰區。解路日開，悟門將塞。故南岳青原諸祖，皆用機語接人。使佛祖現成語言，無從酬其所問。非真了當，莫測其說。以此勘驗，則金鈺立辨，玉石永分。無從假充，用閑法道。此機鋒、轉語之所由來也。自後此法日盛，知識舉揚，唯恐落人窠臼，致成故套，疑誤學者，壞亂宗風。故其機用愈峻，轉變無方，令人無從摸索。故有呵佛罵祖，斥經教，撥浄土者。（如此作用，南岳思大師兩句道盡，曰「超群出衆太虛玄，指物傳心人不會」，認做實法，則罪同五逆矣。）以此語言，剿人情見，塞人解路。根熟者直下知歸，徹悟向上。機生者真參力究，必至大徹大悟而後已。良以知識衆多，人根尚利。教理明白，生死心切。縱未能直下了悟，必不肯生下劣心，認爲實法故也。今人多是少讀儒書，不明世理。未窮教乘，不解佛法。才一發心，便入宗門。在知識只爲支持門庭，亦學古人舉揚，不論法道利害。在學者不下真實疑情，個個認爲實法。或有於今人舉處，古人録中，以己意卜度出一番道理，總不出按文釋義之外，便自謂徹悟向上，參學事畢。即處知識位，開導後學。守一門庭，恐人謂非通家。因兹禪講并宏，欲稱宗説兼通。談宗則古德指歸向上之語，竟作釋義訓文之言。講教則如來修因克果之道，反成表法喻義之説。以教破宗，以宗破教。盲引盲衆，相牽入火。致使後輩不聞古人芳規，徒效其輕佛陵祖排因撥果而已。古人語言，絶未曉了。衲僧本分，何曾夢見。今將宗教語言意致，略爲分别。用冀唯得其益，不受其病也。何謂宗。何謂教。演説之，宗教皆教。契悟之，宗教皆宗。教固有宗，宗亦有教。教家之宗，即實相妙理三德秘藏，乃宗家之衲僧本分向上一著也。（此對宗説，故以體爲宗，若就教論，即名爲體，教中之宗，乃是入體之門，不堪與宗之向上一著對論。）教家之教，即經論所説文字語言，及法門行相。無不皆詮妙理，皆歸秘藏。亦猶宗家之機鋒轉語，種種作用也。但教則未悟亦令解了，宗則未悟不知所謂爲异耳。宗家之教，即機鋒轉語，揚拳豎拂，或語或默，種種作用，皆悉就彼來機，指歸向上。是轉語等，乃標向上。真月之指。非轉語等，即是向上真月。倘能依指觀月，則真月直下親見。所見真月，方是宗家之宗。今人以機鋒轉語爲宗，不求契悟，唯學會透。是認指爲月，不復知有真月矣。惜哉。又教則三根普被，利鈍全收。猶如聖帝明詔，萬國欽崇。智愚賢否，皆令曉了，皆須遵行。有一不遵者，則處以極刑。佛教有一不遵者，則墮於惡道。宗則獨被上根，不攝中下。猶如將軍密令，營内方知，營外之人，任憑智同生知，亦莫能曉。以此之故，方能全軍滅賊，天下太平。軍令一泄，三軍傾覆。祖印一泄，五宗喪亡。未悟以前，只許參究話頭，不準翻閱禪書。誠恐錯會祖意，則以迷爲悟，以假亂真，即名爲泄，其害甚大。大悟之後，必須廣閱祖録，決擇見地，則差别智開，藥忌明了。尚須歷緣鍛煉，必使行解相應，方可出世爲人，宏闡宗風。今人不教人力參，而爲人講演。使其開解路，起卜度，以己見會祖意，依稀仿佛，想個義理。全體是錯，便謂就是。直饒不錯，只是泥龍畫餅，豈能致雨充饑。所以宗須真參，方有實益也。未開眼者，聞其講説，喜出望外。其有具眼者，必痛徹骨髓矣。如此宏宗，徒有大損，毫無實益。何异以軍令往告敵兵，相邀共戰，其不自殄滅者鮮矣。由是假充悟道者，不勝其多。壞亂佛法者，實繁有徒矣。又教則以文顯義，依義修觀，觀成證理，令人由解了而入。故天臺以三止三觀，傳佛心印也。宗則離文顯意，得意明心，明心起行，令人由參究而得。故禪宗以直指人心，傳佛心印也。又經教所説因果修證，凡聖生佛，事理行相，歷歷分明。若能修因，自然證果，超凡入聖，即衆生而成佛道矣。

既得此事，則不涉因果修證凡聖生佛之理，豈待外求。宗門所説，總歸本分，不涉因果修證凡聖生佛。（此理即也。）若得此意，（此名字及觀行初心也。）定然依此不涉因果修證凡聖生佛之理，而起修因證果，超凡入聖，即衆生而成佛道之事矣。（此觀行至究竟也。）所以古德大悟後，有三次七次閱大藏經者。（汾州無業，三終大藏，育王知微，大慧杲門人，禁足於上塔院十餘年，七終大藏，見《育王山志》。）有以坐看爲不恭，跪讀行披立誦者。（棲賢湜三終大藏皆如此。）有畢生日持一部《法華》者。（永明壽，首山念。）有看經唯恐打差，（差音叉去聲，异也。）貼帖子於方丈門首，曰看經時不許問話者。（仰山寂。）有持觀音聖號者。（明教嵩，日誦十萬觀音，世出世間經書，不讀而知，又華林覺常念觀音，遂感二虎常相依附。）有持準提神咒者（金華俱胝和尚）。有日課百八佛事者。（永明壽，一部法華，亦在百八之數。）有對立像不敢坐，對坐像不敢卧者。（大通本，又凡食物以魚裁名者，即不食。）有一日不作，一日不食者。（百丈海。）至於念佛求生西方，則多不勝數也。良以百丈乃馬祖傳道嫡子，其開示有云，修行以念佛爲穩當。又所立清規，凡祈禱病僧，化送亡僧，皆歸浄土。故五宗諸師，多事密修也。多有久歷年所，躬行苦行。（如潙山作典座，雪峰作飯頭之類。）無非欲圓滿六度，自利利他。類皆重法如寶，輕身似塵。絶不似今人之輕慢古今，褻黷經論也。是知宗爲前鋒，教爲後勁。其所辦是一事，其所説是一法。但以語言施設，門庭建立不同。門外漢不知其同而不可合，异而不可離之所以。妄用己見，强作主宰。不是互謗，便是混濫。互謗之過，愚或能知。混濫之愆，智猶難曉。蓋以歸元無二，方便多門。宗家方便，出於格外，所有語言，似乎掃蕩。未得意者，不體離言之旨，唯噇出酒之糟。在宗則開一解路，不肯力參。在教則妄學圓融，破壞事相。唯大達之士，雙得其益。否則醍醐甘露，貯於毒器，遂成砒霜鴆毒矣。教雖總明萬法唯心，然須就事論事，事理因果，毫無混濫，原始要終，不出唯心。宗家的實商量，亦復如是。若舉揚向上，雖指盡世間法法頭頭爲問。答時總歸本分，絕不就事論事。所謂問在答處，答在問處。縱有似乎就事説者，意則在彼而不在此。若認作就事者，即白云萬里矣。的實商量者，禪書不録。所録者皆屬本分話。若欲知者，必須廣閲群書。否則看《萬善同歸集》，及《净土十要》中禪匠著述，亦可見其梗概矣。克論佛法大體，不出真俗二諦。真諦則一法不立，所謂實際理地，不受一塵也。俗諦則無法不備，所謂佛事門中，不捨一法也。教則真俗并闡，而多就俗説。宗則即俗説真，而掃除俗相。須知真俗同體，并非二物。譬如大圓寶鏡，虚明洞徹，了無一物。然雖了無一物，又復胡來則胡現，漢來則漢現，森羅萬象俱來則俱現。雖復群相俱現，仍然了無一物。雖復了無一物，不妨群相俱現。宗則就彼群相俱現處，專説了無一物。教則就彼了無一物處，詳談群相俱現。是宗則於事修而明理性，不弃事修。教則於理性而論事修，還歸理性。正所謂稱性起修，全修在性，不變隨緣，隨緣不變，事理兩得，宗教不二矣。教雖中下猶能得益，非上上利根不能大通，以涉博故。宗雖中下難以措心，而上根便能大徹，以守約故。教則世法佛法，事理性相，悉皆通達，又須大開圓解（即宗門大徹大悟也。），方可作人天導師。宗則參破一個話頭，親見本來，便能闡直指宗風。佛法大興之日，及佛法大通之人，宜依宗參究。喻如僧繇畫龍，一點睛則即時飛去。佛法衰弱之時，及夙根陋劣之士，宜依教修持。喻如拙工作器，廢繩墨則終無所成。教多顯談。宗多密説。宗之顯者，如達摩云，净智妙圓，體自空寂。馬祖云，即心即佛。百丈云，靈光獨耀，迥脱根塵。體露真常，不拘文字。心性無染，本自圓成。但離妄念，即如如佛。此則與法華楞嚴諸大乘經，毫無异致。總之六祖前多顯，六祖後多密。愚人不知宗教語言同异之致，每見宗師垂問，教家不能加答。遂高推禪宗，藐視教典。佛經視作故紙，祖語重愈綸音（綸音即聖旨）。今之欲報佛恩，利有情者。在宗則專闡宗風，尚須教印。在教則力修觀行，無濫宗言。良以心通妙諦，遇緣即宗。柏樹子，幹屎橛，鴉鳴鵲噪，水流花放，欬唾掉臂，譏笑怒駡，法法頭頭，咸皆是宗。豈如來金口所説圓頓妙法，反不足以爲宗耶。何須借人家扛子，撑自己門庭。自家楩楠豫章，何故弃而不用。須知法無勝劣，唯一道而常然。根有生熟，雖一法而益别。然則教外别傳之説非歟。曰，言教外别傳者，令人於指外見月也。又宗家提持，超越常格之外，名爲教外别傳。然此四字，埋没多少豪杰，今爲道破。對教説，則曰教外別傳。機鋒轉語等，亦是教。對宗説，則曰機鋒轉語外別傳。庶不至辜負佛祖，徒造口業矣。若真佛教不能傳佛心印，則已得別傳之迦葉、阿難、馬鳴、龍樹，當另宏別傳之法，何用結集三藏，注經造論爲哉。宗須教印者，如木須從繩則正也。予嘗勸一狂僧念佛。彼言衲僧鼻孔，三世諸佛尚摸不著，用念佛作么。予曰，若真摸著三世諸佛摸不著的鼻孔，尚須步步隨著三世諸佛脚後跟轉。倘不隨三世諸佛脚後跟轉，則摸著者非衲僧鼻孔，乃阿鼻地獄鐵牀銅柱上火孔也。達摩云，二百年後，明道者多，行道者少，説理者多，通理者少。智者示證五品。南岳示證鐵輪。故知今人於宗教二門，開眼尚難，何況實證。其有慈悲願深，生死心切者，宜隨遠公，智者，永明，蓮池，專致力於念佛求生淨土一門也。書至此，有傍不甘者呵曰，佛法廣大如法界，究竟如虚空，妙性圓明，離諸名相。安用汝許多囉索，分疆立界爲。予應之曰，妙性雖離名相，名相豈礙妙性。虚空法界雖無疆界，疆界豈礙虚空法界。吾欲捨東往西，必須定南辨北。庶幾方向不迷，措足有地。又恐己見錯謬，欲請正於達人。是跛夫之路程，非輪王之輿版（輿版即地輿圖）。若夫通方開士，過量大人，世法全是佛法，業道無非佛道。祖意教理，佛經禪録，本自融通，有何混濫。盡吾之智，不能測其境界。竭吾之力，不能窺其藩籬。吾之鄙論，姑就吾之鄙機言耳。子何以迦樓羅王之飛騰，用責於蠓螟蚊蚋，而令其齊驅也哉。

竭誠方獲實益論

諺云，下人不深，不得其真。此言雖小，可以喻大。夫世間大而經術文章，小而一才一藝。若欲妙義入神，傳薪得髓，藝超儕伍，名傳古今。而不專心致志，竭誠盡敬，其可得乎。故管子曰，思之思之，又重思之。思之不得，鬼神其將通之。非鬼神之與通，乃精誠之極也。漢魏昭，見郭林宗。以爲經師易遇，人師難逢。因受業，供給灑掃。林宗嘗有疾，命昭作粥。粥成進之，林宗大呵曰，爲長者作粥，不加意敬事，使不可食。昭更爲粥復進，又呵之者三，昭容色不變。林宗曰，吾始見子之面，今而後知子之心矣。宋楊時、游酢，師事伊川。一日請益時久，伊川忽瞑目假寐，二子侍立不敢去。良久，伊川忽覺曰，賢輩尚在此乎，歸休矣。乃退，門外雪深尺餘矣。張九成，十四歲游郡庠。終日閉户，無事不越其限。比舍生隙穴視之，見其斂膝危坐，對詩書若對神明，乃相驚服而師尊之。此四子者，所學乃世間明德親民，修齊治平之法。其尊師重道，尚如此之誠。故得學成德立，致生前没後，令人景仰之不已。至於弈秋之誨弈也，唯專心致志者勝。痀僂之承蜩也，以用志不分而得。由是觀之，學無大小，皆當以誠敬爲主。而況如來於往昔劫中，欲令衆生，同成覺道。以無緣種，莫由得度。因兹普現色身，垂形六道。種種方便，隨機利物。千門具啓，一道同歸。善根未種未熟未脱者，令其即種即熟即脱。應以何身得度者，即現何身而爲説法。云布慈門，波騰行海。六度齊修，四攝普益。其布施也，内外俱捨。所謂國城妻子，頭目髓腦，身肉手足，歡喜施與。故《法華》云，觀三千大千世界，乃至無有如芥子許，不是菩薩捨身命處。夫如來爲衆生故，經歷三大阿僧祇劫，廣行六度，普結緣種。待其機熟時至，然後示成正覺。宏開法會，普應群機。上根則顯示實相，令其誕登道岸。中下則曲垂接引，令其漸次熏陶。顯密權實，偏圓頓漸。隨機而施，相宜而用。乘雖有三，道本無二。爲實施權，權是實家之權。開權顯實，實是權家之實。俯順群機，循循善誘。必令機理雙契，方得解行俱圓。學者雖則專主大乘，亦不可輕蔑弃捨小乘。以小乘原爲進入大乘而設。乃如來之度生妙用，實下根之出苦宏猷。故《四十二章經》云，「學佛道者，佛所言説，皆應信順。譬如食蜜，中邊皆甜，吾經亦爾」。大海雖有淺深，水味原無二致。凡屬佛經，固應一體尊重。如輪王命令，事雖種種不同，其爲王敕則一也。而圓人受法，無法不圓。治世語言，資生業等，皆順正法。况如來金口所説之生滅無生四諦十二因緣等法乎哉。及如來一期事畢，示現滅度。迦葉阿難等諸大弟子，結集法藏，遍界流通。一千年後，教傳此土。兩土高僧，東西往還，譯布佛經，不惜軀命。讀法顯，曇無竭，玄奘等傳，其道路險阻，非常艱辛。不覺哽噎涕泣，莫之能已。經云，「人身難得，佛法難聞」。若非宿有因緣，佛經名字，尚不能聞。况得受持讀誦，修因證果者乎。然如來所説，實依衆生即心本具之理。於心性外，了無一法可得。但以衆生在迷，不能了知。於真如實相之中，幻生妄想執著。由兹起貪嗔癡，造殺盜淫。迷智慧以成煩惱，即常住而爲生滅。經塵點劫，莫之能反。幸遇如來所説大乘顯密諸經，方知衣珠固在，佛性仍存。即彼客作賤人，原是長者真子。人天六道，不是自己住處。實報寂光，乃爲本有家鄉。回思從無始來，未聞佛説。雖則具此心性，無端枉受輪回。真堪痛哭流涕，聲震大千。心片片裂，腸寸寸斷矣。此恩此德，過彼天地父母，奚啻百千萬倍。縱粉身碎骨，曷能報答。唯有依教修行，自行化他。方可少舒春草仰暉，夏葵向日之微忱而已。然今之緇素，翻閲佛經，毫無誠敬。種種褻慢，難以枚舉。而習行既久，彼此相安。其褻慢之迹，不忍備言。視如來之法言，同破壞之故紙。且勿謂不知旨趣者，了無所益。即深知實義者，亦只是口頭三昧，面門輝光。如饑説食，如貧數寶。雖有研究之功，絶無實證之益。况褻慢之罪，奚啻彌天。而受苦之期，豈止窮劫。雖是善因，反招惡果。縱爲將來得度之因，難免多劫備受其苦。用是心懷慘傷，敢陳芻蕘。企依佛教以奉行，庶唯得益而無損。《金剛經》云，「若是經典所在之處，即爲有佛。若尊重弟子」。又云，「在在處處，若有此經，一切世間、天、人、阿修羅，所應供養。當知此處，即爲是塔。皆應恭敬，作禮圍繞，以諸華香而散其處」。何以令其如此？以一切諸佛，及諸佛阿耨多羅三藐三菩提法，皆從此經出故。而諸大乘經處處教人恭敬經典，不一而足。良以諸大乘經，乃諸佛之母，菩薩之師。三世如來之法身舍利，九界衆生之出苦慈航。雖高證佛果，尚須敬法。類報本追遠，不忘大恩。故《涅槃經》云，『法是佛母，佛從法生。三世如來，皆供養法。』况博地凡夫，通身業力，如重囚之久羈牢獄，莫由得出。何幸承宿世之善根，得睹佛經。如囚遇赦書，慶幸無極。固將依之以長揖三界，永出生死牢獄。親證三身，直達涅槃家鄉。無邊利益，從聞經得。豈可任狂妄之知見，不存敬畏。同俗儒之讀誦，輒行褻黷。既讀佛經，何不依佛經所説恭敬尊重。既褻佛法，豈能得佛法所有真實利益。倘能暫息狂見，清夜自思。當必心神驚悸，涕淚滂沱。悲昔日之無知，誓畢生以竭誠。從兹心意肅恭，身口清净。永絶粗鄙之惡態，恒依經論之聖謨。果能如是，庶可於佛法大海中，隨分隨力，各獲實益。如修羅香象，及與蚊虻，飲於大海，咸得充飽。又如一雨普潤，卉木同榮。如是，則自己受持之功，方不枉用。而如來説經，諸祖宏法之心，亦可以稍得舒暢而慰悦矣。今將古德恭敬經典之事迹利益，略録數條。企欲真修實踐者，有所取法焉。

齊僧德圓，不知氏族，天水人。常以華嚴爲業。讀誦受持，妙統宗極。遂修一净園，樹諸穀楮。并種以香草，雜以鮮花。每一入園，必加洗濯，身著净衣。溉以香水，楮生三載，香氣氛馥。別造净屋，香泥壁地。結壇净器。浴具新衣。匠人齋戒，易服出入，必盥漱熏香。剝楮取皮，浸以沈水。護净造紙，畢歲方成。別築净基，更造新室。乃至柱梁椽瓦，并濯以香湯，每事嚴潔。堂中別施方柏牙座，周布香花。上懸寶蓋，垂諸玲珮，雜以旒蘇。白檀紫沈，以爲經案，并充筆管。書生日受齋戒，香湯三浴。華冠净服，狀類天人。將入經室，必夾路焚香，唄先引之。圓亦形服嚴浄，執爐恭導。散花供養，方乃書寫。圓胡跪運想，注目傾心。纔寫數行，每字皆放光明，照於一院，舉衆同見，莫不悲感，久之方歇。復有神人執戟，現形警衛。圓與書生同見，餘人則不睹焉。又有青衣梵童，無何而至。手執天華，忽申供養。前後靈感，雜沓相仍。迄經二載，書寫方畢。盛以香函，置諸寶帳，安彼浄堂，每伸頂謁。後因轉讀，函發异光。至於嚴潔，敬絶今古。此經遞授，於今五代。有清浄轉讀者，時亦靈應昭然。其經今在西太原寺賢首法師處，守護供養。

唐定州中山僧修德者，不知氏族。苦節成性，守道山林。以華嚴起信，安心結業。於永徽四年，發心抄寫。故別爲浄院，植楮樹，兼種香花，灌以香水。凡歷三年，潔浄造紙。復別築浄臺，於上起屋。召善書人瀛州王恭，別院齋戒，洗浴浄衣，焚香布花，懸諸幡蓋，禮經懺悔，方升座焉。下筆含香，舉筆吐氣，每日恒然。德日入静室運想。每寫一卷，施縑十匹，一部總六百縑。恭乃罄竭志誠，并皆不受。纔寫經畢，俄即遷化。德以經成，設齋慶之。大衆集已，德於佛前，燒香散花，發宏誓願。方開經藏，放大光明，周七十余里，照定州城。城中士女，普皆同見。中山齋衆，投身宛轉，悲哽懺悔。

唐僧法誠，姓樊氏，雍州萬年縣人。幼年出家，以誦華嚴爲業。因遇慧超禪師，隱居藍谷高山。遂屏囂煩，披誠請益。後於寺南嶺，造華嚴堂，澡潔中外。莊嚴既畢，乃圖畫七處九會之像。又竭其精志，書寫受持。宏文學士張静者，時號筆工，罕有加勝。乃請至山舍，令受齋戒，潔净自修。口含香汁，身被新服。然静長途寫經，紙直五十。誠料其見，才寫兩紙，酬直五百。静利其貨，竭力寫之。終部已來，誠恒每日燒香供養，在其案前。點畫之間，心緣目睹，略無遺漏。故其克心鈷注，時感异鳥，形色希世。飛入堂中，徘徊鼓舞。下至經案，復上香爐。攝静住觀，自然馴狎，久之翔逝。明年經了，將事興慶，鳥又飛來，如前馴擾，鳴哚哀亮。貞觀初年，造畫千佛，鳥又飛來，登止匠背。後營齋供，慶諸經像。日次中時，怪其不至。誠顧山岑曰：『鳥既不至，吾誠無感也。將不嫌諸穢行，致有此徵。』言已，欻然飛來，旋還鳴囀。入香水中，奮迅而浴，中後便逝。前後如此者，非復可述。静素善翰墨，鄉曲所推。山路巖崖，勒諸經偈，皆其筆也。手寫法華，正當露地。因事他行，未營收舉。屬洪雨滂注，溝澗波飛。走往看之，合案并幹，餘便流潦。嘗却偃横松，遂落懸溜。未至下澗，不覺已登高岸，不損一毛。

唐僧曇韻，定州人。行年七十，隋末喪亂，隱於離石北千山。常誦《法華經》。欲寫其經，無人同志。如此積年。忽有書生，無何而至。云所欲潔净，并能行之。即於清旦，食訖入浴。著净衣，受八戒。入净室，口含檀香，燒香懸幡，寂然抄寫，至暮方出。明又如先，曾不告倦。及經寫了，如法奉嚫。相送出門，斯須不見。乃至裝潢，一如正法。韻受持讀之，七重裹結。一重一度香水洗手，初無暫廢。後遭胡賊，乃箱盛其經，如舊鮮好。

經，置高巖上。經年賊静，方尋不見。周章窮覓，乃於巖下獲之。箱帙糜爛，撥朽見在莊。并老子五千言，同在一處。忽爲外火延燒，堂是草覆，一時灰蕩。軌於時任馮翊令，家人相命撥灰，取金銅經軸。既撥外灰，其内諸經，宛然如故。潢色不改。唯箱帙成灰。又覓老子，便從火化。乃收取諸經，鄉村嗟异。其金剛般若一卷，題字焦黑。訪問所由，乃初題經時，有州官能書。其人行急，不獲潔浄，直爾立題，由是被焚。其人現在，瑞經亦存。京鈽西玥寺主神察，目驗説之。

唐貞觀五年，有隆州巴西縣，令狐元軌者，敬信佛法。欲寫法華、金剛般若、涅槃等，無由自檢。憑彼土抗禪師檢校。抗乃爲在寺如法潔浄，寫了下帙，還岐州莊所，經留

唐河東有練行尼，常誦《法華》。訪工書者寫之，價酬數倍。而潔浄翹勤，有甚餘者。一起一浴，燃香熏衣。筒中出息，通於壁外。七卷之功，八年乃就。龍門寺僧法端，集衆講説。借此尼經，以爲楷定。尼固不與，端責之。事不獲已，乃自送付端。端開讀之，唯見黄紙，了無文字，餘卷亦爾。端愧悔送尼。尼悲泣受已，香水洗函。頂戴繞佛，七日不休。開視，文字如故。即貞觀二年，端自説之云。（本擬廣録恭敬三寶之利益，及褻慢三寶之罪愆，令研究佛學者取法有地，獲罪無由，以目力不給，遂止。）

復甬江某居士書（勸戒淫）

色欲一事，乃舉世人之通病。不特中下之人，被色所迷。即上根之人，若不戰兢自持，乾惕在念，則亦難免不被所迷。試觀古今來多少出格豪杰，固足爲聖爲賢。只由打不破此關，反爲下愚不肖。兼復永墮惡道者，蓋難勝數。《楞嚴經》云：「若諸世界六道衆生，其心不淫，則不隨其生死相續。汝修三昧，本出塵勞。淫心不除，塵不可出。」學道之人，本爲出離生死。苟不痛除此病，則生死斷難出離。即念佛法門，雖則帶業往生。然若淫習固結，則便與佛隔，難於感應道交矣。欲絶此禍，莫如見一切女人，皆作親想、怨想、不净想。親想者，見老者作母想，長者作姊想，少者作妹想，幼者作女想。欲心縱盛，斷不敢於母姊妹女邊起不正念。視一切女人，總是吾之母姊妹女。則理制於欲，欲無由發矣。怨想者，凡見美女，便起愛心。由此愛心，便墮惡道。長劫受苦，不能出離。如是則所謂美麗嬌媚者，比劫賊虎狼，毒蛇惡蠍，砒霜鴆毒，烈百千倍。於此極大怨家，尚猶戀戀著念，豈非迷中倍人。不净者，美貌動人，只外面一層薄皮耳。若揭去此皮，則不忍見矣。骨肉膿血，屎尿毛髮，淋漓狼藉。了無一物可令人愛。但以薄皮所蒙，則妄生愛戀，華瓶盛糞，人不把玩。今此美人之薄皮，不异華瓶。皮内所容，比糞更穢。何得愛其外皮，而忘其皮裹之種種穢物，漫起妄想乎哉。苟不戰兢乾惕，痛除此習。則唯見其姿質美麗，致愛箭入骨，不能自拔。平素如此，欲其没後不入女腹，不可得也。入人女腹猶可。入畜女腹，則將奈何？試一思及，心神驚怖。然欲於見境不起染心，須於未見境時，常作上三種想，則見境自可不隨境轉。否則縱不見境，意地仍復纏綿，終被淫欲習氣所縛。固宜認真滌除惡業習氣，方可有自由分。每日除了己職分外，專心念佛名號。朝暮佛前，竭誠盡敬，懇到懺悔無始宿業，如是久之，當有不思議利益，得於不知不覺中。《法華經》云：「若有衆生，多於淫欲，常念恭敬觀世音菩薩，便得離欲。」嗔恚、愚癡，亦然。是知能至誠念彌陀觀音聖號者，貪嗔癡三惑，自可消除也。又現今乃患難世道，須於念佛外，加念觀音聖號，冥冥中自有不可思議之轉回。庶不至宿業現前，無法躲脱耳。更宜常閲戒淫因果報應之書，遠離狂蕩匪鄙之友，則内志正而外誘絶，净業自可成就矣。勉之勉之。

復鄧伯誠居士書二（净土懺悔法門）

接手書，讀之令人心神暢悦。蘧伯玉行年五十，而知四十九年之非。孔子年將七十，尚欲天假之年，卒以學易，以祈乎無大過。聖賢之學，未有不在起心動念處究竟者。近世儒者，唯學詞章。正心誠意，置之不講。雖日讀聖賢書，了不知聖賢垂書訓世之意。而口之所言，身之所行，與聖賢所言所行，若明暗之不相和，方圓之不相入，遑問究及於隱微幾希之間哉。

佛經教人常行懺悔，以期斷盡無明，圓成佛道。雖位至等覺如彌勒菩薩，尚於二六時中，禮十方諸佛，以期無明净盡，圓證法身。况其下焉者乎。而博地凡夫通身業力，不生慚愧，不修懺悔。雖一念心性，與佛平等。由煩惱惡業障蔽心源，不能顯現。譬如大圓寶鏡，經劫蒙塵。不但了無光明，即銅體亦不顯現。若知即此全體塵垢之鏡，具有照天照地之光。用力磨礱，日復一日，積功不已，銅質自露。又復加功，光明漸發。光明雖發，磨礱更切，力極功純，垢盡明復，照天照地，爲世至寶。須知此光，鏡本具足，非從磨得。若非本具，從磨得者，磨磚磨石，亦應發光。又須知此光，鏡雖本具，不磨則永無發光之日。衆生心性，亦復如是。雖則與佛平等，若不改惡修善，背塵合覺，性具功德，永不能發。以本具佛性之心識，造長劫沈淪之業苦。猶如暗室觸寶，不但不得受用，反致受其損傷，可哀也已。

念佛一法，乃背塵合覺，返本歸元之第一妙法。於在家人分上，更爲親切。以在家人身在世網，事務多端。攝心參禪，及静室誦經等，或勢不能爲，或力不暇及。唯念佛一法，最爲方便。早晚於佛前隨分隨力，禮拜持念，回向發願。除此之外，行住坐卧，語默動静，穿衣吃飯，一切時，一切處，皆好念。但於潔净處，恭敬時，或出聲，或默念，皆可。若至不潔净處（如登厠等），或不恭敬時（如睡眠洗浴等），但宜默念，不宜出聲。非此時處不可念也。睡出聲念，不但不恭敬，又且傷氣，久則成病。默念功德，與常時一樣。所謂念兹在兹，造次必於是，顛沛必於是也。居士既能發露懺悔。於净土法門，最易相應。所謂心净則佛土净也。然既知非，又肯發露懺悔，必須改過遷善。若不改過遷善，則所謂懺悔者，仍是空談，不得實益。

至謂欲心不貪外事，專念佛。不能專，要他專。不能念，要他念。不能一心，要他一心等。亦無奇特奥妙法則，但將一個死字，貼到額顱上，掛到眉毛上。心常念曰，我某人從無始來，直至今生，所作惡業，無量無邊。假使惡業有體相者，十方虚空，不能容受。宿生何幸，今得人身，又聞佛法。若不一心念佛求生西方，一氣不來，定向地獄鑊湯爐炭劍樹刀山裏受苦，不知經幾多劫。縱出地獄，復墮餓鬼，腹大如海，咽細如針，長劫饑虚，喉中火燃，不聞漿水之名，難得暫時之飽。從餓鬼出，復爲畜生，或供人騎乘，或充人庖厨。縱得爲人，愚癡無知，以造業爲德能，以修善爲桎梏，不數十年，又復墮落。經塵點劫，輪回六道。雖欲出離，末由也已。能如是念，如上所求，當下成辦。所以張善和，張鐘馗，臨終地獄相現，念佛數聲，即親見佛來接引往生。如是利益，一代時教，百千萬億法門之所無者。吾常曰：「九界衆生離此法，上不能圓成佛道。十方諸佛捨此法，下不能普利群萌者。」此之謂也。果能生死心切，信得及，不生一念疑惑之心。則雖未出娑婆，已非娑婆之久客。未生極樂，即是極樂之嘉賓。見賢思齊，當仁不讓。豈肯因循怠忽，以致一錯而成永錯乎哉。有血性漢子，斷斷不肯生作行肉走屍，死與草木同腐矣。勉旃勉旃。

又念佛固貴專一。然居士上有父母，下有妻室。分外營謀，妄希富樂，實所不應。至於分內所當爲者，亦須勉力爲之。非必屏弃一切，方爲修行也。若屏弃一切，能不缺父母妻室之養則可，否則便與孝道相背。雖曰修行，實違佛教，是又不可不知也。又須以净土法門利益勸父母，令其念佛求生西方。若能信受奉行，臨命終時，定得往生。一得往生，直下超凡入聖，了生脱死，高預海會，親炙彌陀，直至成佛而後已。世間之孝，孰能與此等者。又若能以此普告同人，令彼各各父母，皆得往生。則化功歸己，而親與自己之蓮品，更當高增位次矣。《詩》云：「孝子不匱，永錫爾類。」欲孝其親者，宜深思而力行之。

敬書華嚴大經以盡孝思序

大方廣佛華嚴經者，乃如來初成正覺，稱法界性，與一切破無明證法性之四十一位法身大士，説如來自己所證，及一切衆生性本自具之菩提覺道也。以故華嚴一經，王於三藏。而一切諸經，皆從此經流出。彼凡夫二乘，雖同在菩提場中，畢竟不見不聞，以非彼境界故也。雖則凡夫二乘不見不聞，實爲普度人天六道衆生之根本法輪。何以故，一切法門，皆仗自力斷惑證真，方了生死。念佛法門，但具信願，持佛名號，即可仗佛慈力，帶業往生。斷惑證真，末世衆生，頗不易到。捨此念佛一門，則蕓蕓衆生，出苦無期矣。此經於入法界品，善財以十信滿心，受文殊教，遍參知識。最初於德云座下，即聞念佛法門。及至末後至普賢所，普賢以威神加被，俾善財所證，與普賢等，與諸佛等，是名等覺菩薩。普賢乃爲稱贊如來勝妙功德，令生欣樂。隨即令其發十大願王，回向往生西方極樂世界，以期圓滿佛果。并勸華藏海衆一切法身大士。夫華藏海衆，皆十住，十行，十回向，十地，等覺等諸大菩薩，尚須回向往生西方，方可以親證即心本具之菩提覺道。況其下焉者乎。而觀經下品下生五逆十惡，臨終地獄相現，有善知識教以念佛，或念十聲，或止數聲，亦可往生西方，得預末品。若非華嚴所説一生成佛之法，未後歸宗，歸於往生西方。彼世之禪教諸知識，能不以念佛法門爲權小方便非究竟道乎。而一切衆生，皆具如來智慧。但以妄想執著，不能證得。若離妄想，則一切智，無師智，即得現前。由聞此義故，一切凡夫，當不至高推聖境，自處凡愚也。是知此經，乃十方三世一切諸佛，上成佛道，下化衆生，成始成終之究竟法門。無論何種根性，皆當依之修習。而其最切要者，唯在念佛一門。良由全性成修，全事即理，故上上根不能踰其閫，故下下根亦可臻其域。此經乃一大藏教之本源，一切法門之歸宿也。蘇州尤養和居士，雖出富貴之家，絶無紈袴習氣。而且篤信佛法，恪盡孝道。其母唯恐或爲習俗所移，故於彌留之際，囑其敬書華嚴，以期熏染成種，永爲道本。兼以上報四恩，下資三有，其母可謂善用其慈者。彼遂於喪期中，日爲繕寫，以冀增高慈母之蓮品，消除自己之惡業。設非宿有善根，何能如是也耶。今則經已告竣，爰托方外友文濤大師，祈光發揮經義。以冀後之覽者，咸生正信。竊以華嚴經義，雖用大海爲墨，盡未來際，宣揚一句一字之義，尚不能盡。況光之膚淺無知，何能贊揚一二乎哉。然亦不宜辜彼來意。且就其綱要，與其利益，略書大意以遺之。倘能依之而修，則究竟成佛，尚可必得。況其他文義乎。

《四書蕅益解》重刻序

道在人心，如水在地。雖高原平地，了不見水。苟穴土而求之，無不得者。水喻吾心固有之明德，土喻吾心幻現之物欲。果能格物致知，無有不能明其明德者。然穴土取水，人無不施工求之，以非水不能生活故也。而道本心具，人多不肯施工。致物欲錮蔽真知，不知希聖希賢，甘心自暴自弃。由兹喪法身以失慧命，生作走肉行屍，死與草木同腐，可不哀哉。《四書》者，孔門上繼往聖，下開來學，俾由格物致知以自明其明德，然後推而至於家國天下，俾家國天下之人，各皆明其明德之大經大法也。前乎此者，雖其説之詳略不同，而其旨同。後乎此者，雖其機之利鈍有异，而其效無异。誠可謂先天而天弗違，後天而奉天時，萬世師表，百代儒宗也。

其大綱在於明明德修道。其下手最親切處，在於格物慎獨，克己復禮，主敬存誠。學者果能一言一字皆向自己身心體究。雖一介匹夫，其經天緯地參贊化育之道，何難得自本心。俾聖賢垂訓一番苦心，不成徒設，而爲乾坤大父大母增光，不愧與天地并稱三才。可不自勉乎哉。如來大法，自漢東傳。至唐而各宗悉備，禪道大興。高人林立，隨機接物。由是濂洛關閩以迄元明諸儒，各取佛法要義以發揮儒宗，俾孔顔心法，絶而復續。其用静坐參究，以期開悟者，莫不以佛法是則是效。故有功深力極，臨終豫知時至，談笑坐逝者甚多。其誠意正心，固足爲儒門師表。但欲自護門庭，於所取法者，不唯不加表彰，或反故爲辟駁，以企後學尊己之道，不入佛法。然亦徒爲是舉。不思己既陰取陽排，後學豈無見過於師之人。適見其心量狹小，而誠意正心之不無罅漏也。深可痛惜。

明末蕅益大師，系法身大士，乘願示生。初讀儒書，即效先儒辟佛，而實未知佛之所以爲佛。後讀佛經，始悔前愆。隨即殫精研究，方知佛法乃一切諸法之本。其有辟駁者，非掩耳盗鈴，即未見顔色之瞽論也。遂發心出家，弘揚法化。一生注述經論四十餘種，卷盈數百。莫不言見諦，語語超宗，如走盤珠，利益無盡。又念儒宗，上焉者取佛法以自益，終難究竟貫通。下焉者習詞章以自足，多造謗法惡業。中心痛傷，欲爲救援。因取

《四書》《周易》，以佛法釋之。解《論語》《孟子》，則略示大義。解《中庸》《大學》，則直指心源。蓋以秉法華開權顯實之義，以圓頓教理，釋治世語言。俾靈山泗水之心法，徹底顯露，了無餘蘊。其取佛法以自益者，即得究竟實益。即專習詞章之流，由茲知佛法廣大，不易測度。亦當頓息邪見，漸生正信。知格除物欲，自能明其明德。由是而力求之，當直接孔顔心傳。其利益豈能讓宋元明諸儒獨得也已。

近來各界，眼界大開。天資高者，無不研究佛法。一唱百和，靡然風從。既知即心本具佛性，無始無終，具足常樂我净真實功德。豈肯當仁固讓，見義不爲，高推聖境，自處凡愚乎哉。以故偉人名士，卒多吃素念佛，篤修净業。企其生見佛性，死生佛國而已。郁九齡施調梅二居士，宿具靈根，篤信佛法。一見《四書蕅益解》，不勝歡喜。謂此書直指當人一念，大明儒釋心法。於世出世法，融通貫徹。俾上中下根，隨機受益。深則見深，不妨直契菩提。淺則見淺，亦可漸種善根。即欲刊板，用廣流通。以此功德，恭祝現在椿萱，壽登期頤，百年執盡，神歸安養。過去父母，宿業消除，蒙佛接引，往生净土，祈序於（光），企告來哲。（光）自愧昔作闡提，毁謗佛法，以致業障覆心，悟證無由。喜彼之請，企一切人，於佛法中，咸生正信。庶可業障同消，而心光俱皆發現矣。《周易禪解》，金陵已刻。《孟子擇乳》，兵燹後失傳。楊仁山居士求之東瀛，亦不可得，惜哉！